RENÉ GABRIEL
BORDEAUX TOTAL

POCKET GUIDE

Was ist wo? Schnellübersicht:

Appellation	Seiten
St. Estèphe	ab 14
Pauillac	ab 27
St. Julien	ab 41
Moulis	ab 50
Listrac	ab 55
Médoc	ab 61
Haut-Médoc	ab 73
Margaux	ab 95
Graves/Pessac-Léognan	ab 112
St. Emilion	ab 128
Côtes de Castillon	ab 187
Pomerol	ab 189
Lalande de Pomerol	ab 220
Côtes de Blaye	ab 227
Fronsac & Canon Fronsac	ab 228
Bordeaux Blanc	ab 234
Graves/Pessac-Léognan Blanc	ab 240
Sauternes	ab 248
Erklärungen	ab 261
Zum Autor René Gabriel	ab 264
Gesamt-Index	ab 268

Autor: René Gabriel, www.weingabriel.ch

Lektorat: Karin Gabriel, weingabriel@bluewin.ch

Gestaltung: Bernhard Zuber, b.zubi@bluewin.ch

Druckkoordination: Ritter Consulting
ritter-consulting@bluewin.ch

Titelfoto: Marcel Studer, www.marcelstuder.ch

Druck: Fotorotar AG, Egg bei Zürich, www.fotorotar.ch

Verlag: WeinWisser Verlag, www.weinwisser.com

Vertrieb Buchhandel: Orell Füssli, www.buch.ch

Vertrieb Fachhandel: Weingabriel GmbH
www.weingabriel.ch

ISBN 3-280-05194-0
ISBN 978-3-280-05194-8

*«Es gibt Erfahrungen,
die man machen muss,
damit man weiss,
dass man diese nicht mehr
machen muss...»*

Liebe Bordeauxfreundinnen, liebe Bordeauxfreunde

Wie kann man schnell und bequem erfahren, was in Bordeaux genussbringendes Top – und was verdriesslicher Flop ist? Ganz einfach: Sie studieren eine Weinkarte in einem Restaurant, eine Angebotsliste eines Weinhändlers oder eine Auktionsliste. Dann blättern Sie in diesem POCKET GUIDE «Bordeaux Total» und werden zu den allerbesten Crus viele Informationen finden. Zu den guten bis sehr guten Châteaux ebenfalls viele, nützliche Angaben. Zu den eher schlechten Weingütern wenig bis gar nichts mehr. So einfach ist das! Warum ich das so bescheiden von diesem handlichen Bordeauxbüchlein behaupten darf? Weil ich alles – was wichtig und auch unwichtig war/ist – in den letzten 20 Jahren akribisch verkostet und analysiert habe. Wie ist das möglich? Jedes Jahr degustiere ich bis zu 1'000 verschiedene Bordeaux vom neuesten Jahrgang als Fassmuster. Wenn die Weine zwei Jahre danach importiert sind, schaue ich mir die fertig gefüllten Flaschen in Form mehrerer Ankunfts-Degustationen nochmals an. Während den folgenden Jahren begegne ich denselben Weinen an diversen Events wieder, veranstalte selbst Raritäten-Degustationen von den alten, gereiften, ehrwürdigen Flaschen, oder habe die Chance, diese bei diversen Einladungen neu zu justieren. Mehr als 30'000 Notizen zu mehr als 500 Châteaux überwache ich somit permanent in meinen diversen Dateien. Aus diesem Fundus sind bisher fünf dicke, grosse Bücher mit dem Titel «Bordeaux Total» und mehr als 100 Ausgaben vom Newsletter WeinWisser entstanden. Und jetzt können Sie, sozusagen als Kundenservice oder Treuebonus in diesem «kleinen Bordeaux Total», das für Sie wirklich Wichtigste ganz einfach nachschlagen. Auf dass Ihnen möglichst viele, unvergessliche Bordeaux-Erlebnisse in wunderschöner Erinnerung verbleiben mögen!

Aus Liebe zum Wein!

DAS GABRIEL-BORDEAUX-KLASSEMENT

Was nützt Ihnen ein Premier Grand Cru aus St. Emilion, wenn Sie sich eine Flasche teuer gekauft haben und der Wein dann schlussendlich scheusslich schmeckt? Fürchten Sie sich, bei einer Einladung einen Château Poujeaux einzuschenken, weil Sie das Gefühl haben, sich bei Ihren Gästen entschuldigen zu müssen, da Sie «nur» einen Cru Bourgeois zelebrieren? Nirgends auf der Welt ist der Klassifikations-Salat so diffus wie in Bordeaux. Die ersten Hierarchie-Zementierungen haben bereits 1855 stattgefunden. Damals wurde vornehmlich das Médoc-Gebiet taxiert und unlogischerweise nur ein einziger Wein aus Pessac-Léognan; nämlich der Haut-Brion. St. Emilion wagte den Schritt zu einem eigenen Klassement ganze einhundert Jahre später. In Pomerol gibt es nichts Schriftliches und im Graves-Gebiet haben einzelne Crus aus Pessac-Léognan nur ein harmloses, wenig aussagendes Stelldichein gefunden. Es gibt heute viel mehr qualitativ grossartige Bordeaux-Weine als vor zehn Jahren, sowie dreimal mehr geniale Weine und Jahrgänge wie vor zwanzig Jahren. Bordeaux setzt auf Qualität: Kleinere Jahrgänge sind in der Regel mit einem bezaubernden Jugendcharme bestückt und grosse Millésimes noch grösser als früher – oft Masse mit Klasse, aber der Trend liegt im Kleinen. Vor allem in St. Emilion und Pomerol sind viele rare sowie teure neue Weine entstanden; geprägt von Selektion, Technik, viel neuen Barriquen und multikulturellen Önologen. Um ins Gabriel-Bordeaux-Klassement zu gelangen, braucht es aber nicht einen einzigen grossen Wurf, sondern Kontinuität – also Evolution statt Revolution. Massgebend für diese Neubewertung waren vorwiegend die Jahrgänge 1994 bis 2003. Wer also in den letzten zehn Jahren zuverlässig gearbeitet hat, ist dabei. Hier eine – in einer aufwendigen Excel-Tabelle errechnete – neue Klassifikation. Mehr als 500 Weingüter hatten die Chance, einen Platz zu finden:

Premiers Grands Crus classés

Ausone, Cheval Blanc, L'Eglise-Clinet, Gruaud-Larose, Haut-Brion, Lafite-Rothschild, Lafleur, Latour, Léoville-Barton, Léoville-Las-Cases, Margaux, La Mission Haut-Brion, Montrose, Mouton-Rothschild, Pétrus, Le Pin, Valandraud

Deuxièmes Crus classés

Angélus, Clinet, La Conseillante, Cos d'Estournel, Ducru-Beaucaillou, L'Evangile, La Fleur-Pétrus, Grand-Puy-Lacoste, Lynch-Bages, Palmer, Pape-Clément, Pavie-Macquin, Pichon-Longueville-Baron, Pichon-Longueville-Comtesse-de-Lalande, Rauzan-Ségla, Tertre-Rôteboeuf, Trotanoy, Vieux Château Certan

Troisièmes Crus classés

Batailley, Beau-Séjour Bécot, Calon-Ségur, Canon-La-Gaffelière, Domaine de Chevalier, Ferrière, Figeac, La Fleur de Gay, Gazin, Giscours, Grand-Mayne, Lagrange (St. Julien), Léoville-Poyferré, Magdelaine, Monbousquet, Pavie-Decesse, Phélan-Ségur, Pontet-Canet, Poujeaux, Prieuré-Lichine, Smith-Haut-Lafitte

Quatrièmes Crus classés

Brane-Cantenac, Beauséjour (Duffau-Lagarrosse), Belair, Le Bon Pasteur, Les Carmes-Haut-Brion, Certan de May, Charmail, Clerc-Milon, Clos L'Eglise, Clos Fourtet, Clos de L'Oratoire, Clos St. Martin, La Croix, Domaine de L'Eglise, La Dominique, de Fieuzal, Les Forts de Latour, Le Gay, Haut-Bailly, Lafon (L'Inclassable), Lafon-Rochet, Langoa-Barton, Latour-Martillac, Latour à Pomerol, Monbrison, Pavie, Petit-Village, La Serre, Saint-Pierre (St. Julien), Sociando-Mallet, Talbot, Tour de Pez, Tour Haut-Caussan, Troplong-Mondot, Trottevieille

Cinquièmes Crus classés

d'Angludet, d'Armailhac, L'Arrosée, Beauregard, Belgrave, Beychevelle, Branaire, Cantemerle, Cantenac-Brown, Cap-de-Mourlin, Carruades de Lafite, Chasse-Spleen, Chauvin, Citran, Clos du Clocher, Clos des Jacobins, Ferrand-Lartigue, Fourcas-Loubaney, La Gaffelière, Gloria, Grand-Corbin-Despagne, La Grave, Haut-Bages-Libéral, Haut-Batailley, Haut-Marbuzet, Labégorce, Labégorce-Zédé, Lagrange (Pomerol), Lascombes, Lynch-Moussas, Malartic-Lagravière, de Marbuzet, Mayne-Lalande, Meyney, Moulin-St. Georges, Nenin, Pavillon Rouge du Ch. Margaux, de Pez, La Pointe,

Roc de Cambes, Rollan de By, Rouget, du Tertre, La Tour-Figeac, La Tour de By, La Tour Haut-Brion, Tronquoy-Lalande

Crus Bourgeois
D'Aurilhac, Bahans-Haut-Brion, Beau-Site, Bergat, Biston-Brillette, Bonalgue, Brown, Cadet-Piola, Cambon-la-Pelouse, de Camensac, Canon, Canon de Brem, Canon-Moueix, Carbonnieux, La Cardonne, Chantegrive, Clarke, La Clotte, Coufran, Le Crock, La Croix de Gay, La Croix du Casse, La Croix-St. Georges, La Dame de Montrose, Dassault, Duhart-Milon-Rothschild, Durfort-Vivens, Faugères, Feytit-Clinet, Fonréaud, Fourcas-Hosten, Gombaude-Guillot, Grand-Puy-Ducasse, La Gurgue, Haut-Bages-Averous, Haut-Bergey, Kirwan, La Lagune, Larcis-Ducasse, Larmande, Larrivet-Haut-Brion, Malescasse, Marquis de Terme, Maucaillou, Mazeyres, Les Ormes-de-Pez, Les Ormes-Sorbet, Patache d'Aux, Pensées de Lafleur, Pibran, Plince, Ramafort, Ramage-La-Bâtisse, Rocher Bellevue-Figeac, La Tour-Carnet, Verdignan, Vray Croix de Gay

Teure Aspiranten: (noch) nicht im Klassement!
Hier ist eine Auswahl der möglichen Shooting-Stars. Solche, die teilweise jetzt schon Furore machen, aber es aus drei denkbaren Gründen noch nicht ins Klassement geschafft haben: Entweder ist die Produktion zu klein (unter 5'000 Flaschen), oder der Wein wird noch keine zehn Jahre lang produziert. Als dritte Variante kommt auch ein Weingut in Frage, welches die Qualität in den nächsten Jahren drastisch verbessern wird, um wieder an den angestammten alten Platz zu gelangen. In dieser Kategorie tummeln sich also Klassiker, Raritäten, Supercuvées und Mini-Châteaux. Leider meist auf sehr hohem Preisniveau lanciert!

Bellevue, Bellevue-Mondotte, Berliquet, Canon, Certan-Marzelle, La Clémence, Clos Dubreuil, La Confession, La Couspaude, Croix de Labrie, Le Dôme, La Gomerie, Gracia, Haut-Condissas, L'Hermitage, Hosanna, Lucia, Magrez-Fombrauge, Marojallia, La Mondotte, Péby-Faugères, Le Plus de la Fleur de Boüard, Quinault L'Enclos und Rol-Valentin

Neue Mega-Werte: Auf- und Einsteiger als Kaufempfehlung!
Hier sind die Weine aufgeführt, welche in den letzten Jahren wesentlich bessere Qualitäten in die Flaschen füllten als früher. Aber auch Weingüter, die innerhalb der letzten Jahre neu entstanden sind. Jeder Name, der hier steht, bürgt für ein (momentan noch) sensationelles Preis-Leistungs-Verhältnis.
d'Agassac, d'Aiguilhe, L'Archange, Arnaud de Jacquemeau, Barde-Haut, Bellefont-Belcier, Bellegrave, Bellisle-Mon-

dotte, Le Boscq, du Cauze, Clauzet, Clos Badon Thunevin, Clos de Salles, Clos de la Vieille Eglise, Clos L'AbbA, Cos Labory, La Croix-Canon, d'Escurac, La Fleur de Boüard, Fleur-Cardinale, Fombrauge, La Garricq, Grandes Murailles, Grand-Pontet, Les Grands Chênes, La Grangère, Les Gravières, Haut-Carles, Haut-Chaigneau, Lilian Ladouys, Paloumey, Pas de L'Ane, Patris, Petit-Gravet-Ainé, Poumey, Quercy, La Sergue, Trianon und Yon-Figeac

Siebzehn Gabriel-Premiers Grands Crus classés

Die Grundlage für diese Selektion ist relativ einfach: Hat ein Wein innerhalb der letzten zehn Jahre mehr als 18/20 Punkte im Schnitt erreicht, wird er als Premier Grand Cru classé eingestuft. Was – oberflächlich betrachtet – simpel ist, bedarf vielleicht doch einer individuellen Erklärung, denn Château Angélus und Château Ducru-Beaucaillou wurden auf diese Weise jetzt neu, gegenüber der letzten Klassierung vor vier Jahren, von Premier- auf Deuxième-Niveau runtergestuft.

Bei Angélus wirkte sich vor allem der Hageljahrgang 1999 (16/20) negativ aus. Entscheidend für den Zehnjahresschnitt waren aber auch die drei (für dieses Niveau) knappen 17/20 Punktwertungen der Jahrgänge 1997, 2001 und 2002. Somit verfehlte Château Angélus (zwar nur knapp) mit einem Schnitt von 17,8/20 Punkten innerhalb der letzten zehn Jahre die Ernennung zum Premier.

Ist der Führungswechsel der beiden Brüder (von François-Xavier zu Bruno Borie) Schuld an der Runterstufung von Château Ducru-Beaucaillou? Irgendwie scheinen die «neuen Ducrus» der allerletzten Jahre weniger ambitioniert zu sein: Die Jahrgänge 2001, 2002 und 2003 erreichten zwar immer noch sehr gute 17/20 Punkte, was aber leider nicht mehr genügte, um bei der obersten Elite mitzuhalten. Der Schnitt der letzten 10 Ducru-Jahrgänge lag bei 17,6/20 Punkten.

Gewiss ist dieses revolutionäre Klassement im besonderen erklärungsbedürftig: Denn erstens gab es noch nie ein Klassement, welches alle Bordeaux-Appellationen in den gleichen Topf wirft. Und zweitens hatte noch niemand den Mut, «Garagenweine» oder Weine aus St. Estèphe und St. Julien in den obersten Adelsstand zu erheben!

Château Ausone, St. Emilion: Schnitt der letzten zehn Jahre: 18,5/20 Punkte. Die neue Epoche zählt jetzt vollumfänglich. Alle 10 Jahrgänge sind unter der persönlichen Ägide von Alain Vauthier entstanden und der Wein strahlt nebst dem phantastischen Terroir auch die akribische Handschrift von ihm aus. Alle Jahrgänge sind auf dem bestmöglichen Niveau hergestellt und Ausone entwickelt sich immer mehr zum Blue-Chip von St. Emilion. Garantiert stimmt hier die Formel um die Wertigkeit auch noch nach dem Kauf: Erstens – das allerbeste Terroir, zweitens – die bestmögliche Qualität, drittens – mit weniger als 20'000 Flaschen pro Jahr die extrem beschränkte Verfügbarkeit. Im letzten Buch hatte ich geraten, unbedingt noch zu kaufen, weil die Preise steigen würden. Leider hat sich diese Prognose bewahrheitet. Aktuell beste Kaufempfehlung: Ausone 1997!

Château Cheval Blanc, St. Emilion: Schnitt der letzten zehn Jahre: 18,2/20 Punkte. Es ist der berauschende Duft des Cabernet Franc, welcher den Cheval Blanc so fein und unwiderstehlich macht. Nur muss man, um dieses Odeur zu erleben, Geduld aufbringen und mindestens zehn Jahre oder noch länger warten. Der Cheval Blanc ist in seiner Jugend äusserst schwer einzuschätzen und erhält dadurch oft sehr unterschiedliche Bewertungen. Warum aber sind die jüngsten Jahrgänge häufig mit einem relativ grossen Merlot-Anteil ausgestattet? Vielleicht doch, um in der provokativen Jugendphase etwas höhere Punkte aus Amerika zu erhalten? Pierre Lurton führt das Weingut mit einer Mischung zwischen Freak-Huldigung und Besitzer-Interesse, denn das Château wechselte so teuer die Hand, dass hier wohl noch lange Zeit kein Geldverdienen möglich ist – und trotzdem scheint man es versuchen zu wollen. Früher wurde ein Cheval in der Primeurphase zu gleichen Preisen wie die Premiers aus dem Médoc lanciert. Heute ist der Preis auf einem Niveau, bei welchem man sich gut überlegen muss, die neuesten Jahrgänge zu kaufen. Besonders, wenn man weiss, dass ältere, möglicherweise gleich grosse Chevals weniger kosten. Momentan beste Kaufempfehlung (leider nur noch auf Auktionen...) ist der 1998er, denn dieser kostet weniger als der 2000er und ist bedeutend besser! Noch immer scheint mir auch der 1995er «relativ» preiswert im Markt zu finden zu sein.

Château L'Eglise-Clinet, Pomerol: Schnitt der letzten zehn Jahre: 18,6/20 Punkte. Mit der neuen Bemessungsgrundlage sind alle Weine auf exorbitant hohem Niveau. Denis Durantou ist ein Einzelgänger und Autodidakt. Er berät zwar auch andere Weingüter und versucht sich als Négociant, aber immer noch werden seine Leistungen von vielen Juroren und Mitbewerbern unlogischerweise ignoriert. Mit dem Jahrhundertwein 1998 ist bewiesen, dass L'Eglise-Clinet zu den Premiers gehört. Als einziges Weingut in Bordeaux dürften hier ein paar Rebstöcke der seltenen Rebsorte Malbec dann und wann eine wichtige Rolle spielen. Unter allen Gabriel-Premiers ist dieses Château der beste Bordeaux-Wert des Libournais. Den kontrovers beurteilten 2003er würde ich momentan jederzeit kaufen. Beste Kauf- und gleichzeitige Trinkempfehlung ist der 1997er, falls man ihn unter 150 CHF/100 Euro findet!

Château Gruaud-Larose, St. Julien: Schnitt der letzten zehn Jahre: 18,1/20 Punkte. Das phantastische Terroir ist immer noch das Gleiche wie früher, auch der Önologe ist noch der Alte – und genau dieser weiss, warum Gruaud heute nochmals viel besser ist als früher. Georges Pauli: «Zu Cordier-Zeiten setzte man selten mehr als 20 % neue Barriquen ein und im besten Falle deklassierten wir 10 bis 15 % als Zweitwein.» Nach ein paar turbulenten Besitzerwechseln befindet sich das Weingut nun in den Händen der Familie Merlaut. Leider haben nur wenige Journalisten wirklich bemerkt, dass in den letzten Jahren sensationelle, wenn auch unspektakuläre Qualitäten entstanden sind. Gruaud-Larose ist ein Klassiker, der zehn bis zwanzig Jahre benötigt, um zu zeigen, was in ihm steckt. Wer hier kauft, erwirbt sich den vielleicht momentan besten Wert des Médocs (zusammen mit Montrose und Barton)! Kaufempfehlungen: Alle Jahrgänge ab 1995 – es kommt nur auf den Preis an und dieser ist in der Regel sehr vernünftig, weil kein Spekulationspotential vorhanden ist.

Château Haut-Brion, Pessac-Léognan: Schnitt der letzten zehn Jahre: 18,6/20 Punkte. Er schmeckt halt ein bisschen anders als die Premiers im Médoc und nicht alle können in der filigranen, schlank anmutenden Art eines Haut-Brion die wahre Grösse erkennen. Doch Haut-Brion ist vom Qualitätsmanagement her eines der allerbesten und zuverlässigsten Weingüter der Welt. Mit Latour zusammen besitzt Haut-Brion eines der besten und wärmsten Terroirs, was Direktor Jean-Philippe Délmas in jeder Beziehung auszunützen versteht. Selbst in schwierigen Jahren gelingen hier absolute Top-Weine. Die aktuell besten Kaufempfehlungen vom Preis-Leistungs-Verhältnis her betrachtet, sind die Jahrgänge 1999 und 2002!

Château Lafite-Rothschild, Pauillac: Schnitt der letzten zehn Jahre: 18,2/20 Punkte. Hinter diesem Wein verbirgt sich eine Persönlichkeit, welche die Qualität massgeblich beeinflusst: Charles Chevalier dirigiert ausserdem die Weine von Rieussec und zeichnet auch für den neuesten Aufschwung von Duhart-Milon-Rothschild verantwortlich. Leider stand ich bei Verkostungen einige Male mehr oder weniger ratlos den beiden fragwürdigen Lafite-Jahrgängen 1999 und 1996 gegenüber. Warum sind hier so viele Flaschen mit einem dumpfen Ton belastet? Es bleibt die Hoffnung, dass sich diese doch noch positiv entwickeln! Sonst tröste man sich halt mit anderen, perfekt gelungenen Jahrgängen. Wer das Glück hat, alt zu werden und in zwanzig Jahren einen Lafite 2003 entkorkt, wird das Gleiche erleben, wie ich es ein paar Mal mit dem 1959er erfahren durfte. Beste Kaufempfehlungen: 1998 und 2002!

Château Lafleur, Pomerol: Schnitt der letzten zehn Jahre: 18,1/20 Punkte. Jacques Guineaudeau ist nun (nach Erbschaftssteuerquerelen) definitiv der Besitzer und führt das Weingut auf seine eigene, intellektuelle Art. Er ist mit der Scholle verbunden und kann jeden einzelnen Quadratmeter seiner Domaine geologisch auseinander dividieren. Mag sein, dass die neuen Lafleurs zumindest in der Jugend nicht an die alten, ehrwürdigen Jahrgänge erinnern. Die Qualität ist aber maximal und die Selektion perfekt, was die Differenz zwischen dem Lafleur und seinem Zweitwein Pensées de Lafleur beweist (letzterer ist manchmal selbst schon fast ein grosser Pomerol). Lafleur sollte das bleiben, was er schon immer war: Ein Juwel für eine kleine, aber verständnisvolle Fan-Gemeinde! Ich gehöre schon seit langem dazu und hüte in meinem Privatkeller ein paar alte Flaschen wie meinen Augapfel. Beste Kaufempfehlung, sofern man findet: Lafleur 2001!

Château Latour, Pauillac: Schnitt der letzten zehn Jahre: 18,8/20 Punkte. Vom Terroir her der allergrösste Wein des ganzen Bordelais. Doch haben dem Latour ein paar trübe Wolken bei den Jahrgängen zwischen 1991 bis 1994 nicht immer eine geradlinig saubere Stilistik beschert. Mit der neuen Crew und kürzlich getätigten Investitionen ist das Weingut jetzt wieder in Top-Form. Schön, dass es auch heute noch Bordeaux-Weine gibt, die zeitlos sind und vom echten Geniesser viel Geduld abverlangen! Dieser Wein hat die grösste Vergangenheit und auch die dramatischste Zukunft. Von allen Rebensäften des Universums zolle ich einem grossen Château Latour den grössten Respekt. Sucht man nach den allerbesten Cabernet Sauvignon der Welt, so findet man diesen in der Regel in einem reifen Latour. Wer noch nie einen 1961er getrunken hat, kann mit dieser Aussage wohl nicht viel anfangen. Beste Kaufempfehlungen: 2001er zum Lagern und 1997er zum Sofortgenuss!

Château Léoville-Barton, St. Julien: Schnitt der letzten zehn Jahre: 18,2/20 Punkte. Anthony Barton hat es – ganz sicher verdienterweise – geschafft, denn sein Wein ist neu bei den 17 besten Bordeaux dabei! Jedes Jahr erhält er dafür Bewertungen, die immer bei den Premiers liegen. Zieht man den vernünftigen Lancierungspreis während der Primeurphase mit in Betracht, so ist dieser Jahr für Jahr der beste Wertkauf aller Médocs. Schlechte Jahrgänge gibt es bei ihm praktisch nicht. Die ersten Weine der neuen Qualitätsepoche gelangen jetzt in die erste Reife. Wer aktuell einen 1993er Barton zwei Stunden dekantiert, erlebt für wenig Geld Bordeaux vom Feinsten. Aktuelle Kaufempfehlungen: 1995 und 1996!

Château Léoville-Las-Cases, St. Julien: Schnitt der letzten zehn Jahre: 18,4/20 Punkte. Der Las-Cases ist der genialste und auch erotischste Wein der ganzen Appellation St. Julien. Die Selektionen sind dramatisch und nicht selten wird mehr als die Hälfte der Ernte zum Zweitwein deklassiert. Für öffentliche Wine-Events ist dieses Château geradezu prädestiniert: Weinfreunde aus aller Welt erliegen gleich massenweise dem Charme und der Opulenz dieses mit Sex-Appeal behafteten Weines (Gabriel inklusive). Irgendwie scheint sich der Wert nach der Primeurphase oft nur schleppend weiter zu entwickeln, dabei wäre doch dieser offizielle Deuxième, unter Einhaltung der alten Regeln, einer der billigsten Premiers! Aktuelle Kaufempfehlungen: 1997 zum Trinken und 2001 zum Warten!

Château Margaux, Margaux: Schnitt der letzten zehn Jahre: 18,4/20 Punkte. Der feinste aller Premiers; seidig in der Textur, burgundisch in seiner Körperform und traumhaft delikat im Geschmack. In der ungeduldigen Welt der Frühgeniesser zeigt der Châteaux Margaux in den ersten Lebensjahren oft schon einen grossen Teil seines enormen Genusspotentials. Trotzdem lohnt es sich auch hier, auf die effektive Reife zu warten. Während andere Premiers mit legendären alten Jahrgängen aufwarten können, ist die Frage, ob man einen Château Margaux in den meisten Fällen doch innerhalb der ersten zwanzig Jahre entkorken sollte, berechtigt!? Der 2003er wurde kontrovers bewertet, denn mir schien die Fassprobe etwas zu hart ausgefallen zu sein. Auch sonst kommen die Weine der neuen Zeit doch etwas zu filigran (zu leicht?) daher. Als grosser Burgunderfan stecke ich das aber in der Regel locker weg. Aktuelle Kaufempfehlung ist der (noch) unentdeckte Château Margaux 1999!

Château La Mission Haut-Brion, Pessac-Léognan: Schnitt der letzten zehn Jahre: 18,2/20 Punkte. Sucht man bei einem «richtigen» Premier Feinheit und Finessen, beweist die Basis eines La Mission wenigstens ansatzweise das Gegenteil. Nebst seiner gewaltigen Aromatik, die an Tabak, schwarze Beeren und einen würzigen Jodton erinnert, zeigt er jung Ecken und Kanten, die sich später mit seiner Leibesfülle wieder perfekt ausbalancieren. Vor allem hat er mit Latour eines gemeinsam; in kleinen Jahren wächst er manchmal über sich selbst hinaus. In ganz grossen Jahren dokumentiert er dann, dass er sich locker in der Premier Grand Cru-Szene tummeln kann. Leider steigt sein Preis in letzter Zeit unentwegt an. Fairerweise muss man sich, unter qualitativem Aspekt betrachtet, auch eingestehen, dass dies zu Recht geschehen ist. Aktueller Preis-Geheimtip: Mission 2001!

Château Montrose, St. Estèphe: Schnitt der letzten zehn Jahre: 18,1/20 Punkte. Seit dem Jahrgang 1989 predige ich das Loblied der neuen Montrose-Weine. Besuchen Sie das Weingut einmal von «unten»! Was soviel bedeutet wie: Spazieren Sie von der Gironde her dem Terrain entlang und schauen Sie sich die Steine sowie die Erde an, denn das ist Terroir! Zusammen mit «Enclos de Las-Cases» und dem Boden von Latour besitzt er weltweit das beste Terrain-Klima-Gemisch für den Cabernet Sauvignon. Früher wurde hier oft viel zu früh geerntet und mit alten Barriquen hantiert. Philippe de Laguarigue bringt heute genau das in die Flasche, was der Boden im bestmöglichen Fall hergibt. Die Top-Selektion eines der allerbesten Zweitweine des Bordelais «La Dame de Montrose» beweist das exorbitante Qualitätsniveau der ganzen Domaine. Aktuell beste Kaufempfehlungen: 1994 und 2001!

Château Mouton-Rothschild, Pauillac: Schnitt der letzten zehn Jahre: 18,4/20 Punkte. Kein Weingut hat in letzter Zeit aufgrund seiner Qualitäten so dramatisch zugelegt wie Mouton. Ketzer, die vielleicht zu Recht behaupten, dass die Jahrgänge 1989 bis 1993 etwas zu leicht ausgefallen sind, müssen spätestens jetzt ihr Urteil revidieren. Die Popularität von Mouton war aber praktisch nie in Frage gestellt. Sammler sorgen dafür, dass die grundsätzliche Nachfrage stets erhalten bleibt. Über den Geschmack der letzten Künstleretiketten kann man bestimmt streiten, über das hohe Qualitätsniveau der letzten Jahrgänge aber sicher nicht. Manchmal kommen mir die Jungweine wie eine erotische Wein-Essenz vor; geprägt durch die typische Mouton-Süsse. Ausserdem bin ich, nachdem ich den 2002er wieder mehrere Male verkostet habe, sicher, dass dies seit zwanzig Jahren der erste Mouton ist, der dem legendären 1982er gleicht. Ich war aber irgendwie der Einzige, welcher das bereits bei der Fassprobe bemerkt hatte. Beste Preis-Leistungs-Kaufempfehlungen: 2002 und der bald reife 1994er!

Château Pétrus, Pomerol: Schnitt der letzten zehn Jahre: 18,6/20 Punkte. Wer einen Pétrus kauft, verliert nie Geld. Leider verhilft diese Regel zu stetig steigenden Auktionspreisen. Vor allem handelt es sich um den fernöstlichen Markt, der hier gnadenlos zuschlägt, wenn wieder mal eine Kiste bei Sotheby's oder Christie's zu ersteigern ist. Pétrus ist und bleibt in der Geschichte rund um die besten Pomerols und Merlots schlechthin ein ungelöstes Phänomen. Bei Fassproben extrem schwer zu greifen und in frühen Blinddegustationen oft bestraft, wird er sich immer als ein geduldiger Langstreckenläufer präsentieren. Die Selektion ist kompromisslos, denn einen Zweitwein gibt es keinen – allenfalls verlässt er anonym und für ein Butterbrot das Château. Was zurückbleibt, ist ein Welt-Merlot-Massstab, der nicht selten ein grosses Stück Weingeschichte schreibt. Meist aber erst nach zehn oder noch viel mehr Jahren. Bester Kaufwert momentan: Pétrus 1996!

Château Le Pin, Pomerol: Weil der 2003er vollständig deklassiert wurde, gilt hier der Schnitt der letzten neun Jahre und dieser liegt bei: 18,3/20 Punkten. Mittlerweile sind von Jacques Thienpont zwei Dutzend Jahrgänge dieses Newcomers in begehrte Flaschen gefüllt worden; also wechselt er jetzt langsam seine Visitenkarte vom Trendsetter zum Klassiker. Es scheint, dass die Lagerfähigkeit zuerst unterschätzt wurde, denn auch heute lassen sich die Jahrgänge 1983 und der Geheimtip 1986 mit einer Balance zwischen Frucht und Terroir hemmungslos geniessen. Am schönsten präsentieren sich grosse Le Pin-Weine nach etwa zehn Jahren Flaschenreife. Während andere «Garagenweine» oft kein genau deklariertes Terroir aufweisen, war die Bodendefinition von Le Pin seit jeher klar. Durch sanfte Neuanpflanzungen wird er immer mehr zum 100 %igen Merlot mutieren. Was ihm manchmal gegenüber den Nebenbuhlern «L'Eglise-Clinet und Pétrus» an Druck und Kraft fehlt, macht er mit seiner verschwenderischen Aromatik wieder wett. Momentan bester Kaufwert: Le Pin 2001!

Château Valandraud, St. Emilion: Schnitt der letzten zehn Jahre: 18,4/20 Punkte. Das moderne Weinmärchen von Murielle und Jean-Luc Thunevin begann 1990. Château Valandraud ist eine Mischung von Genialität, Rarität, Marktmanipulation und Journalistenpunkten. Aus welchen Parzellen der Valandraud letztendlich seine Trauben bezieht, weiss irgendwie nur der Besitzer selbst. Der Wein ist ein Hammer-Amboss-St. Emilion, welcher feine, altgediente Klassiker wie ein Orkan vom Tisch fegt. Nun rückt aber auch immer mehr die Stunde der Wahrheit heran, denn die ersten Jahrgänge erreichen bald die erste Reife. Kann eine Hyperkonzentration und das bestmögliche Qualitätsmanagement, vermischt mit an Grenzen stossende, eingesetzte Önologie künftig gegen ein knappes Best-Terroir-Manko standhalten? Leider hat man die Produktion der Nachfrage angepasst – somit ist diese auf Auktionen momentan geringer als die Verfügbarkeit. Wer Valandraud nur deshalb kauft, tut besser daran, ihn selber zu trinken, denn Spekulationsgeld ist damit nur sehr schwer zu verdienen!

Ein Spitzentrio – gefolgt von einem attraktiven Mittelfeld mit traditionellen und modernen Weinen…

Seit 1989 liefert Montrose unglaubliche Qualitäten – er kann somit als Latour des St. Estèphe bezeichnet werden. Trotz seines immensen Potentials ist er in seiner Jugend nicht mehr so unzugänglich wie früher. Für mich stellt er momentan, aufgrund seinem konstanten Qualitätsniveau, die Leaderposition dieser Appellation dar und darf als ganz grosser, heroischer Klassiker bezeichnet werden. Cos d'Estournel lieferte in den letzten Jahren einerseits Traumweine, andererseits reichte seine frühere Qualität nicht immer aus, um seinen Preis zu rechtfertigen. Die beiden letzten Jahrgänge heben ihn aber wieder in den Olymp der ganz grossen Super-Seconds (der Makel scheint also beseitigt). Calon-Ségur ist der stille Dritte im Bunde; extrem fein, immer perfekt vinifiziert und mit immer grösserem Fanclub.

Das obere Mittelfeld teilt sich in traditionelle und eher modern hergestellte Weine. Der beste Cru Bourgeois der Appellation: Phélan-Ségur! Thierry Gardinier kümmert sich nicht ums Klassement und lässt seinen Wein auf einem Qualitätsniveau in die Flasche füllen, welches meist Grand Cru-würdig ist. Zu den eher modernen Top-Weinen gehören auch Le Boscq, Tour de Pez, Lafon-Rochet, Les Ormes-de-Pez und de Pez. Die traditionellen Châteaux, welche typische, meist leicht kernige Weine liefern, heissen: Beau-Site, La Commanderie, Le Crock und Meyney – alle mit einem geduldigen Flaschenreife-Potential ausgestattet. Unregelmässige und leider manchmal doch eher enttäuschende Qualitäten habe ich in den letzten zehn Jahren mit Chambert-Marbuzet, Haut-Marbuzet und Lilian Ladouys erlebt. Zu den Aufsteigern zähle ich de Marbuzet (deutlich besser und eigenständiger als in früheren Jahren), Andron-Blanquet und das noch unbekannte Château Clauzet.

Château Andron-Blanquet

Gabriel-Klassement: Cru Bourgeois. Preisniveau: günstig. Aktuelle Qualität: solide und korrekt. Gehört zum gleichen Besitz wie Cos Labory. In letzter Zeit ist die Qualität (wie auch auf Cos Labory selbst…) besser geworden. Früher extrem ruppig, heute für einen bürgerlichen Wein etwas feiner gewoben. *www.saint-estephe.com*

2005	16/20	wa	2001	16/20	be	1997	15/20	tr
2004	16/20	wa	2000	16/20	tr	1996	15/20	tr
2003	16/20	wa	1999	16/20	tr	1995	14/20	tr
2002	16/20	be	1998	16/20	tr	1994	15/20	au

Château Beau-Site

Gabriel-Klassement: Cru Bourgeois. Preisniveau: preiswert. Aktuelle Qualität: konstant, ohne Ambitionen. Ein kerniger, im wahrsten Sinne des Wortes bourgeoiser Cru Bourgeois aus dem Bordeaux-Haus Borie-Manoux. Bis zum Jahrgang 1989 eher schwach, heute besser. Er bleibt jedoch ein kerniger, eher harter St. Estèphe. *www.saint-estephe.com*

2005	17/20	wa	1999	16/20	tr	1993	15/20	tr
2004	16/20	wa	1998	16/20	tr	1992	14/20	au
2003	16/20	wa	1997	15/20	tr	1990	17/20	tr
2002	16/20	wa	1996	16/20	tr	1989	14/20	tr
2001	16/20	be	1995	17/20	tr	1988	14/20	au
2000	16/20	tr	1994	14/20	au	1985	15/20	vo

Château Le Boscq

Gabriel-Klassement: Cru Bourgeois. Preisniveau: angemessen. Aktuelle Qualität: konstant auf sehr hohem Niveau. Ein Aufsteiger. Seit 1996 top! Steht unter der Kontrolle von der erfolgreichen und ambitionierten Dourthe-Equipe. Der Wein ist nicht billig sowie für den geforderten Preis noch nicht genug etabliert. Und gerade diese unlogische Formel macht ihn zum Geheimtip der Region. *www.saint-estephe.com; www.dourthe.com*

2005	18/20	wa	2001	16/20	tr	1997	18/20	tr
2004	17/20	wa	2000	17/20	tr	1996	17/20	tr
2003	18/20	wa	1999	14/20	tr	1995	15/20	tr
2002	18/20	wa	1998	17/20	tr	1994	15/20	au

Château Calon-Ségur

Gabriel-Klassement: Troisième Cru. Preisniveau: angemessen. Aktuelle Qualität: grossartig auf Top-Niveau. Seit 1995 gehört Calon-Ségur zu den allerbesten Werten des Médoc und zur ganz grossen Qualitäts-Klasse. *www.calon-segur.com; www.wine-journal.com/calon.html*

2005	18/20	wa	1996	18/20	tr	1986	13/20	tr
2004	19/20	wa	1995	18/20	tr	1985	15/20	au
2003	19/20	wa	1994	15/20	tr	1983	14/20	vo
2002	18/20	wa	1993	14/20	au	1982	16/20	tr
2001	17/20	be	1992	14/20	vo	1978	15/20	au
2000	17/20	be	1991	12/20	vo	1970	17/20	au
1999	17/20	tr	1990	17/20	tr	1966	17/20	au
1998	17/20	tr	1989	14/20	tr	1962	16/20	au
1997	17/20	tr	1988	15/20	tr	1961	16/20	tr

Château Canteloup

Gabriel-Klassement: nicht klassiert. Preisniveau: günstig. Aktuelle Qualität: Ein einfacher, meist raubeiniger Wein, der mehr Muskeln wie Fleisch zeigt. Mehrere Notizen von verschiedenen Jahrgängen. Keine Bewertung über 15/20 Punkten. *www.saint-estephe.com*

Château Capbern-Gasqueton

Gabriel-Klassement: nicht klassiert. Preisniveau: günstig. Aktuelle Qualität: Schlanke, drahtige Weine, die bereits in der Jugend an «Fruchtmangel» leiden. Das Punktniveau bewegt sich um 14/20. *www.saint-estephe.com*

Château Chambert-Marbuzet

Gabriel-Klassement: nicht klassiert. Preisniveau: angemessen. Aktuelle Qualität: korrekt, aber etwas unregelmässig. Das Weingut ist im gleichen Besitz wie Haut-Marbuzet (ebenfalls St. Estèphe). Die Lage zwischen honorigen Nachbarn auf dem Mittelplateau Cos und Montrose sollte eigentlich mehr hergeben. Meist grosszügiger Barriqueneinsatz. *www.saint-estephe.com; www.chateauloisel.com/visite/haut-marbuzet.html*

2005	16/20	wa	1999	15/20	tr	1993	12/20	vo
2004	16/20	wa	1998	16/20	tr	1992	13/20	vo
2003	16/20	be	1997	15/20	au	1991	14/20	vo
2002	14/20	tr	1996	16/20	tr	1990	14/20	vo
2001	15/20	tr	1995	15/20	tr	1989	15/20	vo
2000	16/20	tr	1994	13/20	vo	1988	14/20	vo

Château Clauzet

Gabriel-Klassement: Cru Bourgeois. Preisniveau: günstig. Aktuelle Qualität: Beeindruckende Weine, die Kraft und Charme gleichzeitig ausstrahlen. Maurice und Michèle Velge kauften das heruntergekommene, praktisch namenlose Weingut im Jahr 1997 und investierten kräftig. Heute ein Top-Aufsteiger in St. Estèphe! Und ein sensationeller Wert, falls man lieber trinkt als spekuliert. *www.chateauclauzet.com; www.saint-estephe.com*

2005	17/20	wa	2002	16/20	be	1999	17/20	tr
2004	17/20	wa	2001	17/20	tr	1998	17/20	tr
2003	17/20	wa	2000	17/20	tr	1997	16/20	au

Château La Commanderie

Gabriel-Klassement: nicht klassiert. Preisniveau: günstig. Aktuelle Qualität: nie gross, nie schlecht. Ein traditionell hergestellter Wein, der leider mit dem Altern auch nicht besser wird. Das Weingut liefert «unlogische» Qualitäten, denn die Jahrgänge 1999 und 2001 scheinen besser geraten zu sein als der 2000er! *www.saint-estephe.com*

2005	16/20	wa	2001	16/20	tr	1997	16/20	tr
2004	15/20	wa	2000	15/20	tr	1996	14/20	tr
2003	16/20	be	1999	16/20	tr	1995	15/20	tr
2002	15/20	be	1998	15/20	tr	1994	14/20	au

Château Cos d'Estournel

Gabriel-Klassement: Deuxième Cru. Preisniveau: Luxus-Klasse. Aktuelle Qualität: seit dem Jahrgang 2002 auf Premier Grand Cru-Niveau! Momentan wieder der Leader der Appellation St. Estèphe. Jean-Guillaume Prâts leitet das noble Weingut umsichtig mit klaren Vorstellungen und Visionen. In den letzten Jahren ist sehr viel investiert worden. Der Name des Weingutes stammt aus einer Mischung von colline de cailloux = Cos (deutsch: Hügel mit Kieselsteinen) und vom ersten Besitzer: Louis Caspar d'Estournel. Das «s» bei Cos wird übrigens ausgesprochen. *www.cosestournel.com; www.wine-journal.com/cos.html*

2005	19/20	wa	2000	18/20	tr	1995	18/20	be
2004	18/20	wa	1999	17/20	tr	1994	17/20	tr
2003	20/20	wa	1998	17/20	tr	1993	16/20	tr
2002	19/20	wa	1997	15/20	tr	1992	17/20	au
2001	17/20	be	1996	19/20	be	1991	18/20	au

1990	18/20	tr		1983	15/20	au		1975	16/20	au
1989	17/20	au		1982	19/20	tr		1973	15/20	vo
1988	18/20	tr		1981	17/20	tr		1971	16/20	au
1987	13/20	vo		1980	15/20	vo		1970	17/20	au
1986	18/20	tr		1979	17/20	au		1966	15/20	vo
1985	18/20	tr		1978	15/20	au		1962	16/20	au
1984	14/20	vo		1976	14/20	vo		1961	18/20	au

Château Cos Labory

Gabriel-Klassement: Cru Bourgeois. Preisniveau: preiswert. Aktuelle Qualität: Dieses Weingut kommt langsam auf Kurs. Überraschungen nach oben – wie beim Jahrgang 2003 – sind durchaus möglich. Ein vollständig neu errichteter Keller im Jahr 2000 löste das leidige Problem um unsaubere, ältere Jahrgänge. Das Potential wäre, als direkter Nachbar von Cos d'Estournel, vom Boden her gegeben. *www.saint-estephe.com; www.wine-journal.com/labory.html*

2005	17/20	wa		1999	16/20	tr		1993	16/20	tr
2004	16/20	wa		1998	15/20	tr		1992	15/20	au
2003	18/20	wa		1997	13/20	au		1990	13/20	tr
2002	16/20	wa		1996	13/20	tr		1989	13/20	au
2001	17/20	be		1995	16/20	tr		1988	16/20	au
2000	16/20	tr		1994	16/20	tr		1982	17/20	tr

Château Coutelin-Merville

Gabriel-Klassement: nicht klassiert. Preisniveau: günstig. Aktuelle Qualität: Zeigt sich mit den jüngsten Jahrgängen als verlässlicher, konstanter St. Estèphe. Im Grand Vin sind manchmal bis zu 17 % Petit Verdot drin. *www.saint-estephe. com; www.crus-bourgeois.com*

2005	16/20	wa		2001	16/20	tr		1997	14/20	tr
2004	16/20	wa		2000	15/20	tr		1996	16/20	tr
2003	16/20	wa		1999	15/20	tr		1995	14/20	tr
2002	15/20	be		1998	16/20	tr		1994	15/20	au

Château Le Crock

Gabriel-Klassement: Cru Bourgeois. Preisniveau: angemessen. Aktuelle Qualität: solide und korrekt. Produziert meist rustikale, kernige Weine. Genau so wie man sich einen typischen St. Estèphe aus dem Mittelfeld vorstellt. Gehört zum Hause Cuvelier (Château Léoville-Poyferré). *www.cuvelier-bordeaux.com/fra/vins.html; www.saint-estephe.com*

La Dame de Montrose

Gabriel-Klassement: Cru Bourgeois. Preisniveau: angemessen. Aktuelle Qualität: Während viele Zweitweine meist zu schlank und ambitionslos sind, entdeckt man bei diesem Dame de Montrose zuweilen einen erfreulichen Charakter. *www.chateaumontrose-charmolue.com*

2005	16/20	wa	1999	16/20	tr	1993	15/20	tr
2004	16/20	wa	1998	16/20	tr	1992	15/20	au
2003	17/20	wa	1997	17/20	au	1991	14/20	vo
2002	16/20	be	1996	16/20	tr	1990	16/20	au
2001	16/20	tr	1995	17/20	tr	1989	14/20	au
2000	16/20	tr	1994	15/20	tr	1988	14/20	vo

Château Domeyne

Gabriel-Klassement: nicht klassiert. Preisniveau: günstig. Aktuelle Qualität: Hat sich in den letzten Jahren als solider Wert gezeigt. Ein kleines Weingut mit nur gerade 7 ha. Den Wein selbst findet man nur spärlich im Handel. *www.saint-estephe.com; www.crus-bourgeois.com*

2005	15/20	wa	2001	16/20	tr	1997	15/20	tr
2004	16/20	wa	2000	15/20	tr	1996	15/20	tr
2003	16/20	wa	1999	14/20	tr	1995	14/20	au
2002	16/20	be	1998	16/20	tr	1994	13/20	vo

Château Haut-Beauséjour

Gabriel-Klassement: nicht klassiert. Preisniveau: eher teuer. Aktuelle Qualität: Seit dem Jahrgang 2001 irgendwie ein zuverlässiger 16/20 Punkte-Wein, der trotz Investitionen nicht vom Fleck kommt. Gehört dem Champagnerhaus Roederer. *www.champagne-roederer.com; www.saint-estephe.com*

2005	16/20	wa	2001	16/20	tr	1997	15/20	au
2004	16/20	wa	2000	15/20	tr	1996	15/20	tr
2003	16/20	wa	1999	15/20	tr	1995	15/20	tr
2002	16/20	be	1998	15/20	tr	1994	14/20	au

Château Haut-Marbuzet

Gabriel-Klassement: Cinquième Cru classé. Preisniveau: eher teuer. Aktuelle Qualität: sehr moderne Weine mit viel Holzeinsatz. Der Wein weiss mit seinem Sex-Appeal zu betören, was ihm aber wieder andererseits etwas die

Typizität klaut. *www.chateauloisel.com/visite/haut-marbuzet.html; www.saint-estephe.com; www.wine-journal.com/hautmarb.html*

2005	17/20	wa	1997	17/20	au	1989	17/20	au
2004	17/20	wa	1996	16/20	tr	1988	14/20	vo
2003	17/20	wa	1995	17/20	tr	1987	13/20	vo
2002	16/20	be	1994	16/20	au	1986	14/20	vo
2001	17/20	tr	1993	15/20	au	1985	16/20	au
2000	16/20	tr	1992	14/20	vo	1984	13/20	vo
1999	16/20	tr	1991	14/20	vo	1983	17/20	au
1998	17/20	tr	1990	16/20	vo	1982	18/20	au

Château Le Haye

Gabriel-Klassement: nicht klassiert. Preisniveau: günstig. Aktuelle Qualität: Ein guter Wein, aber es würde noch wesentlich mehr drin liegen. Das Terroir befindet sich oberhalb von den beiden Cos (Estournel und Labory). Übrigens eines der schönsten Schlösschen in St. Estèphe. *www.saint-estephe.com*

2005	16/20	wa	2001	16/20	tr	1997	15/20	au
2004	15/20	wa	2000	16/20	tr	1996	15/20	tr
2003	15/20	be	1999	15/20	tr	1995	16/20	au
2002	16/20	tr	1998	14/20	tr	1994	14/20	au

Château Lafon-Rochet

Gabriel-Klassement: Quatrième Cru classé. Preisniveau: angemessen. Aktuelle Qualität: Durch die vermehrte Anpflanzung von Merlot hat der Wein in den letzten Jahren immer mehr Charme bekommen. Dieses ockergelbe Château ist mehr als nur ein Geheimtip, sondern eine echte Kaufempfehlung. *www.lafon-rochet.com; www.wine-journal com/ lrochet.html; www.saint-estephe.com*

2005	17/20	wa	1998	17/20	tr	1991	15/20	vo
2004	16/20	wa	1997	17/20	tr	1990	15/20	tr
2003	18/20	wa	1996	17/20	tr	1989	13/20	au
2002	17/20	wa	1995	16/20	tr	1988	13/20	au
2001	17/20	be	1994	16/20	tr	1986	16/20	tr
2000	17/20	tr	1993	16/20	au	1985	16/20	au
1999	16/20	tr	1992	15/20	vo	1982	14/20	vo

Château Lavillotte

Gabriel-Klassement: nicht klassiert. Preisniveau: günstig. Aktuelle Qualität: korrekt, aber irgendwie langweilig. Die Wertungen liegen zwischen 14/20 und 15/20 Punkten. Zum gleichen Besitz gehört u.a. auch Ch. Le Meynieu in Haut-Médoc. *www.saint-estephe.com*

Château Lilian Ladouys

Gabriel-Klassement: Cru Bourgeois. Preisniveau: preiswert. Aktuelle Qualität: Wieder aufsteigend, nachdem sich einige Jahrgänge leider unsauber präsentierten. *www.chateau-lilian-ladouys.com; www.saint-estephe.com*

2005	15/20	wa	2000	17/20	wa	1995	17/20	tr
2004	16/20	wa	1999	15/20	tr	1994	14/20	tr
2003	16/20	wa	1998	15/20	tr	1993	16/20	au
2002	17/20	wa	1997	12/20	tr	1990	17/20	au
2001	17/20	be	1996	12/20	be	1989	15/20	au

Château de Marbuzet

Gabriel-Klassement: Cru Bourgeois. Preisniveau: eher teuer. Aktuelle Qualität: Nachdem er nicht mehr der Zweitwein von Cos d'Estournel ist und eigenständig, also auf das ursprüngliche Terrain bezogen vinifiziert wird, ist er wieder ein Top-Cru Bourgeois. *www.cosestournel.com; www.saint-estephe.com*

2005	17/20	wa	1998	16/20	tr	1991	14/20	vo
2004	17/20	wa	1997	15/20	tr	1990	16/20	au
2003	18/20	wa	1996	17/20	tr	1989	17/20	tr
2002	17/20	wa	1995	17/20	tr	1988	15/20	vo
2001	16/20	be	1994	17/20	tr	1986	15/20	au
2000	16/20	tr	1993	15/20	au	1985	15/20	au
1999	16/20	tr	1992	15/20	vo	1982	16/20	au

Château Merville

Gabriel-Klassement: nicht klassiert. Preisniveau: günstig. Aktuelle Qualität: korrekt, aber nicht mehr! Die Weine sind schlank und zeigen wenig Tiefe. Ein eher kleines Weingut mit etwa 25'000 Flaschen Jahresproduktion. *www.saint-estephe.com*

Château Meyney

Gabriel-Klassement: Cinquième Cru. Preisniveau: angemessen. Aktuelle Qualität: Grosse, neuere Jahrgänge zeugen davon, dass früher das Potential nicht ganz ausgeschöpft worden ist. Nichts für Finessentrinker; hier kommt ein grobschlächtiger Kämpfer ins Glas. *www.cordier-wines.com; www.saint-estephe.com*

2005	17/20	wa	1998	16/20	tr	1990	15/20	tr
2004	17/20	wa	1997	16/20	tr	1989	17/20	tr
2003	18/20	wa	1996	16/20	tr	1988	16/20	au
2002	17/20	wa	1995	17/20	tr	1986	16/20	au
2001	17/20	be	1994	17/20	tr	1985	15/20	au
2000	14/20	wa	1993	16/20	au	1983	16/20	au
1999	17/20	tr	1992	15/20	vo	1982	16/20	tr

Château Montrose

Gabriel-Klassement: Premier Grand Cru classé. Preisniveau: teuer. Aktuelle Qualität: auf höchstem Niveau. Der Wein ist aber nichts für Ungeduldige. Grosse Jahrgänge brauchen mindestens 15 (!) Jahre bis zur ersten Genussreife. Wer wissen will, wie grosses Cabernet-Terroir schmeckt und zu wenig Geld hat, um einen Château Latour zu kaufen, findet hier eine grossartige Alternative. *www.chateau montrose-charmolue.com; www.saint-estephe.com*

2005	18/20	wa	1994	19/20	be	1983	15/20	au
2004	17/20	wa	1993	17/20	tr	1982	18/20	tr
2003	19/20	wa	1992	17/20	tr	1981	16/20	tr
2002	18/20	wa	1991	16/20	au	1978	16/20	au
2001	19/20	wa	1990	20/20	tr	1976	16/20	vo
2000	17/20	be	1989	19/20	tr	1975	15/20	tr
1999	17/20	be	1988	17/20	tr	1970	19/20	tr
1998	18/20	wa	1987	12/20	vo	1966	16/20	au
1997	16/20	tr	1986	14/20	tr	1964	17/20	au
1996	19/20	wa	1985	14/20	tr	1962	18/20	au
1995	19/20	wa	1984	14/20	vo	1961	15/20	vo

Château Les Ormes-de-Pez

Gabriel-Klassement: Cru Bourgeois. Preisniveau: eher teuer. Aktuelle Qualität: Die Weine sind fein und doch mit einem gewissen Druck versehen, gefallen und weisen ein sehr gutes Alterungspotential auf. Gehört zum Besitz von Jean-Michel Cazes von Château Lynch-Bages. *www.ormes depez.com; www.saint-estephe.com*

2005	17/20	wa	1998	16/20	tr	1990	17/20	au
2004	17/20	wa	1997	16/20	au	1989	17/20	au
2003	18/20	wa	1996	16/20	tr	1988	16/20	au
2002	16/20	wa	1995	15/20	au	1986	16/20	au
2001	17/20	be	1994	15/20	tr	1985	15/20	au
2000	17/20	be	1993	15/20	au	1983	16/20	au
1999	16/20	tr	1992	14/20	vo	1982	16/20	au

Les Pagodes de Cos

Gabriel-Klassement: nicht klassiert. Preisniveau: angemessen. Aktuelle Qualität: Erstmals 1994 lanciert, fehlte es diesem Wein an Identität und so kam er am Anfang nicht nur als Zweitwein, sondern sprichwörtlich zweitklassig daher. Die neuesten Jahrgänge sind besser vinifiziert und auch besser selektioniert. *www.cosestournel.com*

2005	17/20	wa	2001	16/20	tr	1997	14/20	au
2004	17/20	wa	2000	16/20	tr	1996	16/20	tr
2003	17/20	tr	1999	15/20	au	1995	16/20	tr
2002	16/20	tr	1998	16/20	tr	1994	15/20	au

Château Petit Bocq

Gabriel-Klassement: nicht klassiert. Preisniveau: preiswert. Aktuelle Qualität: Manchmal kernig und muskulös wie ein bäuerlicher St. Estèphe, bisweilen leichter mit eingezogenen Krallen. Die Wertungen liegen zwischen 15/20 und 16/20 Punkten. Leider trifft man den Wein eher selten an, denn einige Jahrgänge wären eine gute Kaufempfehlung. *www.chateau-petit-bocq.com; www.saint-estephe.com*

Château de Pez

Gabriel-Klassement: Cinquième Cru classé. Preisniveau: eher teuer. Aktuelle Qualität: Sehr gutes Niveau; die Vinifikation überzeugt. Gehört seit 1994 zu Champagne Roederer. *www.champagne-roederer.com; www.saint-estephe.com*

2005	18/20	wa	2000	17/20	tr	1995	16/20	tr
2004	17/20	wa	1999	17/20	tr	1994	15/20	tr
2003	17/20	be	1998	17/20	tr	1993	16/20	au
2002	16/20	be	1997	16/20	tr	1990	17/20	tr
2001	17/20	tr	1996	16/20	tr	1989	16/20	au

Château Phélan-Ségur

Gabriel-Klassement: Troisième Cru classé. Preisniveau: angemessen. Aktuelle Qualität: Ein sehr finessenreicher, perfekt vinifizierter Wein, der von vielen Journalisten (noch) unterschätzt wird. Meist zeigt sich der junge Wein in den ersten 5 Jahren etwas zaghaft, doch er altert sehr, sehr gut. Der Besitzer Thierry Gardinier konnte kürzlich das 25 ha grosse Château Houissant kaufen und somit ist die Gesamt-Rebfläche von Phélan-Ségur auf gigantische 110 ha angewachsen. www.phelansegur.com; www.saint-estephe.com

2005	19/20	wa	1997	17/20	tr	1989	16/20	au
2004	17/20	wa	1996	18/20	tr	1988	16/20	au
2003	18/20	wa	1995	17/20	tr	1986	15/20	au
2002	18/20	wa	1994	17/20	tr	1982	17/20	tr
2001	17/20	be	1993	15/20	au	1981	16/20	au
2000	17/20	be	1992	15/20	au	1966	16/20	au
1999	17/20	tr	1991	13/20	vo	1964	16/20	au
1998	17/20	tr	1990	18/20	tr	1961	18/20	au

Château Picard

Gabriel-Klassement: nicht klassiert. Preisniveau: preiswert. Aktuelle Qualität: Die letzten Jahrgänge sind unregelmässig, aber manchmal doch auf erstaunlichem Niveau. Der Vertrieb funktioniert via Maison Mähler-Besse. www.saint-estephe.com; www.crus-bourgeois.com

2005	16/20	wa	2002	15/20	wa	1999	15/20	tr
2004	16/20	wa	2001	14/20	tr	1998	15/20	tr
2003	17/20	wa	2000	16/20	tr	1996	15/20	tr

Château Pomys

Gabriel-Klassement: nicht klassiert. Preisniveau: günstig. Aktuelle Qualität: solide und zuverlässig, aber doch eher mittelmässiges Niveau. Das Weingut wurde 1988 von der Familie Arnaud gekauft und renoviert. Seit 1991 ist das leicht italienisch angehauchte Château auch gleichzeitig ein *** Hotel. www.chateaupomys.com; www.saint-estephe.com

2005	15/20	wa	2001	15/20	tr	1996	15/20	tr
2004	15/20	wa	2000	16/20	tr	1995	15/20	tr
2003	15/20	wa	1999	15/20	tr	1994	15/20	tr
2002	15/20	be	1998	16/20	tr	1993	14/20	au

Château Saint Estèphe

Gabriel-Klassement: nicht klassiert. Preisniveau: preiswert. Aktuelle Qualität: ein guter Wert. Wer wissen will, wie ein typischer, leicht kerniger St. Estèphe schmeckt, ist mit diesem gleichnamigen Weingut bestens bedient. Gleicher Besitz wie Château Pomys. *www.chateaupomys.com; www.saint-estephe.com*

2005	16/20	wa	2001	15/20	tr	1997	14/20	au
2004	16/20	wa	2000	16/20	tr	1996	15/20	tr
2003	15/20	be	1999	15/20	tr	1995	16/20	tr
2002	15/20	be	1998	15/20	tr	1994	14/20	au

Château Ségur de Cabanac

Gabriel-Klassement: nicht klassiert. Preisniveau: günstig. Aktuelle Qualität: gut strukturierte, manchmal etwas knochige Weine mit einem Blend von mehrheitlich Cabernet Sauvignon. Mit einer Grösse von 7,07 ha reicht es gerade noch (7 ha ist das Mindeste), sich Cru Bourgeois nennen zu dürfen. *www.saint-estephe.com*

2005	16/20	wa	2001	16/20	tr	1997	15/20	au
2004	15/20	wa	2000	17/20	be	1996	15/20	tr
2003	16/20	wa	1999	14/20	tr	1995	16/20	tr
2002	16/20	be	1998	16/20	tr	1994	16/20	tr

Château Tour de Pez

Gabriel-Klassement: Quatrième Cru classé. Preisniveau: preiswert. Aktuelle Qualität: auf hohem Niveau mit viel Erotik. Eigenwilligerweise haben nur wenige Journalisten das neue Potential dieses aufstrebenden Weingutes entdeckt. Wohl weil die Geschichte erst mit dem Jahrgang 1989 so richtig begonnen hat. Einer der besten Werte in St. Estèphe! *www.saint-estephe.com*

2005	18/20	wa	2000	18/20	be	1995	17/20	tr
2004	17/20	wa	1999	17/20	tr	1994	17/20	tr
2003	18/20	wa	1998	17/20	tr	1993	16/20	au
2002	18/20	wa	1997	16/20	au	1990	17/20	au
2001	16/20	tr	1996	17/20	tr	1989	16/20	au

Château Tour des Termes

Gabriel-Klassement: nicht klassiert. Preisniveau: günstig. Aktuelle Qualität: Recht gute Weine, die aber eher schnell reifen. Das Weingut hinterlässt nach einem Besuch einen etwas zwiespältigen, leicht heruntergekommenen Eindruck.
www.chateautourdestermes.com; www.saint-estephe.com

2005	15/20	wa	2001	16/20	tr	1997	15/20	au
2004	15/20	wa	2000	15/20	tr	1996	16/20	tr
2003	15/20	be	1999	16/20	tr	1995	17/20	tr
2002	16/20	tr	1998	15/20	tr	1994	15/20	tr

Château Tronquoy-Lalande

Gabriel-Klassement: Cinquième Cru. Preisniveau: preiswert. Aktuelle Qualität: Ist hier ein Wunder geschehen? Nachdem ich viele enttäuschende Jahrgänge über mich ergehen lassen musste, machen die neuesten Schützlinge einen erstaunlich vielversprechenden Eindruck. Gehört zu den ganz grossen Médoc-Werten und bleibt dabei vom Geschmack her ein eher traditioneller St. Estèphe.
www.saint-estephe.com; www.crus-bourgeois.com

2005	18/20	wa	2001	16/20	tr	1997	16/20	au
2004	17/20	wa	2000	18/20	be	1996	17/20	tr
2003	17/20	wa	1999	17/20	tr	1995	16/20	tr
2002	17/20	be	1998	16/20	tr	1994	15/20	au

Das Cabernet-Eldorado schlechthin, weil sich die Premiers der besten Médoc-Appellation immer mehr abheben…

Früher galt bei der Primeur-Lancierung der grössten Bordeaux immer die Faustregel, dass die Deuxièmes etwa die Hälfte der Premiers kosten. Heute ist diese Formel nicht mehr intakt. Glück und/oder Pech?! Somit bleibt die Frage offen, warum die Premiers heute so viel teurer sind als noch vor zehn Jahren? Die Antwort hat zwei erklärende Teile: Einerseits ist die Produktion aller Premiers in den letzten Jahren deutlich gesunken, denn obwohl sie mit den besten Terroirs ausgestattet sind, wird jedes Jahr mehr als die Hälfte deklassiert. Ein gnadenloses, extrem hochstehendes Qualitätsmanagement! War Mouton vor zehn Jahren noch der Schwächste im Bunde, ist es heute nur noch eine Frage des Geschmacks, welcher Premier zu den Besten zählt. Andererseits ist mit den neuen Märkten des Fernen Ostens und vor allem Russland die Nachfrage für das gesamte Trio extrem angestiegen: D.h., immer mehr Weinkenner wollen an den immer weniger werdenden Premiers partizipieren. Dabei gäbe es ja wesentlich günstigere und manchmal fast ebenbürtige Alternativen in der eigenen Appellation. Meine defensive Liebe zu Pichon-Lalande ist ja allgemein bekannt.

Mittlerweile haben auch andere Journalisten eingesehen, dass der hochgejubelte 1990er ein dünnes Weinwässerchen ist. Doch wenn der liebe Gott den Ertrag regelt, wie dies beispielsweise bei den Jahrgängen 2002 und 2003 der Fall ist, so dringt er locker bis zur Spitze vor. Wesentlich höher ist die langfristige Leistung vom Nachbarweingut Pichon-Baron einzustufen. Gewaltige Fortschritte hat Pontet-Canet in den letzten Jahren erzielt – dabei ist der Wein jedoch so herrlich kantig und charaktervoll geblieben. Den grössten Fanclub besitzt der allgegenwärtige Lynch-Bages – noch nie hat mich dieser meist gewaltige Wein enttäuscht. Wenn ich einen Pauillac jung trinken will, so ist der Batailley ein samtener, vollfruchtiger Verführer. Der beste Wert über die letzten zwanzig Jahre hinweg gesehen, scheint mir Grand-Puy-Lacoste zu sein. Und auch sein bis vor kurzem etwas vernachlässigter Bruder, der Haut-Batailley hat deutlich an Qualität zugelegt. Die Mouton-Kinder: Clerc-Milon und d'Armailhac sind wieder gute Kaufempfehlungen. Verbessert hat sich auch der Haut-Bages-Libéral unter den Fittichen von Claire Villars. Der Pibran weiss unter den Crus Bourgeois immer wieder aufzufallen. Noch immer habe ich die Hoffnung auf eine Beteiligung an der Szene von Pédesclaux und Croizet-Bages nicht ganz aufgegeben. Gespannt darf man darauf sein, was die Mouton-Truppe aus dem kürzlich erworbenen und bisher immer enttäuschenden La Fleur-Milon macht?

Château d'Armailhac

Gabriel-Klassement: Cinquième Cru classé. Preisniveau: angemessen. Aktuelle Qualität: Auf sehr gutem Niveau, denn er ist ein Charmeur sondergleichen. Man will aber in Zukunft etwas weniger Merlot verwenden und ihm so mehr Charakter verleihen. Das Weingut hiess ehemals Château Mouton-Baronne-Philippe (bis 1988) und noch früher d'Armailhacq. *www.bpdr.com; www.pauillac.com*

2005	18/20	wa	1998	16/20	tr	1991	15/20	vo
2004	17/20	wa	1997	16/20	tr	1990	17/20	tr
2003	17/20	wa	1996	17/20	tr	1989	18/20	tr
2002	18/20	wa	1995	16/20	tr	1988	16/20	au
2001	16/20	tr	1994	17/20	tr	1986	16/20	tr
2000	17/20	tr	1993	16/20	tr	1985	17/20	tr
1999	16/20	tr	1992	15/20	au	1982	14/20	vo

Château Batailley

Gabriel-Klassement: Troisième Cru classé. Preisniveau: preiswert. Aktuelle Qualität: toller Pauillac mit viel Fülle und einem frühen Charme. Also ein grosser Wein für alle, die nicht warten können – gehört zu den allerbesten Werten von Pauillac. Zum gleichen Besitz gesellen sich auch noch die Weingüter Haut-Bages-Monpelou (Pauillac), Lynch-Moussas (Pauillac), Beau-Site (St. Estèphe), Trottevieille (St. Emilion), Bergat (St. Emilion) und Domaine de L'Eglise (Pomerol). *www.pauillac.com*

2005	18/20	wa	1996	18/20	tr	1986	16/20	au
2004	17/20	wa	1995	18/20	tr	1985	16/20	au
2003	18/20	wa	1994	18/20	tr	1983	14/20	vo
2002	18/20	be	1993	16/20	tr	1982	16/20	au
2001	17/20	tr	1992	15/20	au	1979	16/20	au
2000	17/20	tr	1991	15/20	vo	1975	17/20	au
1999	17/20	tr	1990	16/20	au	1970	17/20	au
1998	17/20	tr	1989	16/20	au	1966	15/20	au
1997	16/20	au	1988	14/20	au	1961	14/20	vo

Château Bellegrave

Gabriel-Klassement: nicht klassiert. Preisniveau: angemessen. Aktuelle Qualität: schwankend – aber auf gutem bis sehr guten Niveau. Seit 1997 ist das Team Vignobles Meffre für die Vinifikation zuständig, die ebenfalls den Château du Glana in St. Julien langsam wieder auf Vordermann bringen. Sehr kleines Weingut (8 ha) und deshalb selten anzutreffen. www.chateau-bellegrave.fr; www.pauillac.com

2005	16/20	wa	2002	16/20	be	1999	15/20	tr
2004	17/20	wa	2001	17/20	tr	1998	14/20	tr
2003	17/20	wa	2000	16/20	tr	1997	14/20	au

Carruades de Lafite

Gabriel-Klassement: Cinquième Cru classé. Preisniveau: angemessen. Aktuelle Qualität: Seit dem Jahrgang 1993 ist dieser bemerkenswerte Zweitwein immer besser geworden. Weil die Ansprüche für den «Grand Vin de Lafite» in den letzten Jahren immer höher wurden, profitierte der Carruades von immer besseren Deklassements-Partien. Der Name wechselte anfangs der achtziger Jahre von Moulin des Carruades zu Carruades de Lafite. Es gibt sogar einige Jahrgänge, die unter beiden Etiketten kommerzialisiert wurden. www.lafite.com; www.pauillac.com

2005	17/20	wa	1998	17/20	tr	1991	15/20	vo
2004	17/20	wa	1997	17/20	au	1990	15/20	tr
2003	17/20	wa	1996	17/20	tr	1989	14/20	au
2002	17/20	wa	1995	16/20	tr	1988	17/20	au
2001	17/20	be	1994	16/20	au	1986	15/20	au
2000	17/20	tr	1993	16/20	au	1985	13/20	vo
1999	16/20	tr	1992	14/20	au	1983	14/20	au

Château Clerc-Milon

Gabriel-Klassement: Quatrième Cru classé. Preisniveau: eher teuer. Aktuelle Qualität: Die ganz jungen Clerc-Milon sind schon fast spektakulär gut gelungen. Der «kleine Mouton» erlebte aber auch schon ein paar qualitative Turbulenzen. Es gab bei gewissen Flaschen immer wieder einen dezenten, dumpfen Kellerton zu reklamieren. Die Jahrgänge 1997 bis 2001 wurden unter dem eigenen Potential hergestellt. www.bpdr.com; www.pauillac.com

2005	19/20	wa	2003	18/20	wa	2001	17/20	be
2004	17/20	wa	2002	18/20	wa	2000	16/20	be

1999	16/20	tr	1994	17/20	tr	1989	17/20	tr
1998	16/20	tr	1993	17/20	tr	1988	18/20	tr
1997	16/20	tr	1992	16/20	vo	1986	18/20	tr
1996	16/20	tr	1991	15/20	vo	1985	15/20	au
1995	18/20	tr	1990	18/20	tr	1982	15/20	au

Château Colombier-Monpelou

Gabriel-Klassement: nicht klassiert. Preisniveau: preiswert. Aktuelle Qualität: eher bescheiden. An sich klingt die Nennung des Wortes Pauillac auf einem Etikett wie der Hinweis auf ein Königreich. Es gibt aber auch ein paar leidige Ausnahmen: Beispielsweise bei den Weinen, die auf Colombier-Monpelou seit Jahren in Flaschen abgefüllt werden. *www.pauillac.com; www.crus-bourgeois.com*

2005	17/20	wa	2001	14/20	tr	1997	13/20	au
2004	15/20	wa	2000	14/20	be	1996	16/20	tr
2003	16/20	wa	1999	14/20	tr	1995	15/20	tr
2002	16/20	be	1998	14/20	tr	1994	15/20	tr

Château Cordeillan-Bages

Gabriel-Klassement: nicht klassiert. Preisniveau: teuer. Aktuelle Qualität: korrekt, aber unspektakulär. Dieses Château erwarb Grossvater Cazes (Lynch-Bages). Der entstandene Wein wurde je nach Qualität dem Lynch-Bages oder dem Haut-Bages-Averous beigemischt. Nachdem seit ein paar Jahren auf dem ehemaligen Weingut das gleichnamige Hotel steht, werden mit dem Jahrgang 1985 diese Reben wieder separat vinifiziert. Im Hotel Cordeillan-Bages findet man denn auch eine grosse Auswahl verschiedener Jahrgänge, aber die Entdeckungslust muss relativ teuer bezahlt werden. *www.cordeillanbages.com*

Château Croizet-Bages

Gabriel-Klassement: nicht klassiert. Preisniveau: preiswert. Aktuelle Qualität: Nur ganz wenig Jahrgänge sind besser als korrekt. Warum das Weingut bei der Klassierung als Cinquième eingestuft wurde, ist bis heute nicht nachvollziehbar. Auch wenn die Preise eigentlich recht günstig wären, lohnt sich in der Regel ein Kauf nicht. Dem Weingut kann nur noch eine Revolution helfen. *www.pauillac.com*

2005	16/20	wa	1998	15/20	tr	1990	13/20	au
2004	15/20	wa	1997	14/20	au	1989	13/20	au
2003	15/20	wa	1996	14/20	tr	1988	11/20	vo
2002	15/20	wa	1995	14/20	tr	1986	13/20	au
2001	14/20	be	1994	13/20	tr	1985	14/20	au
2000	17/20	tr	1993	12/20	au	1983	13/20	au
1999	16/20	tr	1992	11/20	vo	1982	15/20	au

Château Duhart-Milon-Rothschild

Gabriel-Klassement: Cru Bourgeois. Preisniveau: eher teuer. Aktuelle Qualität: Seit 2003 sind die Weine nahezu spektakulär. Früher lag der Duhart meistens noch hinter dem Carruades (Zweitwein von Lafite). Heute liefern sich beide ein Kopf an Kopf Rennen. Das «Château» liegt versteckt mitten im Dorf Pauillac. *www.lafite.com; www.pauillac.com*

2005	18/20	wa	1998	16/20	be	1990	16/20	tr
2004	17/20	wa	1997	16/20	tr	1989	17/20	au
2003	18/20	wa	1996	16/20	tr	1988	14/20	au
2002	17/20	wa	1995	17/20	tr	1986	16/20	tr
2001	16/20	be	1994	15/20	au	1985	15/20	au
2000	16/20	be	1993	15/20	vo	1983	17/20	au
1999	16/20	tr	1992	15/20	vo	1982	14/20	vo

Château La Fleur-Milon

Gabriel-Klassement: nicht klassiert. Preisniveau: angemessen. Aktuelle Qualität: liegt so zwischen 15/20 bis 16/20 Punkten. Momentan steht das Weingut resp. der Name La Fleur-Milon vor einer ungewissen Zukunft, weil die Baronnie von Mouton das Weingut aufgekauft hat und neu definieren wird. Zumindest sollen Teile der Ernte in andere Weine fliessen. *www.lafleurmilon.com; www.pauillac.com*

Château Fonbadet

Gabriel-Klassement: nicht klassiert. Preisniveau: preiswert. Aktuelle Qualität: selten gut, meist korrekt bis enttäuschend. *www.chateaufonbadet.com; www.pauillac.com*

2005	16/20	wa	2001	14/20	tr	1997	14/20	au
2004	15/20	wa	2000	15/20	be	1996	15/20	tr
2003	16/20	wa	1999	14/20	tr	1995	14/20	tr
2002	15/20	be	1998	14/20	tr	1994	14/20	tr

Les Forts de Latour

Gabriel-Klassement: Quatrième Cru classé. Preisniveau: teuer. Aktuelle Qualität: Unter allen Zweitweinen vielleicht der Beste und auch der Lagerfähigste, was bei seinem Vater, dem Latour selbst, irgendwie auch verständlich ist. Leider zeigte auch der Les Forts in den letzten Jahren bei gewissen Jahrgängen dieselbe Unsauberkeit und deshalb ist bei Käufen der Jahrgänge 1991 bis 1995 Vorsicht angesagt, weil doch relativ viele Flaschen einen dumpfen Geschmack aufweisen. *www.chateau-latour.com; www.pauillac.com*

2005	18/20	wa	1996	18/20	be	1986	16/20	au
2004	17/20	wa	1995	16/20	be	1985	15/20	vo
2003	18/20	wa	1994	15/20	tr	1983	13/20	vo
2002	17/20	wa	1993	15/20	au	1982	15/20	vo
2001	17/20	wa	1992	14/20	au	1981	15/20	au
2000	18/20	wa	1991	15/20	au	1978	17/20	au
1999	17/20	be	1990	17/20	au	1975	18/20	au
1998	17/20	be	1989	16/20	au	1974	15/20	vo
1997	16/20	tr	1988	17/20	vo	1970	17/20	au

Château Grand-Puy-Ducasse

Gabriel-Klassement: Cru Bourgeois. Preisniveau: angemessen. Aktuelle Qualität: Irgendwie scheint sich dieser Wein immer unter seinem Wert zu schlagen. Nur dann und wann erreicht er knapp die 17/20 Punktwertung. Das Handicap vom Wein selbst liegt oft darin, dass er sich zu ruppig und hart gibt. Wie könnte man es schaffen, diesem an sich guten Wert etwas mehr Finessen mit auf den Weg zu geben? *www.pauillac.com*

2005	17/20	wa	1997	16/20	tr	1989	15/20	au
2004	16/20	wa	1996	17/20	tr	1988	13/20	vo
2003	16/20	wa	1995	15/20	tr	1986	17/20	au
2002	17/20	wa	1994	16/20	tr	1985	17/20	tr
2001	16/20	wa	1993	15/20	au	1983	15/20	au
2000	16/20	be	1992	14/20	au	1982	15/20	au
1999	17/20	tr	1991	15/20	vo	1978	16/20	au
1998	16/20	tr	1990	16/20	tr	1961	15/20	au

Château Grand-Puy-Lacoste

Gabriel-Klassement: Deuxième Cru classé. Preisniveau: teuer. Aktuelle Qualität: Die letzten Jahre sind ausgezeichnet. Manchmal setzt der «GPL» zu richtigen Höhenflügen an und ist einem Super-Second ebenbürtig – bei weit tieferem Preis versteht sich. *www.pauillac.com*

2005	18/20	wa	1996	19/20	tr	1985	19/20	tr
2004	17/20	wa	1995	18/20	tr	1984	15/20	vo
2003	17/20	wa	1994	18/20	tr	1983	17/20	tr
2002	17/20	be	1993	16/20	tr	1982	19/20	tr
2001	17/20	be	1992	16/20	vo	1981	15/20	au
2000	19/20	be	1990	19/20	tr	1979	18/20	au
1999	17/20	tr	1989	18/20	tr	1978	16/20	tr
1998	17/20	tr	1988	17/20	tr	1966	17/20	au
1997	17/20	tr	1986	18/20	tr	1961	17/20	au

Château Haut-Bages-Averous

Gabriel-Klassement: Cru Bourgeois. Preisniveau: angemessen. Aktuelle Qualität: Der Zweitwein von Lynch-Bages ist ein echt guter Wert mit mittlerem Alterungspotential. *www.lynchbages.com; www.pauillac.com*

2005	16/20	wa	1998	16/20	tr	1991	12/20	vo
2004	16/20	wa	1997	16/20	tr	1990	15/20	au
2003	16/20	wa	1996	16/20	tr	1989	16/20	au
2002	17/20	be	1995	15/20	tr	1988	14/20	vo
2001	16/20	be	1994	16/20	au	1986	15/20	au
2000	17/20	tr	1993	14/20	au	1985	15/20	au
1999	16/20	tr	1992	13/20	vo	1982	16/20	vo

Château Haut-Bages-Libéral

Gabriel-Klassement: Cinquième Cru classé. Preisniveau: angemessen. Aktuelle Qualität: Mit der Anschaffung einer neuen, schonenderen Entrappungsmaschine sind die neuesten Jahrgänge wieder ein guter Kauf. Trotz eifrigem Einsatz hatte es das neue Team lange nicht geschafft, aus dem grossartigen Terroir einen wirklich schönen Pauillac herzustellen. Seit 2000 werden hier besonders geniale Weine vinifiziert. Noch ist der Preis günstig. *www.hautbagesliberal.com; www.pauillac.com*

2005	18/20	wa	2002	17/20	wa	1999	16/20	tr
2004	18/20	wa	2001	17/20	be	1998	17/20	be
2003	17/20	wa	2000	18/20	tr	1997	16/20	tr

1996	17/20	tr
1995	15/20	tr
1994	16/20	tr
1993	15/20	au

1992	14/20	vo
1990	17/20	tr
1989	16/20	tr
1988	16/20	au

1986	16/20	au
1985	17/20	au
1983	13/20	vo
1982	17/20	tr

Château Haut-Bages-Monpelou

Gabriel-Klassement: nicht klassiert. Preisniveau: preiswert. Aktuelle Qualität: Der Wein ist gut, aber gibt vielleicht nicht gerade so viel her, wie man es von einem Pauillac auf diesem Terroir erwarten könnte. Da ich aber vermute, dass sich Philippe Castéja (Borie-Manoux) jetzt immer mehr um die Nebenweingüter der Familie kümmert, dürfte hier in den nächsten Jahren eine Qualitätssteigerung zu erwarten sein. *www.pauillac.com*

2005	17/20	wa
2004	16/20	wa
2003	16/20	wa
2002	16/20	wa
2001	16/20	be
2000	15/20	be

1999	15/20	tr
1998	15/20	tr
1997	15/20	tr
1996	16/20	tr
1995	16/20	tr
1994	14/20	tr

1990	14/20	au
1989	13/20	vo
1988	15/20	au
1986	13/20	vo
1985	15/20	au
1982	14/20	vo

Château Haut-Batailley

Gabriel-Klassement: Cinquième Cru classé. Preisniveau: angemessen. Aktuelle Qualität: kein Wein für Fruchttrinker. Es lohnt sich jeweils, mindestens acht Jahre auf seine erste Genussphase zu warten, da er sich jung meist etwas dumpf zeigt. Die letzten Jahrgänge zeigen auf, dass das Weingut wieder in Top-Form ist. *www.pauillac.com*

2005	17/20	wa
2004	17/20	wa
2003	18/20	wa
2002	17/20	wa
2001	17/20	wa
2000	17/20	wa
1999	16/20	be

1998	17/20	be
1997	16/20	tr
1996	18/20	be
1995	16/20	be
1994	15/20	tr
1993	15/20	tr
1992	13/20	au

1990	15/20	tr
1989	16/20	tr
1988	16/20	tr
1986	17/20	tr
1985	16/20	au
1983	13/20	vo
1982	17/20	tr

Château Lafite-Rothschild

Gabriel-Klassement: Premier Grand Cru classé. Preisniveau: Luxus-Klasse. Aktuelle Qualität: Extremes Qualitätsmanagement auf allen Ebenen, d.h. davon profitieren neuerdings auch Carruades de Lafite und der Duhart-Milon-Rothschild aus gleichem Hause. Lafite selbst hatte früher kaum Chancen, mit den kräftigeren und wichtigeren Weinen der Mitkonkurrenten (Latour und Mouton) mitzuhalten. Dies hat sich in den letzten Jahren deutlich geändert. Einerseits wird hier oft mehr als die Hälfte der Ernte deklassiert, andererseits sind die jungen Lafites der neuen Zeit auch wesentlich konzentrierter. Achtung: Von Jahrgängen 1999 und 1996 gibt es geniale, aber auch enttäuschende Flaschen. *www.lafite-com; www.pauillac.com*

2005	20/20	wa	1994	17/20	wa	1983	17/20	tr
2004	19/20	wa	1993	16/20	tr	1982	18/20	tr
2003	20/20	wa	1992	17/20	au	1981	17/20	au
2002	19/20	wa	1991	16/20	au	1979	17/20	au
2001	18/20	wa	1990	19/20	tr	1978	17/20	au
2000	20/20	wa	1989	19/20	tr	1975	13/20	vo
1999	18/20	wa	1988	18/20	tr	1970	11/20	vo
1998	18/20	wa	1987	16/20	au	1966	14/20	vo
1997	18/20	tr	1986	17/20	tr	1964	16/20	au
1996	20/20	wa	1985	18/20	tr	1962	16/20	au
1995	19/20	wa	1984	15/20	au	1961	17/20	tr

Château Latour

Gabriel-Klassement: Premier Grand Cru classé. Preisniveau: Luxus-Klasse. Aktuelle Qualität: seit dem Jahrgang 2000 auf exorbitantem Niveau. Leider gab es zwischen 1991 bis 1994 auch ein paar fragwürdige Jahrgänge resp. immer wieder unsaubere Flaschen. Heute ist Latour aber das mondiale Cabernet-Kompetenz-Zentrum. Mit Montrose zusammen der lagerfähigste Wein des Bordelais. *www.chateau-latour.com; www.pauillac.com*

2005	19/20	wa	1992	15/20	tr	1978	17/20	tr
2004	19/20	wa	1991	15/20	tr	1975	17/20	tr
2003	19/20	wa	1990	18/20	tr	1974	15/20	au
2002	19/20	wa	1989	17/20	be	1973	16/20	au
2001	19/20	wa	1988	19/20	be	1971	17/20	au
2000	20/20	wa	1987	15/20	au	1970	20/20	tr
1999	18/20	wa	1986	19/20	be	1967	17/20	au
1998	18/20	wa	1985	18/20	tr	1966	19/20	tr
1997	18/20	tr	1984	15/20	au	1964	19/20	tr
1996	20/20	wa	1983	18/20	tr	1962	17/20	vo
1995	19/20	wa	1982	20/20	tr	1961	20/20	tr
1994	16/20	wa	1981	18/20	tr			
1993	15/20	be	1979	16/20	tr			

Château Lynch-Bages

Gabriel-Klassement: Deuxième Cru classé. Preisniveau: teuer. Aktuelle Qualität: immer sehr zuverlässig auf sehr hohem Niveau, auch in kleinen Jahren nie enttäuschend. Ein Pauillac-Kraftprotz mit einer passenden Prise Kraft und Arroganz. *www.lynchbages.com; www.pauillac.com*

2005	17/20	wa	1995	18/20	tr	1983	17/20	au
2004	17/20	wa	1994	18/20	tr	1982	18/20	tr
2003	18/20	wa	1993	17/20	tr	1981	17/20	au
2002	18/20	wa	1992	16/20	au	1979	16/20	au
2001	18/20	be	1991	16/20	au	1978	15/20	au
2000	19/20	wa	1990	18/20	tr	1975	17/20	au
1999	17/20	tr	1989	19/20	tr	1970	19/20	tr
1998	18/20	be	1988	18/20	tr	1966	18/20	au
1997	17/20	tr	1986	18/20	tr	1962	18/20	au
1996	18/20	be	1985	19/20	tr	1961	19/20	tr

Château Lynch-Moussas

Gabriel-Klassement: Cinquième Cru classé. Preisniveau: eher teuer. Aktuelle Qualität: sehr gut und auch zuverlässig. Etwas atypischer, eher leichter Pauillac. Weil das Terroir viel lehmige Konturen aufweist, ist der Merlot-Anteil relativ hoch und verleiht dem Lynch-Moussas oft burgundische Züge. *www.pauillac.com*

2005	17/20	wa	1998	16/20	tr	1991	14/20	vo
2004	16/20	wa	1997	16/20	au	1990	16/20	au
2003	16/20	wa	1996	17/20	tr	1989	15/20	tr
2002	17/20	wa	1995	17/20	tr	1988	16/20	tr
2001	16/20	be	1994	16/20	au	1986	15/20	au
2000	17/20	tr	1993	15/20	au	1985	15/20	au
1999	16/20	tr	1992	15/20	vo	1982	17/20	au

Moulin des Carruades

(siehe Carruades de Lafite)

Château Mouton-Baronne-Philippe

(siehe Château d'Armailhac)

Château Mouton-Rothschild

Gabriel-Klassement: Premier Grand Cru classé. Preisniveau: Luxus-Klasse. Aktuelle Qualität: Seit den letzten Jahrgängen ist Mouton auf einer derart hohen Klasse angelangt, dass frühere Kritiken offensichtlich erhört worden sind. Die Produktion ist seitens Hektarenertrag und durch Einführung eines Zweitweines drastisch gesunken. Der verführerische Mouton steht für Erotik, Cassis, Minze und Schokolade. Leider werden ebenso viele Flaschen gesammelt wie getrunken. *www.bpdr.com; www.pauillac.com*

2005	19/20	wa	1993	18/20	tr	1980	15/20	vo
2004	19/20	wa	1992	17/20	au	1979	15/20	au
2003	19/20	wa	1991	15/20	au	1978	17/20	tr
2002	20/20	wa	1990	18/20	tr	1976	15/20	au
2001	18/20	wa	1989	17/20	tr	1975	17/20	au
2000	19/20	wa	1988	18/20	tr	1971	17/20	au
1999	16/20	be	1987	17/20	au	1970	17/20	au
1998	19/20	wa	1986	20/20	be	1967	17/20	vo
1997	16/20	tr	1985	18/20	tr	1966	16/20	au
1996	19/20	wa	1984	15/20	au	1964	16/20	au
1995	19/20	wa	1983	18/20	tr	1962	19/20	au
1994	19/20	be	1982	20/20	tr	1961	19/20	au

Château Pédesclaux

Gabriel-Klassement: nicht klassiert. Preisniveau: preiswert. Aktuelle Qualität: Bis zum Jahrgang 2003 erreichte kein Wein mehr als 15/20 Punkte. Es ist zu hoffen, dass hier jetzt endlich bessere Qualitäten geliefert werden und er das Image eines heruntergekommenen «Supermarkt-Grand Cru» verliert. *www.chateau-pedesclaux.com; www.pauillac.com*

2005	16/20	wa	1999	15/20	tr	1989	15/20	au
2004	17/20	wa	1998	15/20	tr	1988	14/20	vo
2003	15/20	wa	1996	15/20	tr	1986	14/20	vo
2002	13/20	be	1995	14/20	tr	1985	14/20	au
2001	14/20	tr	1994	15/20	au	1983	14/20	vo
2000	14/20	tr	1990	15/20	au	1982	13/20	vo

Second Vin de Mouton-Rothschild

Le Petit Mouton de Mouton-Rothschild

Gabriel-Klassement: nicht klassiert. Preisniveau: eher teuer. Aktuelle Qualität: Die Selektionen sind in den Jahren, parallel zu den Mouton-Qualitäten, immer besser geworden. Der erste Jahrgang (1993) des neuen Zweitweines von Mouton-Rothschild hiess «Le Second Vin de Mouton-Rothschild». Durch die Intervention des Chambre de Commerce in Bordeaux musste aber dieser neue Name schon nach dem ersten Jahrgang wieder geändert werden. Da der Petit Mouton erst nach der Flaschenfüllung lanciert wird, weisen meine Degustationseindrücke einige Lücken auf. Nur um eine Verkostungsnotiz schreiben zu dürfen, nehme ich nicht freiwillig 70 Franken in die Hand! www.bpdr.com

2001	17/20	be	1998	16/20	tr	1995	17/20	tr
2000	17/20	be	1997	15/20	au	1994	15/20	tr
1999	17/20	tr	1996	17/20	tr	1993	16/20	au

Château Pibran

Gabriel-Klassement: Cru Bourgeois. Preisniveau: eher teuer. Aktuelle Qualität: hohes Niveau für einen sensationellen Pauillac-Cru-Bourgeois. Kostet zwar was, aber es ist auch was drin. Wird auf Pichon-Baron vinifiziert. www.pauillac.com; www.crus-bourgeois.com

2005	18/20	wa	1999	15/20	tr	1993	16/20	au
2004	17/20	wa	1998	16/20	tr	1992	15/20	vo
2003	17/20	be	1997	15/20	au	1990	16/20	au
2002	17/20	be	1996	17/20	tr	1989	17/20	au
2001	16/20	tr	1995	17/20	tr	1988	17/20	au
2000	16/20	tr	1994	15/20	tr			

Château Pichon-Longueville-Baron

Gabriel-Klassement: Deuxième Cru classé. Preisniveau: teuer. Aktuelle Qualität: Die Weine sind meist etwas fleischiger und fester als der Nachbar Pichon-Lalande. Die Vinifikation ist modern, die Tannine meist etwas geschliffen und doch ist die Aromatik so wundervoll betörend. Der Jahrgang 2003 ist der beste Pichon-Baron in seiner Geschichte! www.pichonlongueville.com; www.pauillac.com

2005	19/20	wa	1999	17/20	tr	1993	17/20	tr
2004	17/20	wa	1998	19/20	wa	1992	15/20	au
2003	20/20	wa	1997	17/20	tr	1991	16/20	au
2002	18/20	wa	1996	19/20	wa	1990	19/20	tr
2001	18/20	be	1995	18/20	be	1989	19/20	tr
2000	19/20	wa	1994	16/20	tr	1988	18/20	tr

1986	17/20	tr	1982	17/20	au	1966	15/20	vo
1985	18/20	tr	1979	15/20	vo	1962	17/20	au
1983	15/20	au	1970	16/20	vo	1961	16/20	vo

Château Pichon-Longueville-Comtesse-de-Lalande

Gabriel-Klassement: Deuxième Cru classé. Preisniveau: Luxus-Klasse. Aktuelle Qualität: Durch den zeitweiligen Einsatz von Petit Verdot sind in letzter Zeit ganz bemerkenswerte Weine entstanden. Die letzten Jahrgänge sind ganz und gar sensationell und beweisen, dass Finesse auch mit Kraft gepaart werden kann. Wo liegt das Geheimnis an dem neuen Qualitätsniveau? Ganz einfach an einem wesentlich niedrigeren Ertrag als früher. Kaufempfehlung: Jahrgang 1994 – jetzt reif und sehr gross! *www.pichonlalande.com; www.pauillac.com*

2005	19/20	wa	1995	18/20	be	1983	17/20	au
2004	19/20	wa	1994	19/20	tr	1982	19/20	au
2003	19/20	wa	1993	17/20	tr	1981	16/20	au
2002	19/20	be	1992	14/20	vo	1979	16/20	au
2001	17/20	be	1991	16/20	au	1978	18/20	au
2000	18/20	be	1990	16/20	au	1975	15/20	au
1999	17/20	tr	1989	18/20	tr	1970	17/20	au
1998	17/20	tr	1988	15/20	au	1966	16/20	au
1997	17/20	tr	1986	18/20	tr	1962	17/20	au
1996	19/20	be	1985	17/20	tr	1961	17/20	au

Château Plantey

Gabriel-Klassement: nicht klassiert. Preisniveau: günstig. Aktuelle Qualität: Ein mässiger Pauillac mit bescheidenen Wertungen zwischen 13/20 bis 15/20 Punkten. Geheimtip: meiden! *www.pauillac.com*

Château Pontet-Canet

Gabriel-Klassement: Troisième Cru classé. Preisniveau: teuer. Aktuelle Qualität: seit dem Jahrgang 1994 auf einem ganz anderen Niveau als früher. Die Charakteristik tendiert aber, und das wird wohl das Terroir so bestimmt haben, zu einem oft männlichen, eher burschikosen Wein. Ein richtig genialer Wein zu einem Steak oder anderen markanten Fleischgerichten. *www.pontet-canet.com; www.pauillac.com*

2005	19/20	wa	1998	17/20	wa	1990	16/20	tr
2004	17/20	wa	1997	17/20	tr	1989	16/20	tr
2003	18/20	wa	1996	18/20	be	1988	15/20	au
2002	17/20	wa	1995	17/20	tr	1986	15/20	tr
2001	17/20	wa	1994	17/20	tr	1985	13/20	vo
2000	18/20	wa	1993	15/20	tr	1982	15/20	au
1999	17/20	be	1991	15/20	vo	1961	18/20	au

Les Tourelles-de-Longueville

Gabriel-Klassement: nicht klassiert. Preisniveau: preiswert. Aktuelle Qualität: Der Tourelles ist in der Regel ein leicht gehaltener, früh genussreifer Zweitwein von Pichon-Baron. Sehr gut hat der 2002er abgeschnitten (16/20). *www.pichonlongueville.com*

Château La Tourette

Gabriel-Klassement: nicht klassiert. Preisniveau: preiswert. Aktuelle Qualität: Ein meist kräftiger, terroirbetonter Wein mit recht viel bourgeoisem Charakter. Die Bewertungen liegen solide bei 15/20 bis 16/20 Punkten. Das Weingut ist eher klein und somit sind diese Weine selten anzutreffen. *www.pauillac.com*

Immer noch die besten Grands Crus-Werte; wohlklingende Namen mit einer Verlässlichkeit auf sehr hohem Niveau…

Diese Appellation gehört für mich zu der Marketing-Abteilung des Bordelais. Man schielt zwar immer wieder in die Nachbargemeinde Pauillac, weil gerade dort die einzigen nördlichen Premiers Grands Crus hausen. Somit fehlt dem St. Julien eine offizielle Lokomotive. Der Leaderwein ist aber seit langem schon definiert und eigentlich sind seine Wertungen fraglos auf einem Qualitätsniveau, das mit sämtlichen Premiers mithalten kann. Die Rede ist vom sensationellen Château Léoville-Las-Cases. Sicherlich immer der teuerste Wein und leider wird er auch auf einem Preisniveau lanciert, dass man ihn jeweils mehr als 5 Jahre lang ohne Wertsteigerung immer wieder im Markt findet. Schwieriger wird es den zweiten Wein in der St. Julien-Hierarchie zu bestimmen. Populär und beeindruckend sind sicher die letzten 10 Jahrgänge von Léoville-Barton. Der Ducru-Beaucaillou ist heute auch wieder bei den ganz Grossen mit dabei. Nachdem er anfangs der 90er Jahre mit etwaigen Kellerproblemen zu kämpfen hatte, ist heute eine vollständige Renaissance eingetreten. Der korpulenteste und meist auch kräftigste Deuxième ist Léoville-Poyferré. Solide und in letzter Zeit feiner geworden, ist Gruaud-Larose; hier stimmen die Preise in jedem Fall. Nicht ganz zufrieden, bin ich mit den letzten Talbots (der 2003er ist glücklicherweise wieder top!), denn da schien mir eine gewisse Orientierungslosigkeit vorhanden gewesen zu sein. Wer eher einen leichten, feinen St. Julien mit süffigen Tanninen mag, zückt seinen Korkenzieher bei einem Beychevelle. Gespannt, darf man auch auf Branaire sein. Gelingt es dem Besitzer endlich, seinem Klassement gerecht zu werden? Zu wenig gesprochen, wird vom Lagrange – dabei hat dieser Cru mit seinem 1985er und mit weiteren, sehr grossen Jahrgängen neue Weingeschichte geschrieben. Ohne Klassement – und weit besser als das, was man unter einem grossen Cru Bourgeois zu verstehen hat, sind seit dem Jahrgang 2002 Gloria und Saint-Pierre – die beiden gehören zu den allerbesten Kaufempfehlungen!

Château Beychevelle

Gabriel-Klassement: Cinquième Cru classé. Preisniveau: angemessen. Aktuelle Qualität: Immer recht, aber nie so richtig in die vordere Elite der besten St. Juliens vordringend. Ein paar Jahrgänge dürften etwas weniger Holzpräsentation aufweisen. Vielleicht zeigen sich die Barriquen auch so präsent, weil der Wein meist mit einem eher leichten Körper ausgestattet ist. Beychevelle ist immer ein Wein, den man im Restaurant bestellen kann, da er jung schon viel Freude macht. *www.beychevelle.com*

2005	17/20	wa	1995	17/20	tr	1982	15/20	au
2004	16/20	wa	1994	17/20	tr	1979	15/20	au
2003	16/20	wa	1993	16/20	au	1978	17/20	au
2002	16/20	wa	1992	16/20	vo	1976	16/20	vo
2001	16/20	be	1990	16/20	tr	1975	15/20	vo
2000	17/20	be	1989	16/20	au	1970	16/20	vo
1999	16/20	tr	1988	15/20	au	1966	17/20	au
1998	17/20	tr	1986	18/20	tr	1964	17/20	au
1997	16/20	au	1985	15/20	au	1962	18/20	au
1996	17/20	tr	1983	16/20	vo	1961	17/20	au

Château Branaire

(ehemals Branaire-Ducru)

Gabriel-Klassement: Cinquième Cru classé. Preisniveau: angemessen. Aktuelle Qualität: Das Terroir zwischen Gruaud und Beychevelle wäre eigentlich phantastisch, doch hat Branaire bisher noch nie so richtig seinen möglichen Qualitätsstatus dokumentiert. Fairerweise muss ich aber auch eingestehen, dass er sich jung immer etwas säuerlich und vielleicht etwas zu rotbeerig zeigt und dann im Alter doch überrascht. *www.branaire.com; www.saint-julien.com*

2005	18/20	wa	1997	16/20	tr	1988	17/20	au
2004	17/20	wa	1996	17/20	be	1986	15/20	au
2003	18/20	wa	1995	16/20	tr	1985	16/20	au
2002	17/20	wa	1994	16/20	tr	1982	16/20	au
2001	16/20	wa	1993	15/20	tr	1978	15/20	vo
2000	17/20	be	1992	15/20	vo	1970	18/20	tr
1999	17/20	be	1990	17/20	tr	1966	17/20	au
1998	17/20	tr	1989	17/20	tr	1962	16/20	au

Château La Bridane

Gabriel-Klassement: nicht klassiert. Preisniveau: günstig. Aktuelle Qualität: gut, meist zuverlässig, meist von feiner, gefälliger Art zum eher jung Geniessen. Kleine Produktion, deshalb nicht so oft anzutreffen. www.vignobles-saintout.com/bridane.html; www.saint-julien.com; www.crus-bourgeois.com

2005	15/20	wa	2001	15/20	be	1997	16/20	tr
2004	15/20	wa	2000	16/20	be	1996	15/20	tr
2003	16/20	be	1999	14/20	tr	1995	15/20	tr
2002	16/20	be	1998	15/20	tr	1994	15/20	au

Clos du Marquis

Gabriel-Klassement: nicht klassiert. Preisniveau: eher teuer. Aktuelle Qualität: Der Zweitwein von Léoville-Las-Cases war früher immer einer der besten Values. Meist konnte man dessen Qualität fast als Grand Cru bezeichnen. Leider ist auch dieser Wein in den letzten Jahren immer teurer geworden.

2005	17/20	wa	2000	17/20	be	1995	16/20	tr
2004	17/20	wa	1999	16/20	tr	1994	15/20	tr
2003	16/20	wa	1998	17/20	tr	1990	16/20	au
2002	16/20	be	1997	16/20	au	1989	15/20	au
2001	16/20	be	1996	16/20	tr	1986	16/20	au

Château Ducru-Beaucaillou

Gabriel-Klassement: Deuxième Cru classé. Preisniveau: Luxus-Klasse. Aktuelle Qualität: Die schlimmsten Zeiten hat Ducru wohl jetzt hinter sich. Leider sind die Jahrgänge 1989 (teilweise) und 1990 (vollständig) kontaminiert. Die letzten Jahrgänge scheinen etwas leichter als jene bis 2000. Sucht man in Bordelaiser Weinen nach den allergrössten Finessen, findet man diese meist bei den Premiers Grands Crus sowie einem gereiften Ducru. www.chateau-ducru-beaucaillou.com; www.saint-julien.com

2005	19/20	wa	1997	17/20	tr	1989	18/20	tr
2004	18/20	wa	1996	18/20	be	1988	18/20	be
2003	17/20	wa	1995	19/20	tr	1987	16/20	au
2002	17/20	wa	1994	17/20	tr	1986	17/20	tr
2001	17/20	be	1993	17/20	tr	1985	18/20	tr
2000	18/20	wa	1992	13/20	au	1984	15/20	au
1999	18/20	be	1991	16/20	vo	1983	16/20	tr
1998	18/20	wa	1990	14/20	tr	1982	16/20	tr

1981	16/20	au	1973	16/20	au	1966	19/20	au
1978	19/20	tr	1971	16/20	au	1964	15/20	vo
1977	17/20	au	1970	18/20	au	1962	18/20	au
1975	17/20	tr	1967	17/20	au	1961	19/20	tr

Les Fiefs de Lagrange

Gabriel-Klassement: nicht klassiert. Preisniveau: günstig. Aktuelle Qualität: Seitdem der Château Lagrange selbst viel besser geworden ist, zeigt sich sein Zweitwein als schlanke, sauber vinifizierte Selektion von einer sehr angenehmen Seite. Er ist einer der wenigen Zweitweine, der schon in der Primeurphase konsequent präsentiert wird. *www.chateau-lagrange.com; www.saint-julien.com*

2005	16/20	wa	2000	15/20	tr	1995	15/20	tr
2004	16/20	wa	1999	16/20	tr	1994	15/20	au
2003	16/20	be	1998	15/20	tr	1990	14/20	au
2002	16/20	be	1997	15/20	au	1989	14/20	au
2001	15/20	tr	1996	16/20	tr	1988	15/20	au

Château du Glana

Gabriel-Klassement: nicht klassiert. Preisniveau: günstig. Aktuelle Qualität: Er verkostet sich aus dem Fass immer recht fruchtig und wirkt dann in der Flasche, wenigstens zu Beginn, oft fruchtlos und erdig dumpf? Hoffen wir, dass die neueren Jahrgänge, die recht vielversprechend sind, dem Weingut den nötigen Drive verleihen. *www.chateau-duglana.com; www.saint-julien.com*

2005	17/20	wa	2001	15/20	be	1997	15/20	au
2004	16/20	wa	2000	16/20	be	1996	16/20	tr
2003	17/20	wa	1999	15/20	tr	1995	14/20	au
2002	17/20	wa	1998	15/20	tr	1994	14/20	au

Château Gloria

Gabriel-Klassement: Cinquième Cru classé. Preisniveau: eher teuer. Aktuelle Qualität: Die neuen Jahrgänge weisen ein deutlich besseres Qualitätsmanagement auf. Früher musste man immer etwa zwanzig Jahre auf einen Gloria warten und ihn dann doch noch mindestens zwei Stunden dekantieren. *www.saint-julien.com*

2005	18/20	wa	1997	17/20	tr	1986	17/20	tr
2004	17/20	wa	1996	17/20	tr	1985	16/20	tr
2003	17/20	wa	1995	17/20	tr	1982	15/20	au
2002	18/20	wa	1994	16/20	tr	1978	16/20	au
2001	16/20	be	1993	16/20	tr	1970	18/20	tr
2000	17/20	wa	1990	16/20	tr	1966	17/20	au
1999	16/20	be	1989	17/20	tr	1962	15/20	au
1998	17/20	be	1988	16/20	tr	1961	18/20	tr

Château Gruaud-Larose

Gabriel-Klassement: Premier Grand Cru classé. Preisniveau: eher teuer. Aktuelle Qualität: ein grosser, nobler Klassiker auf sehr hohem Niveau. Das Château sowie die Kelleranlagen sind in tadellosem Zustand und immer einen Besuch wert. *www.gruaud-larose.com; www.saint-julien.com*

2005	19/20	wa	1994	17/20	tr	1983	17/20	tr
2004	18/20	wa	1993	17/20	tr	1982	19/20	tr
2003	18/20	wa	1992	17/20	au	1981	18/20	tr
2002	18/20	wa	1991	16/20	vo	1979	18/20	tr
2001	19/20	be	1990	16/20	au	1978	17/20	au
2000	18/20	wa	1989	17/20	tr	1971	17/20	au
1999	18/20	be	1988	17/20	tr	1967	15/20	vo
1998	18/20	be	1987	16/20	vo	1966	17/20	au
1997	18/20	tr	1986	19/20	be	1964	17/20	au
1996	18/20	be	1985	18/20	tr	1962	18/20	au
1995	18/20	tr	1984	15/20	vo	1961	18/20	tr

Château Lagrange

Gabriel-Klassement: Troisième Cru classé. Preisniveau: angemessen. Aktuelle Qualität: tolle Qualitäten zu einem sehr fairen Preis. Immer einen Kauf wert. *www.chateaulagrange.com; www.saint-julien.com*

2005	18/20	wa	1998	17/20	be	1990	18/20	tr
2004	17/20	wa	1997	16/20	tr	1989	17/20	tr
2003	18/20	wa	1996	18/20	be	1988	18/20	tr
2002	17/20	be	1995	17/20	tr	1986	18/20	tr
2001	18/20	be	1994	17/20	tr	1985	18/20	tr
2000	18/20	wa	1993	16/20	tr	1982	17/20	au
1999	17/20	tr	1991	15/20	au	1966	16/20	au

Château Langoa-Barton

Gabriel-Klassement: Quatrième Cru classé. Preisniveau: angemessen. Aktuelle Qualität: Die ganze Weinwelt verneigt sich mittlerweile vor dem Léoville-Barton, welcher mit den letzten 5 Jahrgängen zu einem St. Julien-Superstar geworden ist. Fast niemand hat dabei beachtet, dass auch der Langoa-Barton (aus gleichem Hause) vom neuen Qualitätsehrgeiz der Bartons beeinflusst wurde. Der Langoa hat weniger Ausstrahlung als der Léoville-Barton, jedoch ist er ein Terroir-Klassiker mit grossartigem Ausbaupotential und erst noch zu einem sehr, sehr vernünftigen Preis. *www.leoville-barton.com; www.saint-julien.com*

2005	19/20	wa	1998	17/20	be	1990	16/20	tr
2004	18/20	wa	1997	17/20	tr	1989	15/20	au
2003	17/20	wa	1996	17/20	tr	1988	16/20	au
2002	18/20	wa	1995	17/20	tr	1986	17/20	tr
2001	17/20	wa	1994	16/20	tr	1985	17/20	au
2000	18/20	wa	1993	16/20	tr	1983	15/20	au
1999	17/20	be	1992	16/20	au	1982	17/20	tr

Château Léoville-Barton

Gabriel-Klassement: Premier Grand Cru classé. Preisniveau: eher teuer. Aktuelle Qualität: Die Erfolgsserie bricht nicht ab. Das Qualitätsniveau ist exorbitant hoch und die Preise sind noch sehr fair. Immerhin bezahlt man für einen Wein, der nicht selten auf Niveau eines Premiers liegt, regelmässig nur einen Bruchteil. *www.leoville-barton.com; www.saint-julien.com*

2005	19/20	wa	1996	19/20	be	1986	18/20	be
2004	19/20	wa	1995	19/20	be	1985	18/20	tr
2003	19/20	wa	1994	17/20	tr	1983	16/20	au
2002	19/20	wa	1993	18/20	tr	1982	18/20	tr
2001	18/20	wa	1992	17/20	au	1981	16/20	au
2000	19/20	wa	1991	16/20	vo	1978	16/20	tr
1999	18/20	be	1990	18/20	au	1971	17/20	au
1998	18/20	be	1989	17/20	tr	1964	17/20	au
1997	17/20	tr	1988	17/20	tr	1962	16/20	au

Château Léoville-Las-Cases

Gabriel-Klassement: Premier Grand Cru classé. Preisniveau: Luxus-Klasse. Aktuelle Qualität: Falls es zu einer Neutaxierung des alten Klassements kommen würde, wäre Las-Cases sicherlich ein Top-Favorit. Die besten Terroirs von Las-Cases grenzen direkt an den Château Latour! Grosse Weine mit Klasse, Finesse, viel Aromendruck und einer Prise Erotik. www.leoville-las-cases.com; www.wine-journal.com/leolascases.html; www.saint-julien.com

2005	19/20	wa	1995	18/20	be	1983	17/20	au
2004	19/20	wa	1994	17/20	tr	1982	20/20	tr
2003	19/20	wa	1993	17/20	tr	1981	16/20	au
2002	18/20	wa	1991	17/20	au	1979	15/20	au
2001	19/20	wa	1990	19/20	tr	1978	18/20	au
2000	20/20	wa	1989	19/20	tr	1975	16/20	tr
1999	19/20	wa	1988	18/20	tr	1970	15/20	vo
1998	19/20	wa	1986	19/20	be	1964	18/20	au
1997	18/20	tr	1985	19/20	tr	1962	16/20	au
1996	19/20	be	1984	17/20	tr	1961	16/20	tr

Château Léoville-Poyferré

Gabriel-Klassement: Troisième Cru classé. Preisniveau: eher teuer. Aktuelle Qualität: Nichts für Finessentrinker, denn dieser Wein ist oft bullig und burschikos mit einem dramatischen Power. Ein paar Jahrgänge zeigten sich nach der Flaschenfüllung oft etwas unsauber. Dieser Makel scheint für die neuere Generation behoben worden zu sein. www.leoville-poyferre.com; www.saint-julien.com

2005	19/20	wa	1996	18/20	be	1986	18/20	be
2004	18/20	wa	1995	18/20	tr	1985	17/20	tr
2003	18/20	wa	1994	17/20	tr	1983	18/20	tr
2002	18/20	wa	1993	16/20	tr	1982	17/20	au
2001	17/20	be	1991	15/20	vo	1975	16/20	au
2000	18/20	wa	1990	19/20	tr	1970	17/20	au
1999	17/20	be	1989	18/20	tr	1964	17/20	au
1998	18/20	be	1988	17/20	tr	1962	17/20	au
1997	17/20	tr	1987	15/20	au	1961	16/20	vo

Château Moulin de la Rose

Gabriel-Klassement: nicht klassiert. Preisniveau: preiswert. Aktuelle Qualität: Die Qualitäten zeigen keinen Ausrutscher – weder nach unten noch nach oben. Kleine Produktionsmengen, deshalb selten anzutreffen. www.saint-julien.com; www.crus-bourgeois.com

2005	16/20	wa	2001	16/20	tr	1997	15/20	au
2004	16/20	wa	2000	16/20	tr	1996	16/20	tr
2003	15/20	wa	1999	16/20	tr	1995	15/20	tr
2002	16/20	be	1998	15/20	tr	1994	16/20	tr

Château Moulin-Riche

(Zweitwein von Léoville-Poyferré)

Gabriel-Klassement: nicht klassiert. Preisniveau: günstig. Aktuelle Qualität: korrekter, meist recht aromatischer Wein mit mittlerem Potential. Heisst; in den ersten zehn Jahren seines Lebens zu trinken. Unter dem eher schlanken Körper kommen meist etwas drahtige Muskeln zum Vorschein. *www.leoville-poyferre.com; www.saint-julien.com*

Sarget du Gruaud-Larose

(Zweitwein von Gruaud-Larose)

Gabriel-Klassement: nicht klassiert. Preisniveau: preiswert. Aktuelle Qualität: Genau das, was man von einem sehr guten Zweitwein erwartet: Mittlere Farbe. Aromatisches Nasenspiel, angenehmer Körperbau, sodass ein früher Genuss garantiert ist. Die Jahrgänge ab 1996 sind bedeutend besser selektioniert als frühere Sargets. *www.gruaud-larose.com*

Château Saint-Pierre

Gabriel-Klassement: Quatrième Cru classé. Preisniveau: eher teuer. Aktuelle Qualität: Wie bei Gloria ist in den letzten Jahren die Qualität und damit auch die generelle Attraktivität dieses Weines deutlich angestiegen. Zuerst musste die neue Equipe mit Kellerproblemen kämpfen und gleichzeitig die etwas vernachlässigten Rebberge auf Vordermann trimmen. Durch die notwendigen Umbauten erreichte man im Keller eine bessere Separation der Lots und kann heute parzellenweise vinifizieren. Saint-Pierre liefert Weine mit Charakter, gutem Alterungspotential und einem noch recht fairen Preis. *www.saint-julien.com*

2005	19/20	wa	1997	16/20	tr	1987	16/20	au
2004	17/20	wa	1996	17/20	tr	1986	16/20	tr
2003	18/20	wa	1995	17/20	tr	1985	18/20	tr
2002	17/20	wa	1994	17/20	tr	1983	16/20	tr
2001	16/20	wa	1993	16/20	tr	1982	16/20	tr
2000	16/20	wa	1990	18/20	tr	1978	17/20	tr
1999	17/20	wa	1989	17/20	tr	1975	15/20	au
1998	16/20	be	1988	17/20	tr	1961	16/20	tr

Château Talbot

Gabriel-Klassement: Quatrième Cru classé. Preisniveau: eher teuer. Aktuelle Qualität: Leider sehr unregelmässig und in den letzten Jahren oft enttäuschend und den Preis kaum wert. Hoffentlich hält dieses ungenügende Niveau nicht mehr so lange an, wie es schon gedauert hatte, denn es ist jammerschade, jedes Jahr etwa 650'000 Flaschen wie beispielsweise bei den Qualitäten der Jahrgänge 2001 und 2002 abzufüllen. *www.chateau-talbot.com; www.saint-julien.com*

2005	18/20	wa
2004	16/20	wa
2003	18/20	wa
2002	15/20	wa
2001	15/20	wa
2000	18/20	wa
1999	17/20	tr
1998	16/20	tr

1997	17/20	tr
1996	18/20	tr
1995	16/20	tr
1994	16/20	tr
1993	15/20	tr
1990	16/20	tr
1989	18/20	tr
1986	18/20	wa

1983	17/20	tr
1982	19/20	tr
1981	16/20	tr
1979	16/20	au
1978	17/20	au
1970	16/20	au
1962	15/20	au
1961	17/20	au

Château Terrey Gros Caillou

Gabriel-Klassement: nicht klassiert. Preisniveau: preiswert. Aktuelle Qualität: Leider erreicht dieses Weingut nur ganz selten 16/20 Punkte. Der Rest ist auf einem derartig bescheidenen Niveau, dass man sich getrost nach anderen St. Julien-Alternativen umsehen kann. *www.saint-julien.com; www.crus-bourgeois.com*

2005	16/20	wa
2004	16/20	wa
2003	15/20	wa
2002	15/20	be

2001	15/20	tr
2000	15/20	tr
1999	13/20	tr
1998	14/20	tr

1997	15/20	au
1996	15/20	tr
1995	15/20	tr
1994	14/20	au

Eine kleine Weinbaugemeinde mit ein paar lagerfähigen Rotweinen, deren Weingüter eigentlich schon lange ins Klassement gehörten...

In grossen Jahren ähneln die Moulis-Weine denen aus Margaux. In kleinen Jahren gleichen sie eher den trocknenden Weinen aus dem Listrac. In mittleren Jahren zeigen sich die lagerfähigen Roten in einer Mischung der beiden Vergleichsgebiete. Grands Crus gibt es hier – laut Klassement – keine. Würde aber der Château Poujeaux offiziell neu definiert, so wäre er sicherlich bei der noblen Garde der klassierten Gewächse mit dabei. Auch der Chasse-Spleen würde es knapp schaffen. Leider scheinen mir die neusten Jahrgänge nicht mehr auf dem früheren Niveau zu sein. Immer solide ist der Maucaillou. Gesamthaft gesehen, ist dieser die Nummer 3 der Appellation. Korrekte, aber meist wenig spektakuläre Weine kann man von Anthonic, Caroline, Chemin Royal, Duplessis und Moulin-à-Vent erwarten. Als sehr gute Weingüter sind Biston-Brillette, Brillette, Dutruch Grand-Poujeaux und Malmaison einzustufen. Mein persönlicher Geheimtip ist der La Garricq von Martine Cazeneuve.

Château Anthonic

Gabriel-Klassement: nicht klassiert. Preisniveau: preiswert. Aktuelle Qualität: Die Weine sind lange lagerfähig, entwickeln aber selten Charme, sondern eher eine knochige Struktur. Hat sich nie bei den besseren Crus Bourgeois etablieren können. www.moulis.com

2005	16/20	wa	2001	14/20	tr	1997	15/20	tr
2004	15/20	wa	2000	15/20	tr	1996	16/20	tr
2003	15/20	wa	1999	15/20	tr	1995	14/20	au
2002	14/20	be	1998	15/20	tr	1994	15/20	au

Château Biston-Brillette

Gabriel-Klassement: Cru Bourgeois. Preisniveau: preiswert. Aktuelle Qualität: jedes Jahr ein kleines bisschen besser. Liegt es vielleicht daran, dass die Reben erst knapp zwanzig Jahre alt sind? Oder, dass der Wein mit 12 bis 14 Monaten eine etwas zu kurze Ausbaudauer erfährt? Vom Preis her heute ein sehr zuverlässiger Wert. www.moulis.com

2005	16/20	wa	2001	15/20	tr	1997	16/20	tr
2004	15/20	wa	2000	16/20	tr	1996	15/20	tr
2003	16/20	wa	1999	15/20	tr	1995	16/20	tr
2002	16/20	be	1998	15/20	tr	1994	16/20	au

Château Brillette

Gabriel-Klassement: nicht klassiert. Preisniveau: preiswert. Aktuelle Qualität: Im Süden liegt Chasse-Spleen und im Norden Citran. Eigentlich eine gute Grundlage, um einen guten Wein herzustellen. Doch das war auf Brillette leider früher nicht der Fall. Seit dem Jahrgang 2000 geht es endlich aufwärts. Ältere Jahrgänge sind nicht nur frucht-, sondern gar aromenlos. www.moulis.com

2005	17/20	wa	2002	16/20	be	1999	15/20	tr
2004	17/20	wa	2001	17/20	be	1998	16/20	tr
2003	17/20	wa	2000	17/20	be	1995	15/20	tr

Château Caroline

Gabriel-Klassement: nicht klassiert. Preisniveau: preiswert. Aktuelle Qualität: Insgesamt 10 Jahrgänge verkostet – wobei zweimal 15/20 Punkte erreicht wurden. Der Rest lag tiefer. Zeigte somit immer eher schwache Leistungen. Scheint auch immer einer der hellsten Moulis-Weine zu sein. Oft unreife Fruchtnoten und verwässerter Körperbau. Keine gute Kaufempfehlung! www.chateau-fonreaud.com; www.moulis.com

Château Chasse-Spleen

Gabriel-Klassement: Cinquième Cru classé. Preisniveau: eher teuer. Aktuelle Qualität: Durch den grossen Cabernet-Anteil (73%) ist Chasse-Spleen ein sehr langlebiger, geduldiger Cru. In Primeurproben meist schwer einzustufen, bringt er nach zehn Jahren Flaschenreife einen charaktervollen Wein ins Glas. Es scheint, dass die neueren Qualitäten nicht ganz an die früheren Jahrgänge anschliessen können. www.chasse-spleen.com; www.moulis.com

2005	17/20	wa	2002	16/20	wa	1999	17/20	tr
2004	16/20	wa	2001	16/20	be	1998	17/20	tr
2003	16/20	wa	2000	17/20	be	1997	16/20	tr

1996	17/20	tr		1990	17/20	tr		1983	15/20	vo
1995	17/20	tr		1989	17/20	au		1982	16/20	au
1994	16/20	tr		1988	16/20	tr		1981	16/20	au
1993	17/20	tr		1986	18/20	tr		1978	17/20	au
1992	15/20	vo		1985	16/20	au		1961	16/20	au

Château Chemin Royal

Gabriel-Klassement: nicht klassiert. Preisniveau: preiswert. Aktuelle Qualität: immer ein einfacher, eher leichter Wein mit floralem Touch. Sehr gut ist der Jahrgang 2000, den ich mit 16/20 Punkten wertete. Leider sind die nachfolgenden Jahrgänge sehr mager ausgefallen. Also ein Château, das man beim Studieren der Weinpreislisten zügig überspringen kann. *www.chateau-fonreaud.com; www.moulis.com*

Château Duplessis

Gabriel-Klassement: nicht klassiert. Preisniveau: preiswert. Aktuelle Qualität: Das Team strengt sich an, Jahr für Jahr jeweils einen der schlechtesten Moulis-Weine zu produzieren. Selbst der 2000er ist ein kalt ausstrahlendes Weinchen, das man meiden sollte. Die negative Konstanz ist beinahe beeindruckend, denn meine Wertungen liegen praktisch immer – unabhängig von der Grösse des Jahrganges – bei höchst bescheidenen 14/20 Punkten. Ausser dem Duplessis 1996; dieser ist nochmals um mindestens drei Punkte schlechter. Dabei sollte es doch möglich sein, wenigstens den Merlot (Anteil 64%) als einigermassen guten Wein zu füllen. *www.vignobles-marielaurelurton.com; www.moulis.com*

Château Dutruch Grand-Poujeaux

Gabriel-Klassement: nicht klassiert. Preisniveau: angemessen. Aktuelle Qualität: Der Jahrgang 2002 scheint der einzige Ausrutscher zu sein. Sonst bietet dieses Weingut immer eine solide Leistung. Meist sind im Körper mehr Muskeln als Fleisch vorhanden, aber das ist ja für einen traditionellen Moulis keine Ausnahme. *www.moulis.com*

2005	15/20	wa		2001	15/20	tr		1997	15/20	tr
2004	15/20	wa		2000	15/20	tr		1996	15/20	tr
2003	16/20	wa		1999	15/20	tr		1995	16/20	tr
2002	13/20	wa		1998	15/20	tr		1994	15/20	au

Château La Garricq

Gabriel-Klassement: nicht klassiert. Preisniveau: preiswert. Aktuelle Qualität: Ein Top-Wein, der es mit den besten Weinen seiner Appellation aufnehmen kann. Und weil die Produktion sehr klein ist, wird es auch lange noch ein Geheimtip bleiben. Gekauft 1990 – erster Jahrgang 1993. *www.chateaupaloumey.com; www.moulis.com*

2005	18/20	wa	2001	17/20	be	1997	16/20	au
2004	18/20	wa	2000	18/20	tr	1996	16/20	tr
2003	17/20	wa	1999	16/20	tr	1995	15/20	au
2002	16/20	be	1998	17/20	tr	1994	15/20	au

Château Malmaison

Gabriel-Klassement: nicht klassiert. Preisniveau: angemessen. Aktuelle Qualität: Der Jahrgang 2001 scheint einer der besten Weine dieses Weingutes zu sein. Als ich alle Fassmuster der Appellation Moulis verkostete, schien mir dieser recht komplexe, lagerfähige Malmaison einer der besten Werte. Generell sind die Weine seit dem Jahrgang 1999 deutlich besser als die alte, manchmal sogar mit Altfassnoten geprägte Epoche. Durch den extrem hohen Anteil an Merlot mit 80 % (Rest Cabernet Sauvignon) ein eher schnell reifender Wein. *www.chateau-malmaison.fr; www.moulis.com*

2005	16/20	wa	2002	15/20	be	1999	15/20	tr
2004	16/20	wa	2001	16/20	tr	1995	15/20	au
2003	16/20	wa	2000	15/20	tr	1994	16/20	au

Château Maucaillou

Gabriel-Klassement: Cru Bourgeois. Preisniveau: angemessen. Aktuelle Qualität: Ähnlich wie beim Chasse-Spleen hatte ich bei alten Maucaillous immer das Gefühl, dass der Wein zu lange im Fass liegt und als Folge während der Flaschenreife austrocknete. Neuere Jahrgänge zeigen eine deutliche Verbesserung der Vinifikation. Konstante, gute bis sehr gute Qualität seit 1994. Die Haltbarkeit des Weines ist beschränkt; die Jahrgänge 1982 und 1983 sind über dem Zenit. *www.chateau-maucaillou.com: www.moulis.com*

2005	17/20	wa	2002	15/20	wa	1999	16/20	tr
2004	16/20	wa	2001	16/20	be	1998	16/20	tr
2003	16/20	wa	2000	16/20	tr	1997	16/20	tr

1996	17/20	tr		1993	15/20	au		1988	15/20	au
1995	15/20	tr		1990	15/20	au		1986	15/20	au
1994	16/20	tr		1989	15/20	au		1985	15/20	au

Château Moulin-à-Vent

Gabriel-Klassement: nicht klassiert. Preisniveau: günstig. Aktuelle Qualität: korrekt, aber wenig spektakulär. Meiner Ansicht nach wird das Potential bei weitem nicht ausgeschöpft. *www.moulin-a-vent.com; www.moulis.com*

2005	16/20	wa		2001	14/20	tr		1997	15/20	tr
2004	15/20	wa		2000	15/20	tr		1996	16/20	tr
2003	15/20	wa		1999	16/20	tr		1995	13/20	tr
2002	15/20	be		1998	14/20	tr		1994	13/20	au

Château Poujeaux

Gabriel-Klassement: Troisième Cru classé. Preisniveau: eher teuer. Aktuelle Qualität: Seit dem Jahrgang 1989 ist Château Poujeaux im Höhenflug. Selbst in kleinen, schwierigen Jahren produziert man hier noch einen überdurchschnittlichen Wein. Unter den Crus Bourgeois gehört das kleine, feine Weingut aus Moulis zu den Preis-Leistungs-Siegern. Den letzten Jahrgängen fehlt etwas der Druck. *www.chateaupoujeaux.com; www.moulis.com*

2005	18/20	wa		1997	18/20	tr		1988	17/20	tr
2004	17/20	wa		1996	18/20	tr		1986	16/20	tr
2003	17/20	wa		1995	18/20	tr		1985	17/20	tr
2002	17/20	wa		1994	17/20	tr		1983	16/20	au
2001	17/20	be		1993	17/20	tr		1982	16/20	au
2000	18/20	be		1992	15/20	au		1978	16/20	vo
1999	17/20	tr		1990	17/20	au		1962	16/20	vo
1998	18/20	tr		1989	17/20	tr		1961	18/20	tr

Das Potential alleine reicht nicht. Hier sind oft harte Weine mit wenig Charme zu finden. Die Ausnahme bestätigt aber die Regel…

Die ersten Erfahrungen mit dieser heute stark unterbewerteten Region waren miserabel. Bis vor gut 5 Jahren stufte ich fast alle Weine von Listrac kategorisch als blechig, oberflächlich und gänzlich uninteressant ein. Meine Sympathie galt vielmehr der direkten Nachbargemeinde; dem Moulis. Inzwischen bin ich einigen, wesentlich interessanteren Weinen begegnet. Die Frage ist nur, ob die Allerbesten auch irgendwann (eventuell in ihrer Flaschenreife) einen gewissen Charme entwickeln werden? Vielleicht schafft es demnächst Château Bibian, ebenfalls ins grosse Bordeaux Total aufgenommen zu werden? Hier hat mich der Jahrgang 2003 mit 17/20 Punkten überrascht. Ordentlich bis sehr gut zeigen sich jeweils Cap Léon Veyrin, Fonréaud, Lestage, Liouner, Peyredon-Lagravette und Reverdi. Aber es gibt leider auch die knochige, harte Kategorie. Zu diesem alten Regiment gehören Fourcas-Dumont, Fourcas-Dupré, Fourcas-Hosten und Saransot-Dupré. Zu den regelmässigen Enttäuschungen zählt leider Séméillan-Mazeau. Noch nicht ganz klar ist die Rolle von Fourcas-Loubaney. Hier erlebt man sowohl Spitzenweine wie auch mittelmässige Qualitäten. Zu den besten Weingütern des Listrac gehören ganz sicher Clarke und Mayne-Lalande. Beide sind beim Jahrgang 2003 ganz klar im eigentlichen Grand Cru-Feld zu finden.

Château Bibian

Gabriel-Klassement: nicht klassiert. Preisniveau: günstig. Aktuelle Qualität: Ein erstaunlich weicher und galanter Listrac, der jung schon viel Freude macht. www.listrac.com

2005	16/20	wa	2003	16/20	be	2001	16/20	tr
2004	16/20	wa	2002	14/20	be	2000	16/20	tr

Château Cap Léon Veyrin

Gabriel-Klassement: nicht klassiert. Preisniveau: preiswert. Aktuelle Qualität: ein recht tiefgründiger Wein mit Kraft und wunderschönem Brombeerenaroma in seiner Jugend. Konstante, zuverlässige Leistungen. *www.bienvenue-a-la-ferme.com/?IDINFO=48967; www.listrac.com*

2005	16/20	wa	2002	16/20	wa	1999	16/20	tr
2004	16/20	wa	2001	16/20	be	1998	14/20	tr
2003	16/20	wa	2000	16/20	tr	1996	15/20	tr

Château Chênes Besson

Gabriel-Klassement: nicht klassiert. Preisniveau: angemessen. Aktuelle Qualität: Ist erst seit dem Jahrgang 2002 auf dem Markt. Lanciert aus einer Selektion von Château Fonréaud. Rund um die spezielle Parzelle gibt es Eichen, die aus einem Stamm zwei Köpfe tragen. Zwillinge also und von dort stammt auch der Name: Chênes = Eiche, Besson = Zwillinge. Die Produktion liegt bei etwa 22'000 Flaschen pro Jahrgang. Die Wertungen liegen im Bereich von 16/20, maximal vielleicht auch mal 17/20 Punkten. *www.chateau-fonreaud.com; www.listrac.com*

Château Clarke

Gabriel-Klassement: Cru Bourgeois. Preisniveau: angemessen. Aktuelle Qualität: Seit zehn Jahren gehört der Clarke zu den Top-Werten unter den Crus Bourgeois. *www.lcf-rothschild.com; www.vinecole-ederothschild.com; www.listrac.com*

2005	18/20	wa	2000	18/20	be	1995	15/20	tr
2004	18/20	wa	1999	16/20	be	1994	14/20	au
2003	18/20	wa	1998	17/20	be	1990	16/20	au
2002	17/20	wa	1997	15/20	tr	1988	15/20	au
2001	17/20	be	1996	16/20	tr	1986	16/20	vo

Château Fonréaud

Gabriel-Klassement: Cru Bourgeois. Preisniveau: günstig. Aktuelle Qualität: Aus dem ehemaligen «Supermarktbestseller» ist ein sehr guter Cru Bourgeois geworden. Ältere Jahrgänge vor 1994 sind alle schon überreif oder keine 15/20 Punkte wert. Noch viel mehr liebe ich den Weisswein aus gleichem Hause. Er heisst Le Cygne de Château Fonréaud und davon befindet sich permanent eine Flasche in unserem Kühlschrank. *www.chateau-fonreaud.com; www.listrac.com*

2005	17/20	wa	2001	15/20	be	1997	15/20	tr
2004	16/20	wa	2000	16/20	tr	1996	16/20	tr
2003	16/20	wa	1999	16/20	tr	1995	16/20	tr
2002	16/20	wa	1998	17/20	tr	1994	16/20	tr

Château Fourcas-Dumont

Gabriel-Klassement: nicht klassiert. Preisniveau: preiswert. Aktuelle Qualität: kräftige Weine mit floralem Charakter und guter Lagerfähigkeit. Eher als Essbegleiter zu empfehlen. Irgendwie scheint das Weingut die Wertung 16/20 Punkte gepachtet zu haben. *www.chateau-fourcasdumont.com; www.listrac.com*

2005	16/20	wa	2003	16/20	wa	2001	16/20	wa
2004	16/20	wa	2002	16/20	wa	2000	16/20	wa

Château Fourcas-Dupré

Gabriel-Klassement: nicht klassiert. Preisniveau: preiswert. Aktuelle Qualität: Leider oft etwas unregelmässige Qualitäten und in kalten Jahren mit einem gewissen metallischen Touch versehen. Etwas für rustikale Speisen also. Ältere Jahrgänge vor 1994 sind bereits über dem Zenit. *www.chateaufourcasdupre.com; www.listrac.com*

2005	15/20	wa	2001	14/20	be	1997	15/20	au
2004	16/20	wa	2000	16/20	be	1996	16/20	tr
2003	16/20	wa	1999	16/20	tr	1995	14/20	tr
2002	15/20	wa	1998	14/20	tr	1994	15/20	au

Château Fourcas-Hosten

Gabriel-Klassement: Cru Bourgeois. Preisniveau: preiswert. Aktuelle Qualität: Die Jahrgänge vor 1995 kann man ignorieren; viele zeigten sich dumpf und nach altem Fass riechend. Die Gerbstoffe meist knochig und die Weine so trocken, dass man sich idealerweise gleich ein Glas Wasser daneben stellt. Ausser beim Fourcas-Hosten 1995 – der ist jetzt wunderschön und 16/20 Punkte wert. *www.chateaufourcashosten.com; www.listrac.com*

2005	16/20	wa	2002	15/20	be	1999	16/20	tr
2004	15/20	wa	2001	15/20	be	1998	16/20	tr
2003	17/20	wa	2000	16/20	be	1996	16/20	tr

Château Fourcas-Loubaney

Gabriel-Klassement: Cinquième Cru classé. Preisniveau: angemessen. Aktuelle Qualität: Eine Zeit lang hatte ich das Gefühl, dass dieses Weingut zum Superstar der Appellation avancieren könnte, und wie es scheint, deuten die neuesten Jahrgänge auf Stützung dieser Theorie hin. Gehört zu den besten Weinen der Appellation. www.listrac.com

2005	17/20	wa	2000	17/20	tr	1994	16/20	tr
2004	17/20	wa	1999	16/20	tr	1993	16/20	au
2003	17/20	tr	1998	17/20	tr	1990	17/20	au
2002	16/20	wa	1997	16/20	tr	1989	16/20	au
2001	15/20	be	1995	17/20	tr	1988	15/20	vo

Château Lestage

Gabriel-Klassement: nicht klassiert. Preisniveau: preiswert. Aktuelle Qualität: Anständige Weine, die nicht viel kosten, werden hier produziert. Da das im gleichen Besitz befindliche Nachbarweingut Fonréaud in den letzten Jahren stark aufgeholt hat, erwarte ich auch hier in Zukunft eine sanfte Qualitätssteigerung. Frühere Jahrgänge vor 1994 sind keine Erwähnung wert. www.chateau-fonreaud.com; www.listrac.com

2005	16/20	wa	2002	15/20	be	1999	15/20	tr
2004	16/20	wa	2001	15/20	tr	1998	15/20	tr
2003	15/20	be	2000	16/20	tr	1996	16/20	tr

Château Liouner

Gabriel-Klassement: nicht klassiert. Preisniveau: günstig. Aktuelle Qualität: Seit 1995 scheinen hier die Qualitäten einem guten Cru Bourgeois zu entsprechen. Die bisher besten Weine; 2000 und 2001 – beide erreichten 16/20 Punkte. Die anderen Jahrgänge liegen bei 15/20 Punkten oder darunter. www.listrac.com; www.crus-bourgeois.com

Château Mayne-Lalande

Gabriel-Klassement: Cinquième Cru classé. Preisniveau: preiswert. Aktuelle Qualität: einer der grössten Werte in Listrac. Noch ist er preiswert und gehört zu den 20 allerbesten Crus Bourgeois. www.isasite.net/mayne-lalande/; www.listrac.com

2005	18/20	wa	2000	17/20	wa	1995	16/20	be
2004	18/20	wa	1999	17/20	tr	1994	15/20	tr
2003	18/20	wa	1998	17/20	be	1990	16/20	tr
2002	17/20	wa	1997	17/20	tr	1989	16/20	au
2001	17/20	wa	1996	17/20	be	1988	15/20	au

Château Peyredon-Lagravette

Gabriel-Klassement: nicht klassiert. Preisniveau: preiswert. Aktuelle Qualität: Ein angenehmer, nicht auffallender, zuverlässiger Wein mit dem typischen, artisanalen Médoc-Geschmack versehen. Braucht immer gut 5 Jahre Flaschenreife. Kurioserweise ist der 1994er (16/20) besser gelungen als der Jahrgang 1995 (14/20). www.listrac.com

2005	15/20	wa	2002	15/20	wa	1999	15/20	tr
2004	16/20	wa	2001	14/20	be	1998	16/20	tr
2003	16/20	wa	2000	16/20	be	1996	17/20	tr

Château Reverdi

Gabriel-Klassement: nicht klassiert. Preisniveau: preiswert. Aktuelle Qualität: Die Weine sind zwar eher leicht, zeigen aber eine schöne Balance und Eleganz. Somit ein toller, gastronomischer Wert zum jung Geniessen. *www.listrac.com; www.crus-bourgeois.com*

2005	15/20	wa	2002	15/20	wa	1999	15/20	tr
2004	15/20	wa	2001	16/20	tr	1998	15/20	tr
2003	15/20	wa	2000	15/20	tr	1995	15/20	tr

Château Saransot-Dupré

Gabriel-Klassement: nicht klassiert. Preisniveau: angemessen. Aktuelle Qualität: Trockene, harte Weine, die manchmal auch dumpfe Noten in sich tragen. Die Frucht ist schon vor der Flaschenabfüllung weg. Die Jahrgänge 1995 und 1994 (beide 13/20) sind schon über dem Zenit. www.saransot-dupre.com; www.listrac.com

2005	15/20	wa	2002	15/20	wa	1999	15/20	tr
2004	15/20	wa	2001	15/20	wa	1998	15/20	tr
2003	15/20	wa	2000	16/20	wa	1996	16/20	tr

Château Sémeillan-Mazeau

Gabriel-Klassement: nicht klassiert. Preisniveau: angemessen. Aktuelle Qualität: Leider sind die Weine sehr leicht und reifen schnell. Bereits nach ein paar Jahren ist die Frucht mit ersten Schokonoten vermischt. Ältere Jahrgänge vor 1999 erreichen knapp 14/20 Punkte und sind bereits mehr als reif. Zudem wird (zu) grosszügig mit neuem Holz hantiert. *www.cognac-cognac.com/jander/pages2.html; www.listrac.com*

2005	15/20	wa	2003	14/20	wa	2001	15/20	tr
2004	15/20	wa	2002	15/20	be	2000	15/20	tr

Kein einziger Grand Cru verhilft dieser Appellation zu etwas mehr, längst verdientem Prestige…

Hier finden Sie ein paar Dutzend tolle Weine, die richtig nach Bordeaux schmecken und nicht alle Welt kosten, meist mit einem 10 bis fast 20jährigen Alterungspotential. Folgende Güter produzieren Weine, welche zu einem sehr fairen Preis im mittleren Qualitätsbereich liegen: Bournac, La Cardonne, La Clare, La Gorce, La Gorre, Greysac, Grivière (unregelmässig!), Loudenne, Noaillac, Plagnac, Ramafort und La Tour Blanche.

Weine, die auffallen und einen besonderen Wert darstellen, sind: d'Escurac (seit 2000!), Les Grands Chênes, Rollan de By, Lafon, Les Ormes-Sorbet, La Tour de By. In letzter Zeit positiv aufgefallen: Patache d'Aux. Es gibt aber auch Ausuferungen von unnötigen Spezialselektionen wie beim inszenierten Magrez-Tivoli und von den drei verschiedenen Vieux-Robin. Künftig wird wohl auch darüber diskutiert werden, welcher Wein zu Unrecht ein Cru Bourgeois geblieben ist und welchen man zu Unrecht deklassiert hatte. Der Superstar ist qualitativ und auch vom Preis her gesehen: Château Haut-Condissas. Gespannt darf man sein, was die Cos-Truppe mit dem neuen Goulée erreichen kann.

Château Blaignan

Gabriel-Klassement: nicht klassiert. Preisniveau: günstig. Aktuelle Qualität: im besten Fall gut und somit 15/20 Punkte wert. Leider trifft dies auf nur ganz wenige Jahrgänge zu. Ein paar davon waren sogar fehlerhaft. *www.medoc-bordeaux.com; www.crus-bourgeois.com*

2005	16/20	wa	2003	17/20	wa	2001	16/20	be
2004	16/20	wa	2002	17/20	wa	2000	16/20	be

Château Le Bourdieu

Gabriel-Klassement: nicht klassiert. Preisniveau: günstig. Aktuelle Qualität: Schlanke, korrekte Weine, die zwischen 14/20 und 15/20 Punkten schwanken. *www.lebourdieu.fr; www.medoc-bordeaux.com; www.crus bourgeois.com*

Château Bournac

Gabriel-Klassement: nicht klassiert. Preisniveau: günstig. Aktuelle Qualität: Im neuen Cru Bourgeois-Klassement wäre der Bournac aus der Gemeinde Civrac en Médoc sogar als Cru Bourgeois Supérieur vorgesehen. Keine Ausrutscher nach unten – aber auch nicht nach oben.
www.medoc-bordeaux.com; www.crus-bourgeois.com

2005	15/20	wa	2001	16/20	tr	1997	15/20	tr
2004	15/20	wa	2000	15/20	tr	1996	15/20	tr
2003	15/20	be	1999	15/20	tr	1995	15/20	tr
2002	16/20	be	1998	16/20	tr	1994	15/20	au

Château La Cardonne

Gabriel-Klassement: Cru Bourgeois. Preisniveau: angemessen. Aktuelle Qualität: früher sehr bescheiden. Die Wende kam mit dem Jahrgang 1995, so dass sich dieser Wein immer mehr bei den besten Crus Bourgeois etablieren kann.
www.domaines-cgr.com; www.medoc-bordeaux.com

2005	17/20	wa	2001	16/20	be	1997	16/20	tr
2004	17/20	wa	2000	17/20	be	1996	17/20	tr
2003	17/20	wa	1999	16/20	tr	1995	16/20	tr
2002	16/20	wa	1998	16/20	tr	1994	15/20	au

Château Castéra

Gabriel-Klassement: nicht klassiert. Preisniveau: günstig. Aktuelle Qualität: Ich kann mich noch an wunderbare Magnums vom Jahrgang 1990 erinnern. Leider sind die letzten Jahrgänge derart enttäuschend, dass es sich momentan nicht lohnt, dieses Weingut weiter zu verfolgen. Schade, denn vom Potential her gehört dieser Wein in dieser Preisklasse zu den interessanteren Gewächsen.
www.chateau-castera.com; www.medoc-bordeaux.com

2005	15/20	wa	2001	14/20	be	1997	16/20	tr
2004	15/20	wa	2000	16/20	tr	1996	15/20	tr
2003	15/20	be	1999	14/20	tr	1995	16/20	tr
2002	14/20	be	1998	13/20	tr	1994	14/20	vo

Château Chantelys

Gabriel-Klassement: nicht klassiert. Preisniveau: günstig. Aktuelle Qualität: Die Wertungen schwanken zwischen 13/20 und 15/20 Punkten. Der Wein ist oft grob, sperrig und zeigt auch manchmal unsaubere Noten. *www.medoc-bordeaux.com; www.crus-bourgeois.com*

Château La Clare

Gabriel-Klassement: nicht klassiert. Preisniveau: preiswert. Aktuelle Qualität: Ältere Jahrgänge habe ich getrunken und mich an deren ruppigen Médoc-Charakteristik erfreut. Die neueren Weine liegen immer auf 16/20 Punktniveau und sind mit sehr zuverlässiger Bourgeois-Qualität ausgestattet. Zum selben Besitz gehören: Rollan de By und Haut-Condissas. *www.rollandeby.com; www.medoc-bordeaux.com*

2005	15/20	wa	2001	16/20	be	1997	14/20	au
2004	16/20	wa	2000	16/20	tr	1996	15/20	tr
2003	16/20	wa	1999	15/20	tr	1995	16/20	tr
2002	16/20	wa	1998	15/20	tr	1994	15/20	au

Château David

Gabriel-Klassement: nicht klassiert. Preisniveau: günstig. Aktuelle Qualität: Ein kräftiger Wein mit prägnanter Säure; oft gar scharf wirkend. Keine Wertung über 15/20 Punkte und auch diese nur knapp erreichend. *www.medoc-bordeaux.com; www.crus-bourgeois.com*

Château d'Escurac

Gabriel-Klassement: nicht klassiert. Preisniveau: preiswert. Aktuelle Qualität: Hat kürzlich den Coupe des Crus Bourgeois gewonnen und damit auf einen Schlag Popularität erlangt. Und jetzt wollen plötzlich alle diesen Wein kaufen, der bei mir schon lange sehr gute Noten erhalten hatte. Bei einem neuen Gabriel-Klassement kann dieser Wein eventuell gleich als Cinquième landen. *www.medoc-bordeaux.com; www.crus-bourgeois.com*

2005	17/20	wa	2001	17/20	be	1997	16/20	tr
2004	17/20	wa	2000	17/20	be	1996	16/20	tr
2003	18/20	wa	1999	16/20	tr	1995	16/20	tr
2002	17/20	wa	1998	16/20	tr	1994	15/20	au

Château Fontis

Gabriel-Klassement: nicht klassiert. Preisniveau: günstig. Aktuelle Qualität: Meist ist die Assemblage je hälftig Cabernet Sauvignon und Merlot. Obwohl mir die Weine schon ein paar Mal wärmstens ans Herz gelegt wurden, konnte ich mich bisher noch nicht ganz für den eher leichten Fontis erwärmen. *www.medoc-bordeaux.com*

2005	16/20	wa	2002	15/20	tr	1999	14/20	tr
2004	14/20	wa	2001	15/20	tr	1998	15/20	tr
2003	15/20	be	2000	15/20	tr	1997	15/20	au

Château La Gorce

Gabriel-Klassement: nicht klassiert. Preisniveau: preiswert. Aktuelle Qualität: zuverlässig mit meist traditionellem Touch. *www.fabre.freesurf.fr; www.medoc-bordeaux.com*

2005	15/20	wa	2001	15/20	wa	1997	15/20	tr
2004	15/20	wa	2000	15/20	tr	1996	16/20	tr
2003	16/20	wa	1999	14/20	tr	1995	15/20	tr
2002	15/20	tr	1998	15/20	tr	1994	14/20	au

Château La Gorre

Gabriel-Klassement: nicht klassiert. Preisniveau: günstig. Aktuelle Qualität: Der La Gorre ist mir immer wieder als klassischer Terroir-Wein aufgefallen; so mit herrlichem Médoc-Geschmack. *www.medoc-bordeaux.com*

2005	16/20	wa	2001	16/20	tr	1997	13/20	tr
2004	15/20	wa	2000	15/20	tr	1996	16/20	tr
2003	15/20	wa	1999	15/20	tr	1995	15/20	tr
2002	14/20	be	1998	14/20	tr	1994	15/20	tr

Château Goulée

Gabriel-Klassement: nicht klassiert. Preisniveau: teuer. Aktuelle Qualität: auffallende Flasche für einen auffallenden, neuen Wein (erster Jahrgang 2003). Der kleine Rebberg liegt im hohen, kühlen Norden des Médoc in der Nähe vom Port de Goulée. *www.cosestournel.com; www.medoc-bordeaux.com*

2005	17/20	wa	2004	17/20	wa	2003	17/20	be

Château Les Grands Chênes

Gabriel-Klassement: nicht klassiert. Preisniveau: angemessen. Aktuelle Qualität: Bernard Magrez hat das Weingut 1998 gekauft und die Qualität gesteigert. Ein paar Jahrgänge wurden als «Cuvée Prestige» lanciert. Gehört heute zu den Top-Crus Bourgeois. *www.medoc-bordeaux.com*

2005	17/20	wa	2002	16/20	be	1999	15/20	tr
2004	18/20	wa	2001	16/20	tr	1998	16/20	tr
2003	17/20	wa	2000	17/20	tr	1996	15/20	au

Château Greysac

Gabriel-Klassement: nicht klassiert. Preisniveau: preiswert. Aktuelle Qualität: gute Leistungen in den Jahrgängen 1998 bis 2000. Dann war leider Schluss. Der Wein war früher schon tendenziell leicht, jetzt scheint er noch leichter geworden zu sein. *www.greysac.com; www.medoc-bordeaux.com*

2005	16/20	wa	2002	14/20	tr	1999	16/20	au
2004	16/20	wa	2001	14/20	tr	1998	16/20	tr
2003	16/20	wa	2000	16/20	tr	1995	15/20	au

Château Grivière

Gabriel-Klassement: nicht klassiert. Preisniveau: günstig. Aktuelle Qualität: Der 2000er wusste mit einer dominierenden Holzröstnote zu gefallen. Der Jahrgang 1998 überzeugte durch Charme und der versprechende 1996er (16/20, tr) mit stützenden Tanninen und viel Stoff. Doch irgendwie scheint diesem Weingut nur in grossen Jahren ein anständiger Wein zu gelingen. *www.domaines-cgr.com; www.medoc-bordeaux.com*

2005	16/20	wa	2002	15/20	be	1999	14/20	tr
2004	15/20	wa	2001	13/20	tr	1998	16/20	tr
2003	16/20	wa	2000	16/20	tr	1997	15/20	tr

Château Haut-Condissas

Gabriel-Klassement: nicht klassiert. Preisniveau: teuer. Aktuelle Qualität: Qualitativ mit einem Grand Cru zu vergleichen und genau soviel kostet er auch. Noch nicht geklärt, ist die Frage, wie dieses Supercuvée altert? Der Blend mit viel Merlot ist relativ eigenwillig, denn 60 %

dieser Rebsorte sind in dieser Gegend nicht gerade üblich. *www.rollandeby.com*

2005	18/20	wa	2001	18/20	wa	1997	16/20	tr
2004	18/20	wa	2000	18/20	wa	1996	18/20	be
2003	18/20	wa	1999	17/20	be	1995	17/20	tr
2002	18/20	wa	1998	18/20	wa	1994	16/20	au

Château Haut-Maurac

Gabriel-Klassement: nicht klassiert. Preisniveau: preiswert. Aktuelle Qualität: Meist ein toller, gastronomischer Wein, der jung schon Freude macht; oft rotbeerig und erstaunlich stoffig. Ein guter Kauf. *www.medoc-bordeaux.com*

2005	17/20	wa	2002	15/20	be	1999	15/20	tr
2004	16/20	wa	2001	14/20	tr	1998	15/20	tr
2003	15/20	be	2000	15/20	tr	1996	15/20	au

Château Lafon/Château L'Inclassable

Gabriel-Klassement: Quatrième Cru classé. Preisniveau: günstig. Aktuelle Qualität: Die Weine sind enorm kräftig und charaktervoll. Das Potential reicht für gut 15 Jahre. Bis 2002 hiess der Wein Château Lafon. *www.medoc-bordeaux.com*

2005	17/20	wa	2001	18/20	be	1997	16/20	tr
2004	17/20	wa	2000	17/20	be	1996	17/20	tr
2003	18/20	wa	1999	16/20	tr	1995	17/20	tr
2002	17/20	wa	1998	16/20	tr	1994	15/20	au

Château Loudenne

Gabriel-Klassement: nicht klassiert. Preisniveau: preiswert. Aktuelle Qualität: Die Jahrgänge 1991 und 1992 zeigten sich extrem schwach resp. dünn. Leider stellte ich bei den nachfolgenden Loudennes bis zum Jahr 1999 immer wieder unsaubere Weine fest, was vermuten lässt, dass hier der Kellerteufel mit einem Infekt (TCA) zugeschlagen hat. Somit sind die Weine von Loudenne von 1993 bis 1999 einem hohen Genussrisiko ausgesetzt. Die neuesten Jahrgänge sind wieder sehr gut. *www.aquitaine. visite.org/FR/pro/195; www.medoc-bordeaux.com*

2005	16/20	wa	2003	16/20	be	2001	16/20	tr
2004	17/20	wa	2002	15/20	tr	2000	16/20	tr

Château Lousteauneuf

Gabriel-Klassement: nicht klassiert. Preisniveau: preiswert. Aktuelle Qualität: Wenn das Weingut weiterhin solch grossartige Qualitäten wie beim 2003er produziert, dann lohnt es sich, hier die Augen offen zu halten. Bis 1999 waren alle Jahrgänge grün und krautig. Die neuen Weine sind immer um 16/20 Punkte. *www.chateau-lousteauneuf.com; www.medoc-bordeaux.com*

Château Magrez-Tivoli

Gabriel-Klassement: nicht klassiert. Preisniveau: eher teuer. Aktuelle Qualität: Der erste Jahrgang (2002) fiel zwar auf, wirkte aber irgendwie erzwungen. Ganz sicher ein Wein, der eine auffallende Attraktivität vom Geschmack resp. von der Vinifikation her besitzt. Ob er aber ein anständiges Alterungspotential erzielt und dann auch wie ein richtig guter Bordeaux schmeckt, muss er noch beweisen. Die Wertungen können durchaus bis 17/20 Punkte hoch gehen.

Château Noaillac

Gabriel-Klassement: nicht klassiert. Preisniveau: günstig. Aktuelle Qualität: Ein leichter, ehrlicher Bordeaux, der innerhalb der ersten zehn Jahre nach der Flaschenfüllung am besten schmeckt. Solide Wertungen zwischen 15/20 und 16/20 Punkten. *www.noaillac.com; www.medoc-bordeaux.com*

2005	16/20	wa	2001	16/20	tr	1997	15/20	au
2004	16/20	wa	2000	15/20	tr	1996	16/20	tr
2003	16/20	wa	1999	15/20	tr	1995	15/20	tr
2002	15/20	be	1998	16/20	tr	1994	13/20	vo

Château du Perrier

Gabriel-Klassement: nicht klassiert. Preisniveau: günstig. Aktuelle Qualität: schwankend. Meist schlank mit sehr rotbeerigen, säuerlichen Fruchtaromen. Das Finale wirkt oft pelzig. Die Wertungen liegen zwischen 14/20 und 15/20 Punkten. Beim Jahrgang 2001 erreichte er gar 16/20 Punkte. *www.medoc-bordeaux.com*

Château Le Temple

Gabriel-Klassement: nicht klassiert. Preisniveau: preiswert. Aktuelle Qualität: ein sehr süffiger Wein mit recht viel Charme und oft blaubeerigen bis pflaumigen Aromen. Jung ein toller Genuss – immer um 15/20 Punkte. *www.medoc-bordeaux.com; www.crus-bourgeois.com*

Château Les Ormes-Sorbet

Gabriel-Klassement: Cru Bourgeois. Preisniveau: preiswert. Aktuelle Qualität: Der Wein hat viel Fülle und Charme und kann schon in der Jugend getrunken werden. Trotzdem hält er in grossen Jahren aber fast zwanzig Jahre locker durch. *www.ormes-sorbet.com/accueil.html; www.medoc-bordeaux.com*

2005	16/20	wa	2000	17/20	tr	1995	16/20	tr
2004	16/20	wa	1999	16/20	tr	1994	16/20	au
2003	17/20	wa	1998	17/20	tr	1990	17/20	au
2002	15/20	be	1997	16/20	tr	1989	18/20	tr
2001	16/20	tr	1996	16/20	tr	1986	17/20	au

Château Patache d'Aux

Gabriel-Klassement: Cru Bourgeois. Preisniveau: preiswert. Aktuelle Qualität: sehr schön vinifizierter Wein auf einem recht hohen Niveau. Immer eine schöne Prise Terroirgeschmack im meist blaubeerigen Aromenspiel. Gehört zu den Domaines Lapalu (Liversan, Lascombes, Noaillac, Larrivaux, Lieujean und eben Patache d'Aux). *www.domaineslapalu.com; www.medoc-bordeaux.com*

2005	17/20	wa	2000	17/20	tr	1994	13/20	au
2004	17/20	wa	1999	16/20	tr	1990	15/20	tr
2003	16/20	wa	1998	15/20	tr	1989	14/20	au
2002	16/20	be	1996	17/20	tr	1986	16/20	au
2001	17/20	tr	1995	15/20	tr	1985	15/20	vo

Château Plagnac

Gabriel-Klassement: nicht klassiert. Preisniveau: günstig. Aktuelle Qualität: meist ein einfacher, ordentlicher Bordeaux. Oft bei 15/20, selten bei 16/20 Punkten. *www.medoc-bordeaux.com*

Château Potensac

Gabriel-Klassement: nicht klassiert. Preisniveau: teuer. Aktuelle Qualität: Der Wein ist nie ganz bei den richtig guten Crus Bourgeois vorne mit dabei – höchstens beim Preis! Reift relativ langsam. Ist bei mir nur nicht klassiert, weil mir ein paar Jahrgänge bei den Degustationsnotizen fehlen. *www.leoville-las-cases.com; www.medoc-bordeaux.com*

2005	17/20	wa	2003	17/20	wa	2001	16/20	be
2004	17/20	wa	2002	16/20	wa	2000	17/20	be

Château Preuillac

Gabriel-Klassement: nicht klassiert. Preisniveau: günstig. Aktuelle Qualität: Ein paar Jahrgänge vor 2001 wiesen oxydative und auch dumpfe Noten auf. Heute sind die Weine gefällig, korrekt und manchmal sogar recht gut. Wertungen ab 2001 zwischen 15/20 bis 16/20 Punkten. *www.chateau-preuillac.com; www.medoc-bordeaux.com*

Château Ramafort

Gabriel-Klassement: Cru Bourgeois. Preisniveau: preiswert. Aktuelle Qualität: Gewann mit dem Jahrgang 1995 den Coupe des Crus Bourgeois. Immer ein guter Kaufwert mit solidem Bordeaux-Geschmack und recht früher Genussreife. Der Beste der neueren Zeit scheint der 2000er zu sein. *www.domaines-cgr.com; www.medoc-bordeaux.com*

2005	17/20	wa	2001	16/20	be	1997	15/20	au
2004	16/20	wa	2000	17/20	be	1996	16/20	tr
2003	16/20	wa	1999	17/20	tr	1995	16/20	tr
2002	16/20	be	1998	16/20	tr	1994	15/20	au

Château Rollan de By

Gabriel-Klassement: Quatrième Cru classé. Preisniveau: preiswert. Aktuelle Qualität: erster Jahrgang 1991. Wird immer besser. Nicht zuletzt Dank dem italienischen Önologen Ricardo Cotarella. Zählt heute zu den allerbesten Crus Bourgeois. *www.rollandeby.com; www.medoc-bordeaux.com*

2005	18/20	wa	2001	17/20	wa	1997	15/20	tr
2004	17/20	wa	2000	17/20	wa	1996	17/20	tr
2003	18/20	wa	1999	16/20	be	1995	17/20	tr
2002	17/20	wa	1998	16/20	be	1994	15/20	au

Château Saint-Aubin

Gabriel-Klassement: nicht klassiert. Preisniveau: günstig. Aktuelle Qualität: Meist ein saures, dünnes Weinchen, das selten und auch dann nur knapp 15/20 Punkte erreicht. Irgendwie hat man auch nicht das Gefühl, dass das Weingut mehr hergeben könnte. Also ein Name zum Vergessen!
www.medoc-bordeaux.com; www.crus-bourgeois.com

Château Segue Longue

Gabriel-Klassement: nicht klassiert. Preisniveau: günstig. Aktuelle Qualität: Nach 7 verkosteten Jahrgängen schwankt der Wein zwischen Bluff und Charme. Manchmal sucht man hinter den Barriquen-Crème-Aromen verzweifelt nach etwas Bordeaux-Geschmack. Oft hatte ich auch das Gefühl, dass man bei der Primeurverkostung ganz einfach eine Probe von einem neuen Fass nimmt, was dann in der fertigen Flasche viel artisanaler schmeckt. Die Wertungen sind in der Regel um 15/20 Punkte.
www.medoc-bordeaux.com; www.crus-bourgeois.com

Château Sigognac

Gabriel-Klassement: nicht klassiert. Preisniveau: preiswert. Aktuelle Qualität: Den Jahrgang 2000 habe ich zweimal verkostet bis ich es niederschmetternd begriffen habe: nur 14/20 Punkte. Somit liegen auch andere Jahrgänge in diesem Bereich oder gar tiefer. Und wie schmeckt dieser höchst bescheidene Wein in der Regel? Etwas für Gärtner, denn das Hauptaroma des Bouquets besteht aus Geraniol; also immer im «grünen Bereich». *www.medoc-bordeaux.com*

Château La Tour Blanche

Gabriel-Klassement: nicht klassiert. Preisniveau: preiswert. Aktuelle Qualität: Irgendwie komme ich vom Gefühl nicht los, dass das Potential nicht ganz ausgeschöpft wird. Kann aber sein, dass hier in den allerletzten Jahren viel bessere Weine produziert werden und sich das Weingut doch endlich mausert. *www.medoc-bordeaux.com*

2005	16/20	wa	2002	16/20	be	1999	15/20	tr
2004	17/20	wa	2001	15/20	tr	1998	16/20	tr
2003	16/20	be	2000	16/20	tr	1995	15/20	tr

Château La Tour de By

Gabriel-Klassement: Cinquième Cru classé. Preisniveau: günstig. Aktuelle Qualität: ein tiefgründiger, artisanaler Bordeaux mit gutem Potential. Das Terroir ist derart tiefschürfend, dass gewisse grosse Jahrgänge sogar schwarze Trüffelaromen aufweisen. Mit etwas weniger Ertrag und etwas mehr neuen Barriquen wäre hier einer der bemerkenswertesten Crus Bourgeois möglich. *www.medoc-bordeaux.com*

2005	16/20	wa	1999	16/20	tr	1990	16/20	tr
2004	16/20	wa	1998	16/20	tr	1989	16/20	tr
2003	17/20	wa	1997	16/20	tr	1988	15/20	au
2002	16/20	wa	1996	16/20	tr	1986	16/20	tr
2001	17/20	be	1995	17/20	tr	1985	16/20	tr
2000	17/20	be	1994	16/20	tr	1982	15/20	vo

Château Tour Haut-Caussan

Gabriel-Klassement: Quatrième Cru classé. Preisniveau: preiswert. Aktuelle Qualität: In der Regel ist das ein genialer Médoc-Wert. Ich habe viele grossartige Erinnerungen an diesen wunderbaren, meist fülligen Wein, der eine Prise Erotik in sich trägt. Der 1982er ist auch heute noch zu geniessen (16/20). *www.medoc-bordeaux.com*

2005	18/20	wa	1999	16/20	tr	1993	16/20	tr
2004	16/20	wa	1998	16/20	tr	1990	18/20	au
2003	18/20	wa	1997	17/20	tr	1989	18/20	tr
2002	17/20	wa	1996	17/20	be	1988	16/20	au
2001	16/20	tr	1995	16/20	tr	1986	15/20	au
2000	17/20	tr	1994	17/20	tr	1985	15/20	vo

Château Tour Prignac

Gabriel-Klassement: nicht klassiert. Preisniveau: günstig. Aktuelle Qualität: schwankt von simpel (1999 und 2001) bis zu gastronomisch und süffig (2000 und 2003). Nie tiefgründig und lebt meist von seiner Primärfrucht in den ersten fünf bis acht Lebensjahren. *www.castel-freres.fr; www.medoc-bordeaux.com*

Château Tour Seran

Gabriel-Klassement: nicht klassiert. Preisniveau: preiswert. Aktuelle Qualität: Ein neuer Name, der sich momentan im oberen Mittelfeld der Crus Bourgeois befindet. Ein kräftiger Wein, welcher sehr modern mit viel Rösttönen, aber auch fordernd vinifiziert ist. Der erste Jahrgang erreichte 16/20, die nächstfolgenden liegen auf versprechenden 17/20 Punkten. www.rollandeby.com; www.medoc-bordeaux.com

| 2005 16/20 wa | 2004 17/20 wa | 2003 17/20 wa |

Château Vernous

Gabriel-Klassement: nicht klassiert. Preisniveau: günstig. Aktuelle Qualität: ein sehr modern vinifizierter Wein mit viel Caramelaromen und einer tollen Frucht. Tendenziell ein junger Genuss. www.medoc-bordeaux.com

| 2005 16/20 wa | 2004 16/20 wa | 2003 16/20 wa |

Château Vieux-Robin

Gabriel-Klassement: nicht klassiert. Preisniveau: angemessen. Aktuelle Qualität: etwas Holz, viel Holz und zu viel Holz! Anders als bei anderen Châteaux gibt es auf Vieux-Robin keinen Zweitwein. Dafür ein Cuvée mit dem Namen Vieux-Robin Bois de Lunier. Und noch einen Vieux-Robin Collection, welcher bis zu 30 Monaten in neuem Eichenholz lagert. Ein überholzter Wein zum Reinbeissen und ideal für unverbesserliche Eichenfans. Obwohl ich alle drei Qualitätslinien intensiv verkostet habe, führe ich hier die mittlere Linie auf – mit dem Anhaltspunkt, dass der Einfachere nicht viel schlechter und der teurere Collection wirklich nicht, oder nicht viel besser ist. www.chateau-vieux-robin.com; www.medoc-bordeaux.com

2005 17/20 wa	2001 16/20 be	1997 16/20 au
2004 16/20 wa	2000 17/20 tr	1996 16/20 tr
2003 16/20 wa	1999 16/20 tr	1995 15/20 tr
2002 16/20 wa	1998 16/20 tr	1994 15/20 au

Fast alle Grands Crus sind endlich wieder im Aufwind und motivieren damit auch die Nachbarn…

Beim Château Belgrave ist es das Handelshaus Dourthe, das wieder wesentlich bessere Qualitäten bei eindrücklichem Alterungspotential in die Flaschen abfüllt. Bei La Tour-Carnet sorgt Bernard Magrez mit seiner Supertruppe für neue Höhenflüge. Camensac ist auch hin und wieder dort, wo er hingehört. Fein und elegant zeigt sich nach wie vor der Cantemerle. Einziger, ehemalig klassierter Wein, der sich mit Fragezeichen belastet und nicht auf dem möglichen Niveau fährt, ist der La Lagune, denn irgendwie steckt dort immer noch der Wurm drin. Traumweine auf tollem Niveau: Charmail und Sociando-Mallet – das sind Granaten, die man auch in Blindproben problemlos gegen teurere Grands Crus zur Verblüffung des Weinpublikums einsetzen kann.

Gute, zuverlässige Werte: Caronne-Ste-Gemme, Cissac, Clément-Pichon, Coufran, de Lamarque, Malescasse, Ramage-La-Bâtisse, du Retout, Tour du Haut-Moulin und Verdignan. Leider in letzter Zeit enttäuschend zeigte sich der Citran. Sensationelle Aufsteiger sind: Cambon-la-Pelouse, d'Agassac und der charmante Paloumey. Nicht zu unterschätzen, ist der Château d'Aurilhac, der leider etwas Pech mit gewissen Unsauberkeiten hatte.

Château d'Agassac

Gabriel-Klassement: nicht klassiert. Preisniveau: angemessen. Aktuelle Qualität: Ist seit dem Jahrgang 2000 mit neuem Team und Besitzer auf einem ganz tollen Niveau. Die Weine brauchen mindestens 5 Jahre Flaschenreife und entwickeln sich dann relativ langsam. Würde bei einer Neuklassierung auf einen Cinquième rutschen. *www.agassac.com; www.medoc-bordeaux.com*

2005	18/20	wa	2002	18/20	wa	1999	16/20	tr
2004	17/20	wa	2001	17/20	wa	1998	16/20	tr
2003	17/20	wa	2000	17/20	wa	1996	15/20	tr

Château Aney

Gabriel-Klassement: nicht klassiert. Preisniveau: günstig. Aktuelle Qualität: ein leidlich leichtes Weinchen mit meist saurer, extrem rotbeeriger Frucht. Die Wertungen erreichen nur selten 15/20 und liegen sonst eher bei 13/20 als bei 14/20 Punkten. *www.medoc-bordeaux.com*

Château D'Arche

Gabriel-Klassement: nicht klassiert. Preisniveau: preiswert. Aktuelle Qualität: Reisst niemanden so richtig vom Hocker, ausser vielleicht in warmen resp. grossen Jahren wie 2000, 2003 und 2004. *www.medoc-bordeaux.com*

2005	17/20	wa	2002	15/20	be	1999	15/20	tr
2004	16/20	wa	2001	15/20	be	1998	15/20	tr
2003	16/20	wa	2000	16/20	tr	1996	15/20	tr

Château Arnauld

Gabriel-Klassement: nicht klassiert. Preisniveau: preiswert. Aktuelle Qualität: Der Wein ist ordentlich, aber leicht und eher jung zu geniessen. Nach zehn Jahren ist nämlich die schönste Genussphase vorbei. *www.medoc-bordeaux.com*

2005	15/20	wa	2001	15/20	tr	1997	16/20	tr
2004	15/20	wa	2000	16/20	tr	1996	16/20	tr
2003	15/20	wa	1999	14/20	tr	1995	15/20	tr
2002	16/20	tr	1998	15/20	tr	1994	16/20	tr

Château D'Arsac

Gabriel-Klassement: nicht klassiert. Preisniveau: preiswert. Aktuelle Qualität: schlanke, fruchtige Weine mit angenehmen Tanninen. In den ersten zehn Jahren zu geniessen. Die Wertungen liegen zwischen 14/20 und 15/20 Punkten. Achtung: Unter dem gleichen Namen gibt es vom gleichen Weingut auch einen Margaux. *www.medoc-bordeaux.com*

Château D'Aurilhac

Gabriel-Klassement: Cru Bourgeois. Preisniveau: günstig. Aktuelle Qualität: Ein grossartiger Wein mit viel Druck und Power, in den ersten zehn Jahren seines Lebens wohl am schönsten zu geniessen. *www.medoc-bordeaux.com*

2005	18/20	wa	2001	16/20	tr	1997	17/20	tr
2004	18/20	wa	2000	17/20	tr	1996	16/20	tr
2003	18/20	wa	1999	17/20	tr	1995	16/20	tr
2002	17/20	wa	1998	17/20	tr	1994	14/20	au

Château Balac

Gabriel-Klassement: nicht klassiert. Preisniveau: günstig. Aktuelle Qualität: keinen Kauf wert. Meist von sehr eigenwilligem Geschmack; die Aromen sind eher blumig oder gar gemüsig, denn fruchtig. Die beste Wertung von 6 verkosteten Jahrgängen: 2003 mit 15/20 Punkten. Der Rest liegt tiefer... *www.medoc-bordeaux.com*

Château Barateau

Gabriel-Klassement: nicht klassiert. Preisniveau: angemessen. Aktuelle Qualität: mal so – mal so. Der Wein wäre zwar enorm kräftig, zeigt Muskeln und Tiefgang. Doch leider ist er dadurch oft hart, trocken, weist metallische Konturen auf und gewisse Jahrgänge trugen auch noch unsaubere Noten in sich. Aus diesem Grund müsste man eigentlich schon generell von einem Kauf absehen. *www.medoc-bordeaux.com*

Château Barreyres

Gabriel-Klassement: nicht klassiert. Preisniveau: günstig. Aktuelle Qualität: Ein mit süsser Frucht bepackter, recht charmanter Wein zum eher jung Geniessen. Ein paar Primeur-Muster wiesen sehr viel neues Holz auf. Kann aber auch sein, dass die gereichte Probe ganz einfach aus einem ganz frischen Barrique stammte und der Rest dann bei der Flaschenfüllung etwas anders daher kam. Wertungen immer solide um 15/20 Punkte. *www.medoc-bordeaux.com*

Château Beaumont

Gabriel-Klassement: nicht klassiert. Preisniveau: angemessen. Aktuelle Qualität: Mir scheinen die Weine oberflächlich und nicht ganz auf dem möglichen Niveau. Nach zehn Jahren ist die kleine Show bereits vorbei. Also immer schnell trinken – wenn überhaupt. *www.chateau-beaumont.com; www.medoc-bordeaux.com*

2005	16/20	wa	2003	14/20	be	2001	16/20	tr
2004	16/20	wa	2002	15/20	tr	2000	16/20	tr

1999	14/20	tr		1997	14/20	au		1995	16/20	tr
1998	16/20	tr		1996	16/20	tr		1994	15/20	au

Château Bel-Air

Gabriel-Klassement: nicht klassiert. Preisniveau: angemessen. Aktuelle Qualität: wesentlich besser als früher. Das Team von Gloria und Saint-Pierre (gleicher Besitz) bringt auch hier bessere Weine auf den Markt. Seit dem Jahrgang 2002 auf bewährtem Niveau von etwa 16/20 Punkten. *www.medoc-bordeaux.com; www.crus-bourgeois.com*

2005	17/20	wa		2003	16/20	be		2001	15/20	tr
2004	16/20	wa		2002	16/20	be		2000	15/20	tr

Château Belgrave

Gabriel-Klassement: Cinquième Cru classé. Preisniveau: angemessen. Aktuelle Qualität: kein Wein für Ungeduldige! Belgrave ist endlich aus dem Dornröschenschlaf erwacht. Bis zum Jahrgang 1995 eine herbe Enttäuschung für einen Grand Cru. Ab 1996 wieder auf Grand Cru-Niveau, aber mit forschen, geduldigen Tanninen. Also ein Langstreckenläufer, der keine Empfehlung für Fruchttrinker ist. *www.dourthe.com; www.medoc-bordeaux.com*

2005	18/20	wa		2000	17/20	wa		1995	14/20	tr
2004	17/20	wa		1999	17/20	wa		1994	14/20	tr
2003	18/20	wa		1998	17/20	be		1990	15/20	au
2002	17/20	wa		1997	16/20	tr		1986	17/20	tr
2001	17/20	wa		1996	16/20	wa		1985	15/20	au

Château Belle-Vue

Gabriel-Klassement: nicht klassiert. Preisniveau: eher teuer. Aktuelle Qualität: Hier bahnt sich eine Sensation unter den offiziellen Crus Bourgeois an: Kräftig, dicht und von auffallender Attraktivität. Die Jahrgänge bis 1999 waren mässig. Neueren habe ich auch schon ein paar Mal 17/20 Punkte vergeben. Ich werde in einem nächsten Buch darauf zurück kommen, wenn ich alle auf einmal vertikal verkostet habe. *www.biturica.com/chateau-belle-vue.html; www.medoc-bordeaux.com*

2005	18/20	wa		2003	17/20	wa		2001	16/20	be
2004	16/20	wa		2002	17/20	wa		2000	16/20	be

Château Bel-Orme-Tronquoy-de-Lalande

Gabriel-Klassement: nicht klassiert. Preisniveau: angemessen. Aktuelle Qualität: mal hart, mal weich, mal kernig. Jeder Jahrgang weiss auf seine Art zu überraschen. Dabei schienen mir die Weine vor ein paar Jahren generell etwas besser zu sein. *www.medoc-bordeaux.com*

2005	16/20	wa	2002	15/20	be	1999	16/20	tr
2004	15/20	wa	2001	16/20	be	1998	16/20	tr
2003	15/20	wa	2000	15/20	tr	1996	16/20	tr

Château Bernadotte

Gabriel-Klassement: nicht klassiert. Preisniveau: eher teuer. Aktuelle Qualität: Vor mehr als zehn Jahren lud mich der damalige Besitzer zu einer Vertikale ein, um mir seinen Wein schmackhaft zu machen. Das gelang ihm leider nicht, denn die Weine waren so schlecht, dass ich nicht einmal Notizen fabrizierte. Das Team von Pichon-Lalande hat dieses verschlafene Weingut in der Nähe von Pauillac wieder zum Leben erweckt und die Qualitäten werden von Jahr zu Jahr besser. Ältere Jahrgänge vor 2000 kann man «spühlen». *www.pichon-lalande.com; www.medoc-bordeaux.com*

2005	16/20	wa	2003	17/20	be	2001	16/20	tr
2004	16/20	wa	2002	16/20	be	2000	15/20	tr

Château du Breuil

Gabriel-Klassement: nicht klassiert. Preisniveau: günstig. Aktuelle Qualität: Zwischen schlank und blechig bis charmant und weich liegt alles drin. Der Jahrgang 2003 zeigt auf, was hier im besten Fall möglich wäre. *www.medoc-bordeaux.com; www.crus-bourgeois.com*

2005	16/20	wa	2003	17/20	wa	2001	14/20	be
2004	16/20	wa	2002	15/20	be	2000	15/20	tr

Château Cambon-la-Pelouse

Gabriel-Klassement: Cru Bourgeois. Preisniveau: angemessen. Aktuelle Qualität: Der neue Besitzer hat es innerhalb weniger Jahre geschafft, aus diesem bislang mässig interessanten Cru Bourgeois einen Senkrechtstarter zu machen. Er betreibt mit seinem Team Detailpflege und pokert nicht selten mit dem Wetter. Was ihm bei den Jahrgängen 2001 und 2002 sensationell gelungen ist! Die Jahrgänge 1995 und 1996 (beide 15/20 Punkte) kann man zwar noch geniessen, sie sind jedoch leicht über dem Zenit. *www.cambon-la-pelouse.com; www.medoc-bordeaux.com*

2005	18/20	wa	2002	18/20	wa	1999	16/20	tr
2004	18/20	wa	2001	18/20	be	1998	15/20	tr
2003	17/20	wa	2000	16/20	tr	1997	15/20	au

Château de Camensac

Gabriel-Klassement: Cru Bourgeois. Preisniveau: eher teuer. Aktuelle Qualität: Die Jahrgänge von 1988 bis 1994 gaben durch deren gewisse Unsauberkeiten immer wieder zu Fragen Anlass. Da vermochte auch Michel Rolland, der berühmte Önologe nicht zu neuen Höhenflügen verhelfen. Neu gehört das Weingut zu den Châteaux Chasse-Spleen und Citran. Bin ja gespannt, ob es jetzt gelingt die Ruder herum zu reissen. *www.chateaucamensac.com; www.medoc-bordeaux.com*

2005	17/20	wa	1999	17/20	tr	1990	13/20	vo
2004	16/20	wa	1998	17/20	tr	1989	14/20	tr
2003	16/20	wa	1997	15/20	tr	1988	14/20	tr
2002	16/20	wa	1996	17/20	tr	1986	14/20	au
2001	17/20	be	1995	16/20	tr	1985	15/20	au
2000	17/20	be	1994	14/20	au	1982	14/20	vo

Château Cantemerle

Gabriel-Klassement: Cinquième Cru classé. Preisniveau: eher teuer. Aktuelle Qualität: In den letzten Jahren hat man den früher relativ grossen Merlot-Anteil permanent gesenkt. Cantemerle ist für mich der Inbegriff von Feinheit und Eleganz, was von anderen wiederum als oberflächlich bezeichnet werden könnte. In der Regel ein bezaubernder Frühcharmeur. *www.chateau-cantemerle.com; www.medoc-bordeaux.com*

2005	16/20	wa	1998	17/20	tr	1988	13/20	vo
2004	17/20	wa	1997	16/20	tr	1986	15/20	au
2003	16/20	wa	1996	17/20	tr	1985	15/20	au
2002	17/20	wa	1995	16/20	tr	1983	15/20	vo
2001	15/20	be	1994	15/20	au	1982	14/20	vo
2000	16/20	be	1990	15/20	tr	1966	16/20	au
1999	17/20	tr	1989	16/20	tr	1964	16/20	au

… RENÉ GABRIEL · **HAUT-MÉDOC**

Château Caronne-Ste-Gemme

Gabriel-Klassement: nicht klassiert. Preisniveau: preiswert. Aktuelle Qualität: Die letzten Jahre sind sehr vielversprechend und deuten auf einen grossartigen Kaufwert hin. Früher ist mir hier in kleineren Jahren immer wieder eine unpassende Härte aufgefallen. Lieber leicht und bekömmlich, als erzwungen und unharmonisch. Die Jahrgänge vor 1996 sind alle schon überreif und unter 15/20 Punkten. www.chateau-caronne-ste-gemme.com; www.medoc-bordeaux.com

2005	17/20	wa	2002	15/20	be	1999	16/20	tr
2004	17/20	wa	2001	15/20	tr	1998	15/20	tr
2003	16/20	wa	2000	16/20	tr	1996	15/20	tr

Château du Cartillon

Gabriel-Klassement: nicht klassiert. Preisniveau: günstig. Aktuelle Qualität: Noch nie war ein Cartillon einen Kauf wert. Der Wein ist meist oberflächlich, dünn und belanglos. www.medoc-bordeaux.com

Château Charmail

Gabriel-Klassement: Quatrième Cru classé. Preisniveau: angemessen. Aktuelle Qualität: Diese ist sensationell und die Weine versprühen eine Erotik, dass es einem fast den Atem raubt, wenn man am gut gefüllten Glas schnuppert. Über die Herstellung (Kaltmazeration) könnte man sich streiten, allerdings nur, wenn der Wein nicht so berauschend gut ausfallen würde. Trotz der modernen Vinifikation hält er sich recht lange. Der 1993er ist auch heute noch ein toller Wein (16/20). www.medoc-bordeaux.com

2005	18/20	wa	2001	17/20	be	1997	17/20	tr
2004	18/20	wa	2000	18/20	be	1996	17/20	tr
2003	18/20	wa	1999	16/20	tr	1995	17/20	tr
2002	17/20	wa	1998	17/20	tr	1994	17/20	tr

Château Cissac

Gabriel-Klassement: nicht klassiert. Preisniveau: günstig. Aktuelle Qualität: hart, aber herzlich. Ein an sich grosses Terroir, doch meist wurden die Trauben zu früh geerntet und so reifte der Wein nur zögerlich. Die Weine sind heute auch noch streng, aber schon wesentlich besser geworden. Vor dem Jahrgang 1996 erreichte keine Wertung 15/20 Punkte. Also Finger weg! *www.chateau-cissac.com; www.medoc-bordeaux.com*

2005	16/20	wa
2004	16/20	wa
2003	16/20	wa
2002	16/20	wa
2001	16/20	be
2000	15/20	be
1999	15/20	be
1998	15/20	be
1996	16/20	tr

Château Citran

Gabriel-Klassement: Cinquième Cru classé. Preisniveau: angemessen. Aktuelle Qualität: Ich war früher vorbehaltsloser Fan von Citran, bin aber von den neueren Jahrgängen bitter enttäuscht. Wann gelingt es der neuen Crew, das Steuer wieder herum zu reissen? *www.citran.com; www.medoc-bordeaux.com*

2005	17/20	wa
2004	17/20	wa
2003	15/20	wa
2002	15/20	wa
2001	16/20	be
2000	18/20	be
1999	17/20	be
1998	17/20	be
1997	17/20	au
1996	17/20	tr
1995	17/20	tr
1994	17/20	tr
1993	16/20	au
1990	17/20	au
1989	17/20	au
1988	17/20	vo
1986	16/20	vo
1982	15/20	vo

Château Clément-Pichon

Gabriel-Klassement: nicht klassiert. Preisniveau: angemessen. Aktuelle Qualität: Scheint bei Gabriel irgendwie ein 16/20 Punkte-Abonnement gelöst zu haben. Denn unabhängig davon, ob ein Jahrgang gross oder schwierig ist, bleibt die Leistung von Clément-Pichon immer auf dem gleichen Qualitätsniveau. Ob da aus besonders grossen Jahren nicht noch etwas mehr drin liegen würde? Im gleichen Besitz befinden sich auch noch La Commanderie du Mazeyres (Pomerol) und La Dominique (St. Emilion). *www.fayat-group.com; www.medoc-bordeaux.com*

2005	17/20	wa
2004	16/20	wa
2003	16/20	wa
2002	16/20	wa
2001	16/20	be
2000	16/20	tr
1999	16/20	tr
1998	16/20	tr
1997	16/20	au

Clos du Jaugueyron

Gabriel-Klassement: nicht klassiert. Preisniveau: angemessen. Aktuelle Qualität: Ein neuer Name, den man sich merken sollte. Ein besonders feiner, eleganter Wein. *www.biturica.com/chateau-jaugueyron.html; www.medoc-bordeaux.com*

2005	18/20	wa	2003	18/20	wa	2001	17/20	be
2004	17/20	wa	2002	17/20	tr	2000	17/20	be

Château Coufran

Gabriel-Klassement: Cru Bourgeois. Preisniveau: angemessen. Aktuelle Qualität: Die Weine sind auf gutem, zuverlässigen Niveau und reifen relativ schnell. Oder anders ausgedrückt: Ist die Frucht einmal weg, kommt nicht mehr viel nach. *www.medoc-bordeaux.com*

2005	17/20	wa	2001	16/20	be	1997	16/20	au
2004	16/20	wa	2000	16/20	tr	1996	17/20	tr
2003	17/20	wa	1999	15/20	au	1995	17/20	tr
2002	15/20	be	1998	16/20	au	1989	15/20	au

Château Dasvin Bel-Air

Gabriel-Klassement: nicht klassiert. Preisniveau: preiswert. Aktuelle Qualität: immer leicht, mit oft unreifer Frucht und so eher auf dem floralen Trip. Recht gut gefielen mir die Jahrgänge 1999 und 2000, die ich beide mit 16/20 Punkten bewertete. Alle anderen verkosteten Jahrgänge lagen leider tiefer... *www.medoc-bordeaux.com*

Château Dillon

Gabriel-Klassement: nicht klassiert. Preisniveau: preiswert. Aktuelle Qualität: Wenn man bedenkt, dass hier Schüler lernen sollten, wie man guten Wein macht, so ist das Schulbeispiel eher ein Trauerspiel. Wo bleibt die Frucht? Das ist die Gretchenfrage. Von 10 Verkostungsnotizen erreichten nur zwei 16/20 Punkte; nämlich die Jahrgänge 1998 und 2003. *www.chateau-dillon.com; www.medoc-bordeaux.com*

Château Duthil

Gabriel-Klassement: nicht klassiert. Preisniveau: günstig. Aktuelle Qualität: immer besser. So wie das Mutterhaus Giscours zu Höhenflügen angesetzt hat, so bewegt sich auch der dazu gehörende Haut-Médoc in letzter Zeit resp. seit dem Jahrgang 2003 nach oben. Früher hiess derselbe Wein La Houringue. *www.medoc-bordeaux.com*

2005	17/20	wa	2004	17/20	wa	2003	17/20	wa

Château La Fagotte

Gabriel-Klassement: nicht klassiert. Preisniveau: günstig. Aktuelle Qualität: Gehört zum Weingut Château D'Aurilhac. Seit dem Jahrgang 1999 scheint sich die Qualität zu verbessern. Alle Wertungen liegen praktisch auf 16/20 Punkten. Dies trifft auch für den ersten, wirklich gelungenen Jahrgang 1999 zu. Die Älteren sind keine Erwähnung wert. *www.medoc-bordeaux.com*

2005	16/20	wa	2003	16/20	wa	2001	16/20	be
2004	16/20	wa	2002	16/20	wa	2000	16/20	tr

Château Fontesteau

Gabriel-Klassement: nicht klassiert. Preisniveau: preiswert. Aktuelle Qualität: Die Muster, die jeweils an den Primeurproben gezeigt werden, weisen immer viel Charme auf. Nicht zuletzt von dem grosszügigen Barriquentouch. Von älteren Jahrgängen erreichte nur der 1996er 15/20 Punkte. *www.medoc-bordeaux.com*

2005	16/20	wa	2003	16/20	wa	2001	15/20	be
2004	16/20	wa	2002	16/20	be	2000	15/20	tr

Château Grandis

Gabriel-Klassement: nicht klassiert. Preisniveau: günstig. Aktuelle Qualität: meist ein dünnes Weinchen ohne Tiefgang. Sehr bescheidene Wertungen, die sich in der Regel zwischen 13/20 und 14/20 Punkten hin und her bewegen. *www.medoc-bordeaux.com; www.crus-bourgeois.com*

Château Hanteillan

Gabriel-Klassement: nicht klassiert. Preisniveau: angemessen. Aktuelle Qualität: Erst seit dem Jahrgang 1998 scheint hier so richtig die Sonne. Ein recht fleischiger Wein, der durch seine unmittelbare Nähe zu St. Estèphe etwas von dessen Appellationscharakter geerbt hat. *www.chateauhanteillan.com; www.medoc-bordeaux.com*

2005	16/20	wa	2002	16/20	be	1999	16/20	tr
2004	16/20	wa	2001	15/20	be	1998	16/20	tr
2003	17/20	wa	2000	16/20	be	1996	14/20	tr

Château Haut-Madrac

Gabriel-Klassement: nicht klassiert. Preisniveau: günstig. Aktuelle Qualität: War früher ein belangloser, in alten Fässern ausgebauter Cru Bourgeois. Die letzten Jahre sind jedoch bedeutend besser und die Borie-Manoux-Truppe will offensichtlich hier endlich das mögliche Bodenpotential nutzen. Der Jahrgang 1999 ist jetzt in seiner vollen Genussreife: 15/20. *www.medoc-bordeaux.com*

2005	16/20	wa	2003	16/20	tr	2001	15/20	wa
2004	17/20	wa	2002	16/20	wa	2000	16/20	wa

Château La Houringue

Gabriel-Klassement: nicht klassiert. Preisniveau: günstig. Aktuelle Qualität: Diesen Wein gibt es nicht mehr. Früher war dies der Haut-Médoc von Château Giscours. Heute heisst er Duthil. Einzig wirklich guter Jahrgang von La Houringue war der 2000er (16/20). Alle anderen sind schnellreifend und bescheiden. *www.medoc-bordeaux.com*

Château Hourtin-Ducasse

Gabriel-Klassement: nicht klassiert. Preisniveau: günstig. Aktuelle Qualität: Eine einzige Katastrophe: Dünn, metallisch, sauer und grün sind die einzigen Attribute, die mir nach 6 verkosteten Jahrgängen dazu einfallen. *www.hourtin-ducasse.com; www.medoc-bordeaux.com*

Château Karolus

Gabriel-Klassement: nicht klassiert. Preisniveau: eher teuer. Aktuelle Qualität: Gigantische Qualitäten liefert dieser Neuling, der aus einer Spezialselektion von Sénéjac entstanden ist. In seiner Jugend ein gewaltig beeindruckender Wein. Ob er das auch noch in seiner vollen Reife sein wird, muss der Karolus erst noch beweisen. Wird seit 2005 nicht mehr produziert. *www.biturica.com/chateau-karolus.html; www.medoc-bordeaux.com*

2004	18/20	wa	2003	18/20	wa	2002	17/20	wa

Château Julien

Gabriel-Klassement: nicht klassiert. Preisniveau: günstig. Aktuelle Qualität: Der Wein ist korrekt, brav und auf zuverlässigen 15/20 Punkten. Vom Charakter her ist er oft etwas pelzig im Extrakt und zeigt mehr florale, denn fruchtige Noten. *www.medoc-bordeaux.com*

Château Lachesnaye

Gabriel-Klassement: nicht klassiert. Preisniveau: preiswert. Aktuelle Qualität: Muss man hier überhaupt von Qualität sprechen? Noch nie hat mir ein einziger Jahrgang von diesem Weingut auch nur andeutungsweise in Spurenelementen etwas Freude bereitet. Oft furztrocken und dann noch zusätzlich von einem staubigen, unsauberen Kellerton begleitet. *www.bouteiller.com; www.medoc-bordeaux.com*

Château La Lagune

Gabriel-Klassement: Cru Bourgeois. Preisniveau: teuer. Aktuelle Qualität: Das Weingut kämpfte mit dem Kellerteufel. Obwohl vom neuen Besitzer enorm viel investiert wurde, zeigen sich viele, neuere Jahrgänge unsauber. Immer gross sind alte Jahrgänge, die ich nach wie vor auf Auktionen begehrlich suche. *www.medoc-bordeaux.com*

2005	16/20	wa	1995	16/20	tr	1982	16/20	tr
2004	17/20	wa	1994	16/20	tr	1979	17/20	au
2003	16/20	wa	1993	15/20	tr	1976	16/20	vo
2002	16/20	wa	1990	16/20	tr	1971	17/20	au
2001	16/20	wa	1989	17/20	tr	1970	19/20	tr
2000	17/20	wa	1988	15/20	au	1966	18/20	au
1999	16/20	tr	1986	16/20	au	1964	18/20	au
1998	17/20	tr	1985	16/20	au	1962	19/20	au
1996	16/20	tr	1983	15/20	tr	1961	19/20	tr

Château de Lamarque

Gabriel-Klassement: nicht klassiert. Preisniveau: angemessen. Aktuelle Qualität: Während das massive Schloss, welches eher einer Burg gleicht, immer zu gefallen wusste, enttäuschte der Wein oft; ausgelaugt, altes Fass und keine Konzentration. Seit dem Jahrgang 1999 (15/20, au) scheint ein besseres Qualitätsmanagement angesagt zu sein. Im Auge behalten. *www.chateaudelamarque.com; www.medoc-bordeaux.com*

| 2005 | 16/20 | wa | 2003 | 16/20 | wa | 2001 | 16/20 | be |
| 2004 | 15/20 | wa | 2002 | 16/20 | wa | 2000 | 16/20 | be |

Château Lamothe-Bergeron

Gabriel-Klassement: nicht klassiert. Preisniveau: angemessen. Aktuelle Qualität: solide und zuverlässig mit herrlichem, klassischen Terroir-Geschmack und gutem Potential. Ältere Jahrgänge vor 1994 waren noch nicht auf diesem Niveau. Der 1995er ist jetzt in voller Reife: 15/20, au. www.medoc-bordeaux.com; www.crus-bourgeois.com

2005	17/20	wa	2002	15/20	wa	1999	16/20	tr
2004	16/20	wa	2001	16/20	be	1998	16/20	tr
2003	17/20	wa	2000	16/20	tr	1996	18/20	tr

Château Lamothe-Cissac

Gabriel-Klassement: nicht klassiert. Preisniveau: günstig. Aktuelle Qualität: Kernig, hart, metallisch und sauer sind fast alle Weine von diesem sehr enttäuschenden, oberflächlichen Wein. Nur die beiden Jahrgänge 2003 und 2001 erreichten 15/20 Punkte. Und auch dort musste ich die Wertung aufrunden... www.medoc-bordeaux.com

Château Landat

Gabriel-Klassement: nicht klassiert. Preisniveau: günstig. Aktuelle Qualität: Oft zeigt der Wein unreife, grasige Cabernet-Noten, zusätzlich ist der Geschmack sehr artisanal. Wenn er in seiner besten Form ist, so erreicht der Wein knappe 15/20 Punkte! www.medoc-bordeaux.com

Château Lanessan

Gabriel-Klassement: nicht klassiert. Preisniveau: angemessen. Aktuelle Qualität: Einen wirklich sehr guten, reifen Lanessan konnte ich noch nie verkosten. Da mir bei einigen jüngeren Jahrgängen immer wieder fassige, unsaubere Noten aufgefallen sind, rate ich generell von einem Kauf ab. www.bouteiller.com; www.medoc-bordeaux.com

2005	16/20	wa	2002	15/20	wa	1999	16/20	tr
2004	14/20	wa	2001	12/20	be	1998	15/20	tr
2003	16/20	wa	2000	16/20	be	1996	13/20	au

Château Larose-Perganson

Gabriel-Klassement: nicht klassiert. Preisniveau: eher teuer. Aktuelle Qualität: Hier handelt es sich um eine Selektion aus dem Weingut Larose-Trintaudon. Dabei sprechen wir aber nicht von einem Mini-Cuvée, sondern von immerhin fast 150'000 Flaschen, die unter dem Perganson-Etikett abgefüllt werden. Ein kräftiger Wein mit Ecken, Kanten und Fleisch. Beim Jahrgang 2000 stellte ich zweimal unsaubere Noten fest. Also ist die Wertung mit Vorsicht zu geniessen. *www.larose-trintaudon.com; www.medoc-bordeaux.com*

2005	17/20	wa	2002	16/20	wa	1999	16/20	tr
2004	17/20	wa	2001	16/20	be	1998	16/20	tr
2003	16/20	be	2000	16/20	be	1996	15/20	tr

Château Larose-Trintaudon

Gabriel-Klassement: nicht klassiert. Preisniveau: preiswert. Aktuelle Qualität: mit 175 ha das grösste Weingut im Médoc! Ein paar Jahrgänge (besonders 1999 und 2000) wiesen veritable «Stinker» auf. Besserung scheint jetzt in Sicht. Wenn die Weine nur halb so schön wären wie die Dame auf der Webseite... *www.larose-trintaudon.com; www.medoc-bordeaux.com*

2005	16/20	wa	2001	16/20	be	1997	15/20	tr
2004	16/20	wa	2000	14/20	be	1996	15/20	tr
2003	15/20	wa	1999	13/20	be	1995	16/20	tr
2002	15/20	wa	1998	16/20	tr	1994	14/20	au

Château Lestage-Simon

Gabriel-Klassement: nicht klassiert. Preisniveau: preiswert. Aktuelle Qualität: Kein Knüller und leider mit unregelmässigen Qualitäten aufwartend. Seit dem Jahrgang 2001 weht glücklicherweise ein neuer Wind. *www.medoc-bordeaux.com*

2005	17/20	wa	2001	16/20	wa	1997	15/20	au
2004	17/20	wa	2000	15/20	wa	1996	15/20	tr
2003	15/20	wa	1999	15/20	tr	1995	15/20	tr
2002	16/20	wa	1998	14/20	tr	1994	14/20	au

Château Lieujean

Gabriel-Klassement: nicht klassiert. Preisniveau: preiswert. Aktuelle Qualität: Mittelmässiger Wein mit einem recht guten Preis-Leistungs-Verhältnis. Die Lapalu-Gruppe will die Qualitäten sämtlicher Domaines anheben. Hier würde Lieujean auch dazu gehören. *www.domaines-lapalu.com; www.medoc-bordeaux.com*

2005	16/20	wa	2002	14/20	wa	1999	15/20	tr
2004	15/20	wa	2001	16/20	be	1998	15/20	au
2003	15/20	wa	2000	16/20	tr	1997	15/20	au

Château Liversan

Gabriel-Klassement: nicht klassiert. Preisniveau: angemessen. Aktuelle Qualität: Völlig unregelmässige Qualitäten und die unmittelbare Nähe zur Appellation Pauillac scheinen nur in Spurenelementen erkennbar zu sein. Die Domaine Lapalu wollen aber nach oben. Es ist also zu hoffen, dass dies dem neuen Team gelingt. *www.domaines-lapalu.com; www.medoc-bordeaux.com*

2005	16/20	wa	2001	16/20	be	1996	15/20	tr
2004	15/20	wa	2000	15/20	be	1995	15/20	au
2003	16/20	wa	1999	15/20	tr	1990	15/20	au
2002	14/20	wa	1998	14/20	tr	1989	16/20	au

Château Malescasse

Gabriel-Klassement: Cru Bourgeois. Preisniveau: preiswert. Aktuelle Qualität: Malescasse ist ein sehr zuverlässiger Haut-Médoc. Insgesamt sind sowohl eine stets verbesserte Qualität und auch eine zunehmende Konzentration festzustellen. Kein Wein mit viel Tiefgang, sondern er trägt eine gewisse Leichtigkeit in sich. *www.chateau-malescasse.com; www.medoc-bordeaux.com*

2005	18/20	wa	2001	16/20	be	1997	16/20	tr
2004	17/20	wa	2000	17/20	be	1996	15/20	tr
2003	17/20	wa	1999	15/20	tr	1995	15/20	au
2002	16/20	be	1998	16/20	tr	1994	15/20	au

Château de Malleret

Gabriel-Klassement: nicht klassiert. Preisniveau: günstig. Aktuelle Qualität: Trotz der gewissen Popularität habe ich mich nicht beim Fanclub eintragen lassen. Eine Schwalbe macht ja schliesslich auch keinen Sommer und nur gerade der Jahrgang 2000 erreichte die Benotung sehr gut; also 16/20 Punkte. Der Rest ist mässig, oberflächlich und dünn. Das Studium der Geschichte des Weingutes erinnert an die Serienfolge: Gute Zeiten – schlechte Zeiten... *www.gvg.fr/francais/malleret.html; www.medoc-bordeaux.com*

Château Maucamps

Gabriel-Klassement: nicht klassiert. Preisniveau: angemessen. Aktuelle Qualität: Insgesamt habe ich von diesem Weingut gut 20 Jahrgänge verkostet. Sehr gut gefallen mir die Jahrgänge 2001 und 2003, die ich beide mit 16/20 Punkten bewertete. Trotzdem das Weingut in unmittelbarer Nähe der Appellation Margaux liegt, ist von Finessen keine Rede. Meist ist der Maucamps ein eher festfleischiger, maskuliner Wein. *www.medoc-bordeaux.com*

Château Maurac

Gabriel-Klassement: nicht klassiert. Preisniveau: preiswert. Aktuelle Qualität: Den Maurac verfolge ich erst seit dem Jahr 2000. Und alle bisherigen Jahrgänge haben mir sehr gut gefallen und liegen zwischen 15/20 und 16/20 Punkten. Ein ansprechender Bordeaux, den man recht jung schon geniessen kann. *www.medoc-bordeaux.com*

Château Le Meynieu

Gabriel-Klassement: nicht klassiert. Preisniveau: günstig. Aktuelle Qualität: Ein weicher, früh gefälliger Wein, der zuweilen recht viel Charme aufweisen kann. Ein idealer Wert, wenn man ihn in einem Restaurant auf der Weinkarte findet. Mir schien der bisher beste Jahrgang der 1998er mit 16/20 Punkten zu sein. *www.medoc-bordeaux.com*

Château Meyre

Gabriel-Klassement: nicht klassiert. Preisniveau: preiswert. Aktuelle Qualität: Irgendwie scheint der Meyre nur in wirklich als gross gehandelten, warmen Jahrgängen (wie

2000 und 2003) einigermassen gute Weine herzustellen.
www.chateaumeyre.com; www.medoc-bordeaux.com

2005	15/20	wa	2002	15/20	be	1999	15/20	tr
2004	15/20	wa	2001	14/20	be	1998	15/20	tr
2003	16/20	wa	2000	16/20	tr	1996	15/20	tr

Château Mille Roses

Gabriel-Klassement: nicht klassiert. Preisniveau: angemessen. Aktuelle Qualität: Von vier verschiedenen Jahrgängen, die ich degustiert habe, waren alle fleischig mit einem recht prägnanten, leicht kühl ausstrahlenden Cabernet-Ausdruck. Die Wertungen liegen alle bei 15/20 bis 16/20 Punkten. *www.biturica.com/chateau-mille-roses.html; www.medoc-bordeaux.com*

Château Le Monteil d'Arsac

Gabriel-Klassement: nicht klassiert. Preisniveau: preiswert. Aktuelle Qualität: Die neuen Jahrgänge zeigen mehr Fülle und sind im Innern auch etwas weicher geworden. Somit ist eine leichte Verbesserung, zumindest im Gefälligkeitsbereich, festzustellen. *www.medoc-bordeaux.com*

| 2005 | 15/20 | wa | 2003 | 16/20 | be | 2001 | 15/20 | tr |
| 2004 | 15/20 | wa | 2002 | 15/20 | be | 2000 | 15/20 | tr |

Château Paloumey

Gabriel-Klassement: nicht klassiert. Preisniveau: preiswert. Aktuelle Qualität: Noch sind die Reben sehr jung und vermutlich sollte auch der Wein eher jung getrunken werden. Was bei anderen Crus Bourgeois als Handicap erscheint, ist hier momentan gar ein Vorteil, denn die Besitzerin schafft es, dem Paloumey so viel Charme zu geben, dass der frühe Genuss als richtige Wohltat angesehen wird. Ein sehr guter Wert – Tendenz steigend! Der Jahrgang 1996 (16/20) ist jetzt am Ende seiner Genussreife. *www.chateaupaloumey.com; www.medoc-bordeaux.com*

2005	18/20	wa	2002	16/20	be	1999	16/20	tr
2004	17/20	wa	2001	17/20	be	1998	16/20	tr
2003	17/20	wa	2000	18/20	tr	1997	16/20	tr

Château Peyrabon

Gabriel-Klassement: nicht klassiert. Preisniveau: angemessen. Aktuelle Qualität: Früher wurde der Peyrabon als Pauillac abgefüllt. Heute ist es ein unregelmässiger, halbkräftiger Cru Bourgeois mit blaubeeriger, aber meist trocken wirkender Frucht. www.medoc-bordeaux.com

2005	17/20	wa	2002	14/20	be	1999	15/20	tr
2004	16/20	wa	2001	15/20	tr	1998	14/20	tr
2003	16/20	be	2000	15/20	tr	1996	15/20	au

Château Pontoise-Cabarrus

Gabriel-Klassement: nicht klassiert. Preisniveau: preiswert. Aktuelle Qualität: Dieses Weingut bringt eine anständige Qualität in die Flasche. In guten Jahren etwas besser, in schlechten Jahren halt etwas schlechter und dann auch sehr leicht von seinem Körper her. Von den jungen Jahrgängen ist der 2003er der Beste mit 16/20 Punkten.
www.chateau-pontoise-cabarrus.com; www.medoc-bordeaux.com

Château Puy-Castéra

Gabriel-Klassement: nicht klassiert. Preisniveau: günstig. Aktuelle Qualität: nicht kaufen! Miserable Noten, manchmal dumpfe Kellertöne, immer dünn und ambitionslos. www.puycastera.com; www.medoc-bordeaux.com

Château Ramage-La-Bâtisse

Gabriel-Klassement: Cru Bourgeois. Preisniveau: preiswert. Aktuelle Qualität: Ein guter Wert, der sich immer mehr über dem Mittelfeld der Crus Bourgeois etablieren will. www.medoc-bordeaux.com; www.crus-bourgeois.com

2005	16/20	wa	2001	17/20	be	1997	15/20	au
2004	17/20	wa	2000	17/20	tr	1996	16/20	tr
2003	16/20	wa	1999	16/20	tr	1995	16/20	tr
2002	16/20	wa	1998	14/20	tr	1994	15/20	au

Château du Raux

Gabriel-Klassement: nicht klassiert. Preisniveau: günstig. Aktuelle Qualität: eindimensional, dünn, manchmal von einem oxydativen Luftton begleitet. Das Weingut scheint auf 14/20 Punkte abonniert zu sein, was darauf hinweist, dass man nicht in Preislisten nach diesem Wein zu suchen braucht. *www.medoc-bordeaux.com; www.crus-bourgeois.com*

Château Du Retout

Gabriel-Klassement: nicht klassiert. Preisniveau: günstig. Aktuelle Qualität: In den letzten Jahren lag dieses noch völlig unbekannte Weingut aus Cussac-Fort-Médoc fast immer auf 17/20 Punktniveau. Ein sehr unikater, tiefgründiger Wein mit Tabak- und manchmal gar Trüffelaromen. Ein kräftiger Médoc, der den Namen Cru Bourgeois verdient und sich nicht für jene Weinfreunde eignet, denen verführerischer Eichengeschmack wichtig ist, sondern für solche Bordeaux-Freaks, welche dem leicht artisanalen, früher gängigen Bordeaux-Geschmack nachtrauern. *www.château-du-retout.com; www.medoc-bordeaux.com*

2005	18/20	wa	2002	17/20	be	1999	16/20	tr
2004	17/20	wa	2001	17/20	be	1998	16/20	tr
2003	17/20	wa	2000	17/20	be	1997	15/20	au

Château Reysson

Gabriel-Klassement: nicht klassiert. Preisniveau: preiswert. Aktuelle Qualität: Der schlanke Wein ist eher ein Tropfen, den man sich in einer überteuerten Weinkarte bestellen würde, um ihn jung zu trinken. Seit das Management von Dourthe nach dem Rechten sieht, ist auch der Wein mehr als recht. Jahrgänge vor 2003 kann man vergessen. *www.dourthe.com; www.medoc-bordeaux.com*

2005	17/20	wa	2002	15/20	tr	1999	15/20	tr
2004	17/20	wa	2001	14/20	tr	1998	15/20	tr
2003	18/20	wa	2000	16/20	tr	1997	15/20	tr

Château Saint-Paul

Gabriel-Klassement: nicht klassiert. Preisniveau: preiswert. Aktuelle Qualität: Wird seit dem Jahrgang 1998 von Olivier Sèze (Château Charmail) vinifiziert. Ein Jungcharmeur mit viel blaubeeriger Frucht und weichen Tanninen. *www.medoc-bordeaux.com; www.crus-bourgeois.com*

2005	17/20	wa	2002	16/20	wa	1999	14/20	tr
2004	16/20	wa	2001	15/20	be	1998	16/20	tr
2003	16/20	be	2000	16/20	be	1997	15/20	tr

Château Sénéjac

Gabriel-Klassement: nicht klassiert. Preisniveau: angemessen. Akuelle Qualität: war eine Zeit lang ein Geheimtip. Seitdem das Ehepaar Dobson das Château verlassen hat, ist es hier deutlich ruhiger geworden. Ganz genial zeigen sich die Jahrgänge 1989 und 1990. Bei den neueren Jahrgängen scheint, Dank neuem Besitzer Thierry Rustmann, eine Anknüpfung an gute alte Sénéjac-Zeiten in Griffnähe zu kommen. *www.biturica.com/chateau-senejac.html; www.medoc-bordeaux.com*

2005	17/20	wa	2001	16/20	be	1997	16/20	tr
2004	17/20	wa	2000	16/20	be	1996	15/20	tr
2003	16/20	wa	1999	15/20	tr	1995	15/20	tr
2002	15/20	wa	1998	15/20	tr	1994	15/20	au

Château Senilhac

Gabriel-Klassement: nicht klassiert. Preisniveau: preiswert. Aktuelle Qualität: Die allerletzten Jahrgänge sind sehr gut. Frühere manchmal einfach fruchtig und rund mit fast marmeladigen Anflügen. Kühlere Jahrgänge zeigten leider auch unreife, säuerliche Fruchtnoten. Jahrgänge vor 2000 sind eher peinlich. *www.medoc-bordeaux.com*

| 2005 | 16/20 | wa | 2003 | 16/20 | wa | 2001 | 15/20 | be |
| 2004 | 16/20 | wa | 2002 | 14/20 | wa | 2000 | 16/20 | tr |

Château Sociando-Mallet

Gabriel-Klassement: Quatrième Cru classé. Preisniveau: teuer. Aktuelle Qualität: Wenn jemand einen Kandidaten sucht, der es in einer Blindprobe gegen die teuersten Weine aus dem Médoc aufnehmen sollte, dann wäre Sociando-Mallet sicherlich absolut prädestiniert dafür! Kraft, Tiefe und Potential vermischen sich hier zu einem ganz grossen Bordeaux. Alte Jahrgänge bringen es absolut nicht. Ausnahme: Der 1982er, welcher mit 18/20 Punkten auch heute noch überzeugt. Leider zeigten sich ein paar Jahrgänge unsauber; so der 1994er und der 1988er. *www.medoc-bordeaux.com*

2005	19/20	wa	1999	17/20	be	1993	16/20	tr
2004	17/20	wa	1998	17/20	be	1990	19/20	tr
2003	18/20	wa	1997	17/20	tr	1989	18/20	tr
2002	17/20	wa	1996	18/20	be	1988	13/20	tr
2001	17/20	wa	1995	18/20	be	1986	18/20	tr
2000	17/20	wa	1994	15/20	tr	1985	16/20	au

Château Soudars

Gabriel-Klassement: nicht klassiert. Preisniveau: angemessen. Aktuelle Qualität: ein wunderschöner Wein mit Fülle und Charme. Ideal, um in Restaurants zu bestellen oder für solche Weinfreunde, die ganz einfach das Brombeerige und Süsse in einem Bordeaux lieben. *www.medoc-bordeaux.com*

2005	16/20	wa	2001	15/20	be	1997	15/20	au
2004	16/20	wa	2000	16/20	be	1996	16/20	tr
2003	16/20	wa	1999	15/20	tr	1995	15/20	au
2002	15/20	be	1998	16/20	tr	1990	15/20	au

Château du Taillan

Gabriel-Klassement: nicht klassiert. Preisniveau: günstig. Aktuelle Qualität: Leider zeigt der Wein manchmal mehr Kraft als Fleisch, weshalb er zu muskulös und darunter zu mager wirkt. Die Wertungen schwanken zwischen 15/20 (2004 und 2002) bis zu wenig versprechenden 13/20 Punkten. *www.chateaudutaillan.com; www.medoc-bordeaux.com*

Château La Tonelle

Gabriel-Klassement: nicht klassiert. Preisniveau: günstig. Aktuelle Qualität: knapp genügend. Schlanke, dünne Weine, die zu viel Alkohol oder zu wenig Konzentration aufweisen. Der Pegel schlägt zwischen 13/20 und 14/20 Punkten hin und her. Nur beim Jahrgang 2003 vergab ich «grosszügig»: 15/20. *www.medoc-bordeaux.com*

Château La Tour-Carnet

Gabriel-Klassement: Cru Bourgeois. Preisniveau: eher teuer. Aktuelle Qualität: Seit Bernard Magrez das Weingut gekauft hat, ist die Qualität wieder top. Vor ein paar Jahren organisierte ich für die Académie du Vin eine Vertikalprobe von älteren Jahrgängen: peinlich, peinlich… *www.latour-carnet.com; www.medoc-bordeaux.com*

2005	17/20	wa	1999	17/20	be	1990	15/20	au
2004	17/20	wa	1998	17/20	tr	1989	15/20	au
2003	17/20	wa	1997	15/20	au	1988	16/20	tr
2002	17/20	wa	1996	16/20	tr	1986	15/20	tr
2001	17/20	wa	1995	14/20	tr	1985	15/20	au
2000	17/20	be	1994	16/20	au	1983	15/20	au

Château Tour du Haut-Moulin

Gabriel-Klassement: nicht klassiert. Preisniveau: preiswert. Aktuelle Qualität: In letzter Zeit sehr gute Qualitäten – der Wein ist immer feiner geworden. *www.medoc-bordeaux.com*

2005	17/20	wa	2002	16/20	be	1999	15/20	tr
2004	16/20	wa	2001	16/20	be	1998	15/20	tr
2003	16/20	wa	2000	17/20	tr	1997	15/20	tr

Château Verdignan

Gabriel-Klassement: Cru Bourgeois. Preisniveau: angemessen. Aktuelle Qualität: Täusche ich mich oder hat Verdignan in letzter Zeit etwas von seiner Faszination verloren? Das schmucke Schlösschen in Saint-Seurin la Cadourne hat mich früher mehr überzeugt. *www.medoc-bordeaux.com*

2005	17/20	wa	2000	16/20	be	1995	17/20	tr
2004	16/20	wa	1999	15/20	tr	1994	16/20	au
2003	16/20	wa	1998	16/20	tr	1990	16/20	au
2002	15/20	wa	1997	15/20	au	1989	15/20	au
2001	15/20	be	1996	17/20	tr	1988	15/20	vo

Château Villegeorge

Gabriel-Klassement: nicht klassiert. Preisniveau: preiswert. Aktuelle Qualität: Manchmal sehr gut, leider aber auch viele enttäuschende Jahrgänge, denn oft fehlt es dem Traubengut an Reife. Besonders dann, wenn die Jungweine schon grasig und sauer sind. *www.vignobles-marielaurelurton.com; www.medoc-bordeaux.com*

2005	15/20	wa	2001	14/20	be	1997	15/20	au
2004	15/20	wa	2000	15/20	tr	1996	16/20	tr
2003	16/20	wa	1999	14/20	tr	1995	15/20	tr
2002	15/20	wa	1998	14/20	tr	1994	14/20	au

Eine Appellation mit deutlichen Qualitätsverbesserungen in den letzten Jahren. Burgundische Weine für Finessentrinker...

Das sind eigentlich die Burgunder des Médoc. Sonst steht das linke Ufer der Gironde (in Margaux wird aus der Garonne und der Dordogne die Gironde...) eigentlich für kräftige, stark auf Cabernet Sauvignon adaptierte Weine. Dies trifft allerdings eher für den nördlichen Teil zu. Margaux liegt ja im südlicheren Teil. Über die ganze Appellation gesehen, dominiert zwar auch hier der Cabernet, aber eigentlich ist es der Merlot, welcher für die Finessen zuständig ist. Nicht selten mischt auch eine rechte Portion Petit Verdot (Würze und Rückgrat) mit. Den grössten Anteil an Petit Verdot überhaupt enthält Château Bessane mit 60 %! Château Margaux ist von der Hierarchie her klar der Leader der Appellation. Die Konkurrenz schläft jedoch nicht und ist besonders in den letzten Jahren bedeutend stärker geworden, d.h. sie bringt den alleinigen Premier Grand Cru immer mehr in Verlegenheit. Der stärkste und ebenso feine Nebenbuhler heisst immer noch Château Palmer. Lange dachte ich, dass Rauzan-Ségla der Dritte im Bunde sein könnte. Dieser ist aber doch manchmal etwas zu fein oder gar zu schlank, um ganz mithalten zu können. Wenn die Crew von Giscours mit dem derzeitigen Qualitätsmanagement auf gleichem Niveau bleibt, haben wir für die nächsten Jahre die Nummer drei. Deutliche Qualitätsanstiege konnte ich aber auch bei Brane-Cantenac, Durfort-Vivens, Labégorce, Lascombes, Malescot-St-Exupéry, Monbrison, du Tertre und Siran feststellen. Regelmässig schwach sind leider: Boyd-Cantenac, Desmirail, d'Issan und Rauzan-Gassies. Unregelmässige Qualitäten sind bei Cantenac-Brown und Dauzac der Fall. Das Potential nützen folgende Châteaux nicht aus: Marquis d'Alesme Becker, Paveil-de-Luze (kommt jetzt langsam), Pouget und La Tour de Mons. Zuverlässig und den verlangten Preis wert, sind: d'Angludet, Deyrem Valentin, Ferrière, La Gurgue, Haut-Breton-Larigaudière, Kirwan, Labégorce-Zédé und Prieuré-Lichine. Noch nicht ganz geklärt, ist die Rolle die Marojallia und sein Zweitwein Clos Margalaine in Zukunft spielen werden. Dies sind eindrucksvolle, aber am Limit vinifizierte Weine, die bei Fassproben oft sehr hohe Wertungen erhalten. Auch ich bin hier bereit, meine Punktgebung nach oben zu korrigieren, wenn sich bei der Flaschenreife das einstellt, was vom Preis her heute schon stattfinden müsste. Und vielleicht gibt es gar noch einen Margaux-Geheimtip von einem Wein, der nicht im Buch steht – nach welchem sich die Suche aber lohnen würde? Bei den Primeurverkostungen habe ich den 2003 Château des Eyrins entdeckt – ein kleines Weingut mit nur 2,5 ha, die von Eric Grangerou (Sohn des ehemaligen Kellermeisters von Château Margaux) betreut werden. Der Wein hat mir sehr gut geschmeckt und dafür 17/20 Punkte bekommen. Ich bin gespannt, was uns dieser Mini-Cru in Zukunft noch liefert?

Alter Ego de Palmer

Gabriel-Klassement: nicht klassiert. Preisniveau: eher teuer. Aktuelle Qualität: Ist es jetzt der Zweitwein von Palmer oder nicht? Die Marketing-Abteilung proklamiert den Alter Ego nicht als Zweitwein, sondern als «anderen» Wein von Château Palmer. Vielleicht um den unverschämten Preis zu begründen?! Ich muss zwar zugeben, dass diese wohl doch separate Selektion immer sehr gut (Abonnement für 16/20 Punkte) gelungen ist, aber als kleinen Palmer würde ich ihn immer noch nicht rühmen. Und es gibt in der Appellation Margaux viel bessere Crus Bourgeois – und sogar Grands Crus – die bei gleicher Leistung weniger kosten. Erster Jahrgang 1999: 16/20. *www.chateau-palmer.com*

| 2005 | 16/20 | wa | 2003 | 17/20 | wa | 2001 | 16/20 | tr |
| 2004 | 17/20 | wa | 2002 | 16/20 | be | 2000 | 17/20 | tr |

Château d'Angludet

Gabriel-Klassement: Cinquième Cru classé. Preisniveau: preiswert. Aktuelle Qualität: Kräftig, stoffig und langlebig ist dieser tolle, offizielle Cru Bourgeois. Angludet ist eine der schönsten Anlagen und eigentlich würde die Bezeichnung Domaine besser zu diesem Weingut passen als Château. Die Familie Sichel besitzt auch Anteile an Château Palmer. *www.chateau-angludet.fr; www.medoc-bordeaux.com*

2005	17/20	wa	1997	16/20	tr	1986	17/20	tr
2004	17/20	wa	1996	16/20	tr	1985	17/20	au
2003	17/20	wa	1995	17/20	tr	1983	17/20	au
2002	17/20	wa	1994	16/20	tr	1982	16/20	au
2001	17/20	tr	1993	16/20	tr	1981	16/20	tr
2000	17/20	tr	1990	16/20	au	1979	16/20	au
1999	16/20	tr	1989	16/20	tr	1975	16/20	au
1998	17/20	tr	1988	16/20	tr	1961	15/20	au

Château D'Arsac

Gabriel-Klassement: nicht klassiert. Preisniveau: preiswert. Aktuelle Qualität: korrekter, oft sehr guter Wein mit meist rotbeerigem Charakter, dies trotz relativ hohem Cabernet Sauvignon-Anteil. Mittleres Alterungspotential von jeweils etwa zehn Jahren Genussreife. *www.chamvermeil.com/arsac.asp; www.medoc-bordeaux.com*

2005	16/20	wa	2002	16/20	be	1998	16/20	tr
2004	16/20	wa	2001	16/20	be	1997	15/20	au
2003	15/20	be	2000	15/20	be	1995	15/20	tr

Château La Bessane

Gabriel-Klassement: nicht klassiert. Preisniveau: preiswert. Aktuelle Qualität: La Bessane ist mit einer bepflanzten Fläche von weniger als 3 ha (Nachbar von Giscours) sehr klein und wird somit immer eine Trouvaille für eingefleischte Petit Verdot-Liebhaber bleiben (Anteil PV bis 60 %). Seine wirkliche Grösse zeigt er erst in der zweiten Lebenshälfte – so etwa nach 5 Jahren. *www.chateaupaloumey.com*

2005	17/20	wa	2002	16/20	wa	1999	16/20	tr
2004	17/20	wa	2001	15/20	be	1998	16/20	tr
2003	17/20	wa	2000	17/20	tr	1997	16/20	au

Château Boyd-Cantenac

Gabriel-Klassement: nicht klassiert. Preisniveau: eher teuer. Aktuelle Qualität: Er präsentiert sich etwas besser als sein Ruf. Die letzten Jahrgänge sind besser, erreichen aber meist nur knapp die 17/20 Punktgrenze. *www.boyd-cantenac.fr; www.medoc-bordeaux.com*

2005	17/20	wa	2001	16/20	tr	1997	14/20	tr
2004	17/20	wa	2000	16/20	wa	1996	16/20	tr
2003	17/20	wa	1999	15/20	tr	1995	15/20	tr
2002	16/20	wa	1998	15/20	be	1994	15/20	tr

Château Brane-Cantenac

Gabriel-Klassement: Quatrième Cru classé. Preisniveau: teuer. Aktuelle Qualität: Die neuesten Jahrgänge sind fein, elegant und zeigen manchmal gar burgundische Konturen. Seit 1990 gibt es einen Zweitwein; Baron de Brane. Aus dem früheren Zweitwein Château Notton ist heute der Drittwein geworden. *www.brane-centenac.com; www.medoc-bordeaux.com*

2005	18/20	wa	1998	17/20	be	1989	17/20	au
2004	16/20	wa	1997	16/20	au	1986	15/20	au
2003	18/20	wa	1996	16/20	tr	1985	16/20	au
2002	17/20	be	1995	15/20	tr	1983	16/20	au
2001	17/20	be	1994	15/20	tr	1966	15/20	vo
2000	17/20	be	1993	17/20	tr	1962	16/20	au
1999	17/20	tr	1990	17/20	tr	1961	17/20	au

Château Cantenac-Brown

Gabriel-Klassement: Cinquième Cru classé. Preisniveau: eher teuer. Aktuelle Qualität: Die Weine werden immer besser und Cantenac-Brown ist jetzt endlich dort, wo er eigentlich schon lange hingehört hätte – nämlich bei den 10 besten Margaux. Die Weine sind zwar immer noch kräftig, haben aber jetzt mehr Finesse als frühere Jahrgänge. *www.cantenacbrown.com; www.medoc-bordeaux.com*

2005	18/20	wa	1999	17/20	tr	1993	16/20	tr
2004	17/20	wa	1998	16/20	be	1992	15/20	tr
2003	16/20	wa	1997	16/20	tr	1990	15/20	tr
2002	17/20	wa	1996	17/20	tr	1988	17/20	au
2001	17/20	wa	1995	16/20	tr	1970	17/20	tr
2000	18/20	wa	1994	15/20	tr	1966	17/20	au

Clos Margalaine

Gabriel-Klassement: nicht klassiert. Preisniveau: eher teuer. Aktuelle Qualität: Der Clos Margalaine ist der Zweitwein von Marojallia und weist immer viel Frucht sowie ein markantes Extrakt auf und leider oft auch mehr Tannine als Körper. Ergo; eher ein «gemachter» Wein. *www.thunevin.com; www.medoc-bordeaux.com*

2005	16/20	wa	2003	16/20	wa	2001	16/20	wa
2004	17/20	wa	2002	16/20	wa	2000	16/20	tr

Clos du Jaugeyron

Gabriel-Klassement: nicht klassiert. Preisniveau: teuer. Aktuelle Qualität: eine sensationelle Entdeckung auf sehr hohem Niveau, aber mit ganz wenig Flaschen. Unter gleichem Namen/Besitz gibt es auch einen besonders feinen Haut-Médoc. *www.biturica.com/fiche-chateau-jaugueyron. html; www.medoc-bordeaux.com*

| 2005 | 19/20 | wa | 2003 | 18/20 | tr | 2001 | 19/20 | tr |
| 2004 | 19/20 | wa | 2002 | 17/20 | tr | 2000 | 18/20 | tr |

Château Dauzac

Gabriel-Klassement: nicht klassiert. Preisniveau: preiswert. Aktuelle Qualität: Selbst der an sich grosse Jahrgang 1990 ging völlig in die Hosen und ist knappe 13/20 Punkte wert. Heute ist die Lurton-Equipe zuständig. Leider sind die Qualitäten unregelmässig und nicht immer dem Jahrgangsniveau entsprechend. Alte Dauzac sind eine Zumutung. Der letzte Trinkbare war der 1993er (16/20). *www.andrelurton.com; www.medoc-bordeaux.com*

2005	17/20	wa	2001	14/20	be	1997	15/20	tr
2004	17/20	wa	2000	16/20	wa	1996	16/20	tr
2003	16/20	wa	1999	16/20	tr	1995	15/20	tr
2002	15/20	wa	1998	17/20	tr	1994	16/20	au

Château Desmirail

Gabriel-Klassement: nicht klassiert. Preisniveau: angemessen. Aktuelle Qualität: Der Wein wird selten während den Primeurproben gezeigt. Dies, weil er direkt vermarktet und in vielen Ländern von Exklusiv-Importeuren vertrieben wird. Kurioserweise ist der 99er um Längen besser als der Jahrgang 2000. Und auch sonst sorgt Desmirail immer wieder für Überraschungen – sowohl Positive wie auch Negative. Leider reichen die Leistungen zwischen mehrheitlich 13/20 bis 15/20 Punkten nicht aus, um honoriert zu werden. *www.chateau-desmirail.com; www.medoc-bordeaux.com*

Château Deyrem Valentin

Gabriel-Klassement: nicht klassiert. Preisniveau: angemessen. Aktuelle Qualität: Das Weingut liefert leider regelmässig sehr unregelmässige Qualitäten. Ein Wort kommt bei meinen Notizen praktisch bei jedem Jahrgang vor: kernig! *www.medoc-bordeaux.com*

2005	16/20	wa	2001	14/20	tr	1997	14/20	tr
2004	15/20	wa	2000	16/20	be	1996	15/20	tr
2003	16/20	wa	1999	15/20	tr	1995	14/20	tr
2002	16/20	be	1998	16/20	tr	1994	16/20	tr

Château Durfort-Vivens

Gabriel-Klassement: Cru Bourgeois. Preisniveau: eher teuer. Aktuelle Qualität: Seit 1992 dirigiert Gonzague Lurton das Weingut. Ein sehr subtiler, vielleicht gar etwas introvertierter Weinmacher. Und so scheinen mir auch die Weine zu sein; diskrete Ausstrahlung und somit vielleicht in deren Jugend unterschätzt. *www.durfort-vivens.com; www.medoc-bordeaux.com*

2005	17/20	wa	1999	17/20	tr	1993	15/20	au
2004	17/20	wa	1998	17/20	be	1990	16/20	au
2003	17/20	wa	1997	16/20	tr	1989	16/20	au
2002	16/20	wa	1996	16/20	tr	1988	15/20	vo
2001	16/20	be	1995	15/20	au	1986	17/20	au
2000	17/20	wa	1994	14/20	au	1985	15/20	vo

L'Enclos Gallen

Gabriel-Klassement: nicht klassiert. Preisniveau: preiswert. Aktuelle Qualität: zum Teil auffallend gut. Der bisher beste Jahrgang (2003) erreichte gar 17/20 Punkte. Kleine Produktion und deshalb sehr selten anzutreffen. *www.chateaumeyre.com*

2005	17/20	wa	2003	17/20	wa	2001	16/20	be
2004	16/20	wa	2002	14/20	wa	2000	16/20	tr

Château L'Enclos Maucaillou

Gabriel-Klassement: nicht klassiert. Preisniveau: angemessen. Aktuelle Qualität: Ein sehr beeriger, klassischer Margaux, der sich auf hohem Qualitätsniveau befindet. Die Wertungen liegen regelmässig zwischen 16/20 bis 17/20 Punkten. Wer davon ein paar Flaschen findet, sollte also zuschlagen. Der Rebberg ist nur 1,6 ha klein und liefert eine entsprechend kleine Produktion. *www.medoc-bordeaux.com*

Château des Eyrins

Gabriel-Klassement: nicht klassiert. Preisniveau: angemessen. Aktuelle Qualität: eine neue, auffallende Margaux-Delikatesse! Produktion nur 9'000 Flaschen. Produziert von Eric Grangerou, Sohn des ehemaligen, jetzt pensionierten Kellermeisters von Château Margaux.

2005	17/20	wa	2004	16/20	wa	2003	17/20	wa

Château Ferrière

Gabriel-Klassement: Troisième Cru classé. Preisniveau: preiswert. Aktuelle Qualität: Leider ist die Produktion von Ferrière (als Geheimtip gehandelten Margaux) eher klein und somit dank fairem Preisniveau praktisch in jedem Jahr eine gute Kaufempfehlung. Unter den offiziellen Grands Crus einer der besten Werte überhaupt. *www.ferriere.com; www.medoc-bordeaux.com*

2005	18/20	wa	2000	18/20	wa	1995	17/20	tr
2004	18/20	wa	1999	18/20	tr	1994	17/20	tr
2003	18/20	wa	1998	17/20	be	1993	17/20	tr
2002	17/20	wa	1997	17/20	tr	1992	15/20	vo
2001	17/20	be	1996	18/20	be	1990	15/20	vo

Château Giscours

Gabriel-Klassement: Troisième Cru classé. Preisniveau: angemessen. Aktuelle Qualität: seit dem Jahrgang 2000 auf dem Niveau eines Deuxième Cru. Gehört heute zu den allerbesten Margaux. Vom Preis-Leistungs-Verhältnis her nahezu ein Sieger in der Médoc-Szene. *www.chateau.giscours.fr; www.medoc-bordeaux.com*

2005	18/20	wa	1996	17/20	tr	1981	16/20	au
2004	19/20	wa	1995	17/20	tr	1979	16/20	au
2003	19/20	wa	1994	16/20	tr	1978	16/20	au
2002	18/20	wa	1993	15/20	au	1975	18/20	au
2001	17/20	be	1991	16/20	au	1971	17/20	au
2000	19/20	be	1990	15/20	tr	1970	19/20	au
1999	17/20	tr	1989	15/20	au	1966	16/20	au
1998	17/20	be	1988	16/20	au	1964	18/20	au
1997	17/20	tr	1982	15/20	au	1962	18/20	au

Château La Gurgue

Gabriel-Klassement: Cru Bourgeois. Preisniveau: preiswert. Aktuelle Qualität: Meist ein eher leichter, aber sehr aromatischer Wein, der zu den besseren Crus Bourgeois im Margaux-Gebiet zählt. *www.lagurgue.com; www.medoc-bordeaux.com*

2005	16/20	wa	1999	16/20	tr	1993	15/20	au
2004	17/20	wa	1998	17/20	tr	1990	16/20	au
2003	16/20	wa	1997	16/20	tr	1989	17/20	au
2002	15/20	tr	1996	17/20	tr	1988	15/20	vo
2001	16/20	tr	1995	16/20	tr	1986	16/20	au
2000	17/20	tr	1994	16/20	tr	1985	15/20	vo

Château Haut-Breton-Larigaudière

Gabriel-Klassement: nicht klassiert. Preisniveau: preiswert. Aktuelle Qualität: Cabernet als Jugendhandicap! Will man als Margaux-Wein in Jungproben gefallen, so ist ein grosser Anteil an Merlot von Vorteil. Dies ist für Haut-Breton-Larigaudière genau der Nachteil, denn dieser Wein wird meist mit einem Anteil von 80 bis 85 % Cabernet Sauvignon assembliert; ein wahrlich burschikoser Wein. *www.medoc-bordeaux.com; www.crus-bourgeois.com*

2005	17/20	wa	2001	16/20	be	1997	16/20	tr
2004	16/20	wa	2000	16/20	be	1996	16/20	tr
2003	16/20	wa	1999	16/20	tr	1995	15/20	tr
2002	16/20	wa	1998	15/20	tr	1994	15/20	tr

Château d'Issan

Gabriel-Klassement: nicht klassiert. Preisniveau: teuer. Aktuelle Qualität: Mittelmässige Weine, die zur Härte neigen und leider oft einen fruchtlosen, kapseligen Geschmack aufweisen. Damit Sie nicht fälschlicherweise alte Jahrgänge von diesem Weingut kaufen, führe ich die miesen Noten auf. *www.chateau-issan.com; www.medoc-bordeaux.com*

2005	18/20	wa	1999	15/20	be	1989	15/20	au
2004	16/20	wa	1998	15/20	tr	1988	14/20	vo
2003	16/20	wa	1996	16/20	be	1986	13/20	vo
2002	16/20	wa	1995	15/20	tr	1985	14/20	vo
2001	16/20	be	1994	16/20	tr	1983	13/20	vo
2000	16/20	be	1990	15/20	tr	1982	13/20	vo

Château Kirwan

Gabriel-Klassement: Cru Bourgeois. Preisniveau: angemessen. Aktuelle Qualität: Die Reputation des Weingutes ist eigentlich recht gut und die Weine erhalten auch sehr oft recht hohe Noten – ausser bei mir. Eine klare Ausrichtung des Weines gibt es für mich leider nicht; mal ist er fein, manchmal ruppig. Oft sind die Trauben zu spät geerntet worden, was z.B. die Honignoten beim Jahrgang 2000 beweisen. Ältere Kirwans bringen es ganz und gar nicht. *www.chateau-kirwan.com; www.medoc-bordeaux.com*

2005	17/20	wa	2001	16/20	be	1997	16/20	tr
2004	17/20	wa	2000	17/20	be	1996	17/20	tr
2003	17/20	be	1999	15/20	tr	1995	16/20	tr
2002	16/20	wa	1998	15/20	tr	1994	18/20	tr

1993	16/20	tr	1989	16/20	au	1986	14/20	au
1990	15/20	au	1988	14/20	au	1985	15/20	au

Château Labégorce

Gabriel-Klassement: Cinquième Cru classé. Preisniveau: teuer. Aktuelle Qualität: zuverlässig auf dem wohl bestmöglichen Niveau. Ein komplexer, stoffiger Wein mit einem sehr guten Alterungspotential. Das neue Qualitätsmanagement greift erst seit dem Jahrgang 1995, weshalb ältere Weine von Labégorce alle keine 15/20 Punkte erreichen und schon längst getrunken sein sollten. *www.chateaulabegorce.com; www.medoc-bordeaux.com*

2005	17/20	wa	2001	17/20	be	1997	16/20	au
2004	17/20	wa	2000	17/20	be	1996	17/20	tr
2003	18/20	wa	1999	17/20	tr	1995	17/20	tr
2002	17/20	be	1998	17/20	tr	1994	15/20	tr

Château Labégorce-Zédé

Gabriel-Klassement: Cinquième Cru classé. Preisniveau: eher teuer. Aktuelle Qualität: Wer in Margaux nur Finesse und Eleganz sucht, sollte den Labégorce-Zédé meiden, denn dieser Wein ist meist robust, charaktervoll oder sogar hart. Braucht oft gut acht Jahre bis zu seiner ersten Reife. *www.perso.wanadoo.fr/labegorce.zede;www.medoc-bordeaux.com*

2005	17/20	wa	1999	17/20	tr	1993	15/20	tr
2004	16/20	wa	1998	16/20	be	1992	15/20	au
2003	17/20	wa	1997	15/20	tr	1990	16/20	au
2002	17/20	wa	1996	17/20	tr	1989	16/20	au
2001	16/20	wa	1995	16/20	tr	1986	15/20	au
2000	16/20	be	1994	17/20	tr	1985	15/20	vo

Château Lascombes

Gabriel-Klassement: Cinquième Cru classé. Preisniveau: teuer. Aktuelle Qualität: Kellerprobleme, Besitzerwechsel, Managerwechsel, falsch lancierte Preise, gute Qualitäten in kleinen Jahrgängen, grosse Jahre und schlechte Weine. Was noch alles möglich wäre – Lascombes hätte es mitgemacht. Nach langem hin und her sowie auf und ab ist dieser verheissungsvolle Deuxième Cru wieder im Vormarsch – und zwar wild entschlossen. Die neuesten Jahrgänge sind derart gut, dass er zu den fünf besten Margaux gehört. *www.chateaulascombes.com; www.medoc-bordeaux.com*

2005	18/20	wa	1999	16/20	tr	1990	12/20	vo
2004	18/20	wa	1998	14/20	be	1989	17/20	tr
2003	19/20	wa	1997	16/20	tr	1986	15/20	au
2002	18/20	wa	1996	17/20	be	1985	17/20	au
2001	17/20	be	1995	16/20	tr	1983	16/20	tr
2000	17/20	be	1994	15/20	tr	1982	18/20	au

Château Malescot-St-Exupéry

Gabriel-Klassement: nicht klassiert. Preisniveau: eher teuer. Aktuelle Qualität: Ich gehörte sehr lange zu den grössten Kritikern von Malescot-St-Exupéry. Zeit diesem Pessimismus den Kampf anzusagen. Nun geht es endlich (besonders seit 2001) wieder sanft aufwärts. Malescot würde es mit den letzten Qualitäten ins Klassement schaffen. Ältere Jahrgänge vor 1986 erreichen leider keine 15/20 Punkte! *www.malescotstexupery.com; www.medoc-bordeaux.com*

2005	17/20	wa	2001	17/20	be	1997	15/20	au
2004	17/20	wa	2000	16/20	be	1996	15/20	tr
2003	17/20	wa	1999	16/20	be	1990	16/20	tr
2002	17/20	wa	1998	16/20	tr	1986	15/20	au

Château Margaux

Gabriel-Klassement: Premier Grand Cru classé. Preisniveau: Luxus-Klasse. Aktuelle Qualität: Finesse, Eleganz, seidige Tannine und eine nahezu über Jahrzehnte konservierte Frucht sind die Merkmale dieses einzigen Premiers im Süden des Médoc. Um diesen Wein richtig zu geniessen, muss man ihn lange schlürfen und dann auch die entstandene Luft resp. das Weinparfüm mittrinken. Leider sind die Jahrgänge zwischen 1976 bis runter zu 1966 ein leidiges Trauerspiel und selten mehr wie 14/20 Punkte wert – wenn überhaupt. *www.chateau-margaux.com; www.medoc-bordeaux.com*

2005	19/20	wa	1995	19/20	be	1985	18/20	tr
2004	18/20	wa	1994	18/20	be	1984	16/20	au
2003	18/20	wa	1993	18/20	tr	1983	20/20	tr
2002	18/20	wa	1992	15/20	au	1982	17/20	tr
2001	18/20	wa	1991	18/20	au	1981	18/20	tr
2000	19/20	wa	1990	20/20	tr	1979	19/20	tr
1999	19/20	be	1989	17/20	tr	1978	18/20	tr
1998	18/20	be	1988	18/20	tr	1964	17/20	au
1997	17/20	tr	1987	17/20	au	1962	17/20	au
1996	19/20	wa	1986	16/20	tr	1961	17/20	tr

Marojallia

Gabriel-Klassement: nicht klassiert. Preisniveau: teuer. Aktuelle Qualität: Der Wein ist sehr gut, die Preise dazu jenseits von Gut und Böse – also durch reine Marktmanipulation dort, wo diese eben nicht sein sollten. Ich bin bereit, meine Aussage zu revidieren, wenn sich die Weine in der Flasche in den nächsten zehn Jahren so gut entwickeln, dass diese auch gleichpreisige Crus schlagen könnten. Das wären dann eben Superseconds oder gar Premiers Grands Crus!!! Es handelt sich beim Marojallia um eine Neukreation. Der 2000er ist der erste Jahrgang. *www.thunevin.com*

2005	17/20	wa	2003	17/20	wa	2001	17/20	be
2004	17/20	wa	2002	17/20	wa	2000	17/20	be

Château Marquis d'Alesme-Becker

Gabriel-Klassement: nicht klassiert. Preisniveau: eher teuer. Aktuelle Qualität: Noch immer liefert dieses Weingut Qualitäten, die weit unter seinem möglichen Appellationsniveau liegen. Alte Marquis d'Alesme-Becker sind nichts wert; trocken und meist mit blechiger Struktur ausgestattet. Auch bei den neueren Jahrgängen scheint es in die selbe Richtung zu gehen. *www.medoc-bordeaux.com*

2005	16/20	wa	2003	16/20	wa	2001	16/20	wa
2004	16/20	wa	2002	15/20	wa	2000	15/20	wa

Château Marquis de Terme

Gabriel-Klassement: Cru Bourgeois. Preisniveau: angemessen. Aktuelle Qualität: Während die Margaux-Weine sonst eher die femininsten, feinsten Weine des Médoc darstellen, ist der Marquis de Terme immer hart mit männlich derben Zügen. Gleicht somit eher einem kernigen St. Estèphe. *www.chateau-marquis-de-terme.com; www.medoc-bordeaux.com*

2005	18/20	wa	2000	17/20	be	1994	17/20	tr
2004	16/20	wa	1999	16/20	be	1990	17/20	tr
2003	17/20	wa	1998	16/20	be	1989	16/20	tr
2002	16/20	wa	1996	17/20	tr	1988	17/20	tr
2001	16/20	wa	1995	15/20	tr	1985	14/20	au

Château Marsac Séguineau

Gabriel-Klassement: nicht klassiert. Preisniveau: preiswert. Aktuelle Qualität: Rauh und trocken; so schmecken leider die Weine dieses Château. Von Margaux-Charme keine Spur und oft verschwindet die Frucht, bevor auch nur schon die Hälfte der Flaschenreife erreicht ist. Selbst der sonst überall sichere Jahrgang 2000 ist so unreif und kernig, dass man fast vermuten könnte, er wäre noch vor den Sommerferien geerntet worden. Dabei wäre das Nasenbild oft noch verlockend, aber der Gaumen macht dann die Vorfreude wieder kaputt. Ein Wein, den man also nur riechen sollte, ohne davon zu trinken. *www.medoc-bordeaux.com*

Château Martinens

Gabriel-Klassement: nicht klassiert. Preisniveau: preiswert. Aktuelle Qualität: Die neueren Jahrgänge sind endlich etwas besser geworden. War ja auch nicht schwierig! Ältere Martinens stinken manchmal fischig, dann wieder wie nicht mehr ganz taufrische Austern und haben eine Körpereleganz, wie wenn man geraspelte Stahlwolle im Gaumen hin und her wenden würde. Irgend jemand muss ja das Schlusslicht einer Appellation darstellen. Leider ist Martinens nicht der einzige Margaux, der hartnäckig um diesen Platz kämpft. Von den älteren Jahrgängen erreicht keiner 15/20 Punkte. *www.medoc-bordeaux.com*

2005	14/20	wa	2003	15/20	wa	2001	15/20	be
2004	14/20	wa	2002	15/20	wa	2000	15/20	be

Château Monbrison

Gabriel-Klassement: Quatrième Cru classé. Preisniveau: angemessen. Aktuelle Qualität: In einer Blinddegustation mit wesentlich teureren Margaux würde der Monbrison ganz sicher hervorragend abschneiden. Die Weine zeigen viel Waldbeerenfrucht, eine schöne Fülle und meist burgundischen Charme. *www.medoc-bordeaux.com*

2005	17/20	wa	1998	17/20	tr	1990	17/20	tr
2004	16/20	wa	1997	16/20	tr	1989	17/20	au
2003	17/20	wa	1996	18/20	tr	1988	17/20	tr
2002	17/20	wa	1995	16/20	tr	1986	18/20	tr
2001	17/20	be	1994	16/20	tr	1985	16/20	tr
2000	18/20	wa	1993	15/20	au	1983	16/20	au
1999	17/20	tr	1991	15/20	vo	1982	15/20	vo

Château Mongravey

Gabriel-Klassement: nicht klassiert. Preisniveau: angemessen. Aktuelle Qualität: ein neuer Cru mit einer auffallenden Qualität. Im Auge behalten. *www.chateau-mongravey.fr; www.medoc-bordeaux.com*

| 2005 | 18/20 | wa | 2004 | 16/20 | wa | 2003 | 17/20 | wa |

Château Palmer

Gabriel-Klassement: Deuxième Cru classé. Preisniveau: Luxus-Klasse. Mit dem Weggang der Chardons und dem neuen Keller hatte Palmer leider einen leichten Durchhänger. Heute wieder auf allerhöchstem Niveau. Die Weine beweisen, dass es in der heutigen Zeit keine Bulldozer braucht, um sich mit Erfolg in der Szene zu behaupten. *www.chateau-palmer.com; www.medoc-bordeaux.com*

2005	20/20	wa	1994	18/20	tr	1981	18/20	tr
2004	19/20	wa	1993	16/20	tr	1979	17/20	au
2003	19/20	wa	1991	17/20	au	1978	18/20	tr
2002	18/20	wa	1990	18/20	au	1975	15/20	au
2001	17/20	wa	1989	20/20	tr	1971	17/20	au
2000	19/20	wa	1988	17/20	tr	1970	17/20	au
1999	17/20	tr	1987	15/20	vo	1967	16/20	au
1998	18/20	be	1986	17/20	tr	1966	19/20	au
1997	16/20	au	1985	19/20	tr	1964	15/20	au
1996	18/20	be	1983	20/20	tr	1962	18/20	au
1995	18/20	be	1982	17/20	tr	1961	20/20	tr

Château Paveil-de-Luze

Gabriel-Klassement: nicht klassiert. Preisniveau: günstig. Aktuelle Qualität: endlich bessere Qualitäten. Früher war der Wein farblos, dünn und höchst bescheiden. Mit noch etwas mehr Mut zur Selektion dürfte man hier in den nächsten Jahren einen leichten, fein fruchtigen Margaux erwarten. *www.medoc-bordeaux.com*

2005	17/20	wa	2002	16/20	be	1998	16/20	tr
2004	17/20	wa	2001	15/20	tr	1996	15/20	tr
2003	16/20	wa	2000	16/20	be	1995	15/20	tr

Pavillon Rouge du Château Margaux

Gabriel-Klassement: Cinquième Cru classé. Preisniveau: eher teuer. Aktuelle Qualität: in der Regel ein sehr fruchtiger und trotzdem von Muskeln begleiteter Wein. Die jüngsten Jahrgänge sind mir etwas zu fein und elegant geraten. Oder sollte ich gar das Wort «schlank» verwenden? Sein Preis hat sich seit dem Jahrgang 1994 fast verdoppelt. Somit stimmen leider die Preis-Leistungs-Relationen nicht mehr so ganz. www.chateau-margaux.com

2005	17/20	wa	1998	17/20	tr	1990	16/20	au
2004	17/20	wa	1997	16/20	au	1989	16/20	au
2003	17/20	wa	1996	17/20	tr	1988	16/20	au
2002	16/20	be	1995	16/20	tr	1987	13/20	vo
2001	16/20	tr	1994	16/20	tr	1985	15/20	au
2000	17/20	tr	1993	16/20	au	1983	17/20	au
1999	16/20	tr	1991	15/20	vo	1982	15/20	vo

Château Pontac-Lynch

Gabriel-Klassement: nicht klassiert. Preisniveau: günstig. Aktuelle Qualität: ein robuster, markanter Wein mit Biss und Fleisch, aber entsprechend wenig Charme. Das Punktepotential liegt bei maximal 16/20. Das Weingut befindet sich unterhalb Palmer, Richtung Gironde. www.pontac-lynch.com; www.medoc-bordeaux.com

Château Pouget

Gabriel-Klassement: nicht klassiert. Preisniveau: angemessen. Aktuelle Qualität: Etwas Frucht ist zwar meistens da, vermischt sich aber in der Regel mit viel floralen Noten und wird zusätzlich noch von einer dominierenden Trockenheit überschattet. Ältere Jahrgänge schaffen ganz selten 16/20 und bewegen sich somit leider nur zwischen 13/20 bis 15/20 Punkten. www.medoc-bordeaux.com

2005	16/20	wa	2003	16/20	wa	2001	16/20	wa
2004	16/20	wa	2002	16/20	wa	2000	16/20	be

Château Prieuré-Lichine

Gabriel-Klassement: Troisième Cru classé. Preisniveau: eher teuer. Aktuelle Qualität: heute auf grossartigem Niveau mit einem relativ fairen Preis. Die Jahrgänge seit 2000 sind auf einem ganz anderen Level als früher, obwohl

dieser Wein schon damals ein sehr guter Margaux war.
www.chateauprieurelichine.com; www.medoc-bordeaux.com

2005	18/20	wa	1998	17/20	tr	1990	16/20	tr
2004	18/20	wa	1997	17/20	tr	1989	15/20	au
2003	17/20	wa	1996	17/20	tr	1988	17/20	au
2002	18/20	wa	1995	17/20	tr	1986	16/20	tr
2001	17/20	wa	1994	17/20	tr	1985	16/20	au
2000	18/20	be	1993	17/20	tr	1982	17/20	tr
1999	17/20	tr	1992	16/20	vo	1979	15/20	vo

Château Rauzan-Gassies

Gabriel-Klassement: nicht klassiert. Preisniveau: angemessen. Aktuelle Qualität: Endlich sind die Weine etwas besser. War auch nicht allzu schwer, sich zu verbessern! Denn viel zu lange lieferte man hier Qualitäten, die der Appellation Margaux ganz und gar nicht würdig waren. Der Notendurchschnitt lässt aber auch heute noch für einen offiziellen Deuxième Cru classé zu wünschen übrig. Die Jahrgänge, die älter sind als 1995 liegen meist bei peinlichen 13/20 bis 15/20 Punkten. *www.medoc-bordeaux.com*

2005	18/20	wa	2002	16/20	wa	1999	15/20	tr
2004	16/20	wa	2001	16/20	be	1998	16/20	tr
2003	17/20	wa	2000	16/20	be	1996	15/20	tr

Château Rauzan-Ségla

Gabriel-Klassement: Deuxième Cru classé. Preisniveau: eher teuer. Aktuelle Qualität: Er zeigt sich bei Primeurproben meist verhalten und holt dann auf, wenn andere Crus in der Entwicklung stehen bleiben. Kein spektakulärer Wein, sondern ein bedarfter, introvertierter Bordeaux für wahre Kenner. *www.medoc-bordeaux.com*

2005	18/20	wa	1997	16/20	tr	1988	17/20	au
2004	16/20	wa	1996	18/20	be	1986	18/20	tr
2003	17/20	wa	1995	18/20	tr	1985	17/20	au
2002	17/20	wa	1994	19/20	tr	1983	18/20	tr
2001	16/20	tr	1993	16/20	tr	1982	15/20	au
2000	18/20	be	1991	15/20	au	1981	15/20	au
1999	17/20	tr	1990	17/20	au	1966	15/20	au
1998	17/20	be	1989	15/20	au	1962	17/20	au

Château Siran

Gabriel-Klassement: nicht klassiert. Preisniveau: angemessen. Aktuelle Qualität: Kleine Schritte verheissen Siran eine möglicherweise bessere Zukunft. Leider gab es in letzter Zeit auch fürchterliche Durchhänger. Auch früher schaffte man es nicht, aus grossen Jahrgängen gescheite Weine zu vinifizieren, was leider das 14/20 Punkte-Abonnement für 1982, 1988, 1989 und 1990 beweist. *www.chateausiran.com; www.medoc-bordeaux.com*

2005	17/20	wa	2000	17/20	be	1995	15/20	tr
2004	16/20	wa	1999	16/20	tr	1994	16/20	au
2003	16/20	wa	1998	16/20	tr	1986	15/20	tr
2002	14/20	wa	1997	16/20	au	1985	15/20	au
2001	14/20	be	1996	14/20	au	1983	15/20	au

Château Tayac

Gabriel-Klassement: nicht klassiert. Preisniveau: günstig. Aktuelle Qualität: Hat keine Ambitionen, bei den interessanteren Bordeaux-Werten mitmischen zu wollen. Ich beschreibe die alten Weine dieses Château noch härter als hart. David Peppercorn mildert die Beschreibung in seinem Weinführer mit «robust». Sehr wahrscheinlich meinen wir beide das Gleiche. *www.medoc-bordeaux.com*

2005	16/20	wa	2002	14/20	be	1999	15/20	tr
2004	16/20	wa	2001	15/20	wa	1998	14/20	tr
2003	15/20	wa	2000	15/20	wa	1996	15/20	tr

Château du Tertre

Gabriel-Klassement: Cinquième Cru classé. Preisniveau: angemessen. Aktuelle Qualität: Der Vertikalvergleich vor den Jahrgängen 1997 liest sich wie ein schlechter Kriminalroman. Das Terroir liegt direkt neben Monbrison, welcher für einen Cru Bourgeois einiges mehr hergibt. Die jüngsten Jahrgänge lassen die Hoffnung auf eine Renaissance zu. Der 1998er ist einer der besten Kaufwerte im Margaux – unter den Grossen – nota bene. Auch die jüngsten Weine sind auf ganz hohem Niveau. *www.chateau-giscours.fr; www.medoc-bordeaux.com*

2005	18/20	wa	2000	18/20	be	1995	15/20	tr
2004	17/20	wa	1999	18/20	tr	1990	15/20	tr
2003	18/20	wa	1998	18/20	tr	1988	17/20	au
2002	16/20	wa	1997	17/20	tr	1983	16/20	tr
2001	17/20	be	1996	15/20	tr	1982	15/20	au

Château La Tour de Bessan

Gabriel-Klassement: nicht klassiert. Preisniveau: preiswert. Aktuelle Qualität: korrekte Qualität zwischen 15/20 bis 16/20 Punkten. Ein meist pflaumiger Wein, der auch gewisse Kanten in sich trägt. *www.vignobles-marielaurelurton.com; www.medoc-bordeaux.com*

Château La Tour de Mons

Gabriel-Klassement: nicht klassiert. Preisniveau: preiswert. Aktuelle Qualität: Es gäbe zwar noch zwei verschiedene Zweitmarken von diesem Weingut (Marquis de Mons und Richeterre). Doch wenn der Grand Vin schon nur knapp «gut» ist, dann kann man sich lebhaft vorstellen, wie diese beiden Dinger wohl schmecken. Ausser den aufgeführten Jahrgängen erreichte keiner der Älteren die Marke 15/20 Punkte. *www.medoc-bordeaux.com*

2005	16/20	wa	2002	14/20	be	1999	16/20	tr
2004	16/20	wa	2001	14/20	tr	1998	15/20	tr
2003	16/20	be	2000	15/20	tr	1996	15/20	tr

Zwei Regionen vereinen sich zur Kontroverse. Die eigentlichen Graves spielen dabei eine uninteressante Nebenrolle…

Unterschiedlicher könnten die zwei Appellationen nicht sein. Die Region Pessac liefert die ganz würzigen, tiefgründigen und besonders lagerfähigen Rotweine. Die Weine von Léognan wirken oft etwas leichter und für oberflächliche Betrachter in der Jugend wenig spektakulär. So kann man sich durchaus fragen, weshalb sich zwei so differenzierte Weinregionen zusammen geschlossen haben, um sich von der lange üblichen und heute als eher ordinär geltenden Bezeichnung Graves abzuheben. Beginnen wir mit den ganz Grossen: Der einzig wirklich Adelige ist der Haut-Brion; meistens der Beste, immer der Feinste. Sein Sparringpartner ist La Mission Haut-Brion; aus gleichem Besitz und oft ein sehr charaktervoller, besonders würziger, tabakiger Wein. Pape-Clément ist immer noch mein ganz persönlicher Liebling; viel Aromatik bei normalem Alkoholgehalt. In Pessac ist ein weiterer Name immer noch ein Geheimtip: Les Carmes-Haut-Brion, denn Didier Furt macht einen Garagenwein ohne Luxuspreise. Bei meinem früheren Liebling Poumey (gleiches Team wie Pape-Clément) hat sich Bernard Magrez leider dazu hinreissen lassen, eine Spezialcuvée (La Sérénité de Poumey) zu selektionieren, womit weder dem Cuvée noch dem Poumey zu neuen Höhenflügen verholfen wurde. Leider! Somit wäre das Thema Pessac abgeschlossen, auch wenn es da noch weitere Namen aus der Nachbarschaft gäbe.

In Léognan tummeln sich viele elegante Grazien, welche die sanfte Elite bilden. Es ist schwierig, gewisse Namen zu bevorzugen. Sicherlich zu den Allerbesten gehören: Domaine de Chevalier, Haut-Bailly (wieder zurück!), Larrivet-Haut-Brion (zu leicht?), Smith-Haut-Lafitte, La Tour Haut-Brion (meist etwas rustikal). Nicht zu vergessen der Zweitwein von Haut-Brion (Bahans-Haut-Brion). Unregelmässig zeigen sich leider de Fieuzal und La Louvière. Grosse Erwartungen setze ich in künftige Weine von Malartic-Lagravière. Oft enttäuschend oder nicht zum erwartenden Renommee passend: Bouscaut, Carbonnieux und Olivier. Haut-Bergey hätte zu den ganz grossen Aufsteigern gehören können, wenn man nicht unsinnigerweise eine Cuvée mit dem Namen Branon selektioniert hätte. Nett und gut: Baret, Brown, Clos Marsalette (Stephane Neipperg, Besitzer von Canon-La-Gaffelière), Picque-Caillou und Rahoul. Wenn die Reben älter werden, könnte aus La Garde ein ganz toller Léognan entstehen. Bester aktueller Wert: Latour-Martillac. In den Untergefilden (also dem Graves) scheinen mir der Chantegrive und der Bel-Air die Interessanteren zu sein – allerdings schaffen es beide fast nie über 16/20 Punkte hinaus.

Château Bahans-Haut-Brion

Gabriel-Klassement: Cru Bourgeois. Preisniveau: eher teuer. Aktuelle Qualität: Wer mich kennt, weiss, dass ich ein bescheidener Verfechter von Zweitweinen bin. Diese Zweitmarke von Haut-Brion ist aber jedes Jahr ein toller Wert, der auch ein gewisses Alterungspotential aufweist, was dieser Bahans wirklich beweist. www.haut-brion.com; www.vins-graves.com

2005	18/20	wa	2000	16/20	tr	1995	16/20	tr
2004	16/20	wa	1999	16/20	tr	1994	15/20	tr
2003	17/20	wa	1998	17/20	tr	1993	15/20	vo
2002	16/20	be	1997	16/20	tr	1990	16/20	au
2001	16/20	tr	1996	16/20	tr	1989	16/20	au

Château Baret

Gabriel-Klassement: nicht klassiert. Preisniveau: preiswert. Aktuelle Qualität: Korrektes, aber wenig spektakuläres Weingut, welches zwischen Bordeaux und Léognan liegt. Die Weine sollten eher jung genossen werden, weil der Baret meist etwas als Leichtgewicht daherkommt. Die Jahrgänge vor 1996 sind entweder vorbei oder nicht gut. www.vins-graves.com

2005	16/20	wa	2002	16/20	be	1999	15/20	tr
2004	16/20	wa	2001	16/20	tr	1998	16/20	tr
2003	16/20	be	2000	15/20	tr	1996	15/20	tr

Château Bouscaut

Gabriel-Klassement: nicht klassiert. Preisniveau: angemessen. Aktuelle Qualität: Leider bin ich nicht der einzige Weinschreiberling, der die Zuneigung von Bouscaut verschmäht. Während alle Nachbarweingüter oft sehr gute Weine produzieren, bleibt Bouscaut hartnäckig auf negativem Minimalkurs. Wo liegt hier wohl der Hase im Pfeffer? Zudem habe ich noch nie einen mehr als 10jährigen

Bouscaut getrunken, der was taugt. *www.lucienlurton.com; www.vins-graves.com*

2005	16/20	wa	2001	16/20	be	1997	14/20	au
2004	16/20	wa	2000	16/20	tr	1996	15/20	tr
2003	16/20	wa	1999	16/20	tr	1995	15/20	tr
2002	15/20	wa	1998	16/20	tr	1994	14/20	au

Château Branon

Gabriel-Klassement: nicht klassiert. Preisniveau: teuer. Aktuelle Qualität: Weil es die Besitzer nicht geschafft haben, nach deren eigenen Wunsch den Preis vom Haut-Bergey so schnell anzuheben, hat man jetzt dem Topf noch einen Deckel obenauf gesetzt, denn Château Branon ist ein Spezialcuvée daraus. Ein Phantomwein ohne klare Definition, gemacht, um Journalisten so zu blenden, dass sich anschliessend möglichst viele Normalverbraucher am önologischen Solarium erwärmen und bräunen lassen sollen. Ich hasse solche Weinkreationen, auch wenn diese teilweise durchaus sehr gut gelungen sind. Ein Winzer, der es nicht schafft, sich mit seinem echten Grand Vin zu etablieren, soll den Beruf wechseln. *www.chateau-haut-bergey.com*

2005	17/20	wa	2003	17/20	wa	2001	17/20	be
2004	17/20	wa	2002	17/20	wa			

Château Brown

Gabriel-Klassement: Cru Bourgeois. Preisniveau: angemessen. Aktuelle Qualität: Leider sind die Preise dieses Weines leicht angestiegen, stehen aber immer noch in guten Relationen zu seiner wirklich hervorragenden Leistung. Also immer ein sehr guter Kauf. Das Terroir ist nicht geeignet, um tiefgründige, extrem lagerfähige Weine zu produzieren. Und genau aus diesem Grund zeigt sich der Château Brown schon jung von seiner besten Seite; ein bisschen Himbeeren, etwas Pflaumen und Veilchen, sowie ein delikates Gaumenspiel sind jedem Weinfreund gewiss, der nicht ungeduldig darauf warten will, bis sein Schützling endlich – nach langer Wartezeit – seine Genussreife erreicht. *www.chateau-brown.com; www.vins-graves.com*

2005	17/20	wa	2001	15/20	be	1997	16/20	au
2004	16/20	wa	2000	17/20	be	1996	17/20	tr
2003	16/20	wa	1999	17/20	tr	1995	16/20	au
2002	15/20	wa	1998	17/20	tr	1994	15/20	au

Château Cantegril

Gabriel-Klassement: nicht klassiert. Preisniveau: günstig. Aktuelle Qualität: Ein sehr fruchtiger, geschliffener Wein, der von seinem Besitzer, dem berühmten Önologen Denis Dubourdieu selbst hergestellt wird. Immer jung zu trinken mit viel gastronomischem Charme. *www.denisdubourdieu.com*

Château Cantelys

Gabriel-Klassement: nicht klassiert. Preisniveau: angemessen. Aktuelle Qualität: Bei diesem Weingut handelt es sich um die Seitenparzellen von Smith-Haut-Lafitte. Ein eher leichter Wein, gut gemacht und zu einem fairen Preis erhältlich. Ich bin dem Cantelys auch schon in hoher Luft begegnet, als er auf einem Business-Flug ausgeschenkt wurde. Die Wertungen liegen solide um 16/20 Punkte. *www.smith-haut-lafitte.com; www.vins-graves.com*

Château Carbonnieux

Gabriel-Klassement: Cru Bourgeois. Preisniveau: angemessen. Aktuelle Qualität: Carbonnieux steht für Mittelmass. Nie enttäuschend, aber auch nie so richtig einem Cru classé entsprechend. Deshalb muss angenommen werden, dass hier mit besserer Selektion auch eine ansprechendere Qualität möglich wäre. Doch irgendwie bleibt auf dem alten Schloss alles beim Alten. Permanentes Mittelmass ist ja schliesslich auch ein gewisser Grad von Zuverlässigkeit! Von den «reifen» Jahrgängen sind alle schon «überreif»! *www.carbonnieux.com; www.vins-graves.com*

2005	16/20	wa	2001	15/20	be	1997	15/20	tr
2004	16/20	wa	2000	16/20	be	1996	16/20	tr
2003	16/20	wa	1999	16/20	tr	1995	17/20	tr
2002	16/20	be	1998	16/20	be	1994	15/20	tr

Château Les Carmes-Haut-Brion

Gabriel-Klassement: Quatrième Cru classé. Preisniveau: teuer. Aktuelle Qualität: Charme ist die Grundbezeichnung für diesen Wein, der eine gewisse Erotik ausstrahlt. Die neuesten Jahrgänge sind auf jeden Fall eine Affäre wert! Besonders auffallend für diese Appellation ist der übermassig grosse Anteil an Cabernet Franc! Wie Haut-Bailly macht dieses Weingut als eines der ganz wenigen

Châteaux keinen Weisswein. *www.les-carmes-haut-brion.com; www.vins-graves.com*

2005	17/20	wa	2001	17/20	be	1997	17/20	tr
2004	17/20	wa	2000	18/20	be	1996	17/20	tr
2003	17/20	wa	1999	17/20	tr	1995	16/20	tr
2002	18/20	be	1998	17/20	tr	1994	16/20	tr

Château Chantegrive

Gabriel-Klassement: Cru Bourgeois. Preisniveau: preiswert. Aktuelle Qualität: Das Weingut erlebte in den Jahrgängen 1999 und 2000 einen Höhenflug, doch leider dauerte dieses Intermezzo nicht an und Chantegrive ist heute wieder im alten Tramp – ganz nach dem Motto: 55 hl/ha ist genau jener Ertrag, der sich für das Château am besten rechnet. *www.chantegrive.com; www.vins-graves.com*

2005	16/20	wa	2001	15/20	be	1997	15/20	au
2004	15/20	wa	2000	17/20	tr	1996	16/20	tr
2003	16/20	wa	1999	17/20	tr	1995	15/20	tr
2002	15/20	be	1998	16/20	tr	1994	14/20	au

Château La Chapelle de La Mission Haut-Brion

Gabriel-Klassement: nicht klassiert. Preisniveau: eher teuer. Aktuelle Qualität: Wäre an sich ein genialer, besonders aromatischer Zweitwein. Leider ist der Preis seitens des Weingutes momentan nicht so richtig justiert. Somit stehen diesem Wein in einer Restaurantkarte oft bessere Alternativen gegenüber. Und auch hier gilt die Regel, dass er in sogenannt grossen Jahrgängen zweitklassig bleibt, weil das Beste in den Grand Vin fliesst. *www.mission-haut-brion.com; www.vins-graves.com*

2005	16/20	wa	2001	16/20	be	1997	15/20	tr
2004	16/20	wa	2000	16/20	be	1996	15/20	tr
2003	16/20	wa	1999	15/20	tr	1995	16/20	tr
2002	16/20	be	1998	16/20	tr	1994	15/20	au

Clos Floridène

Gabriel-Klassement: nicht klassiert. Preisniveau: preiswert. Aktuelle Qualität: Der Besitzer Denis Dubourdieu ist der Fruchtkönig bei den weissen wie roten Weinen südlich des Bordelais. So ist denn der Clos Floridène immer ein sicherer Wert, wenn man ihn auf einer Weinkarte findet oder Bordeauxweine generell gerne jung trinkt. Die Wertungen der letzten Jahrgänge lagen konstant zwischen 15/20 und 16/20 Punkten. *www.denisdubourdieu.com; www.vins-graves.com*

2005	16/20	wa	2003	16/20	be	2001	16/20	be
2004	16/20	wa	2002	15/20	be	2000	15/20	tr

Clos Marsalette

Gabriel-Klassement: nicht klassiert. Preisniveau: angemessen. Aktuelle Qualität: Das Weingut gehört Stephane Neipperg (Canon-La-Gaffelière) und der erste Jahrgang dieses kleinen Weingutes wurde mit dem 2002er lanciert, seither ist das Niveau auf soliden 16/20 Punkten. Scheint ein Graves zu sein, der sich eher jung geniessen lässt. *www.vins-graves.com*

2005	16/20	wa	2004	16/20	wa	2003	16/20	be

Château de Cruzeau

Gabriel-Klassement: nicht klassiert. Preisniveau: preiswert. Aktuelle Qualität: immer ein toller Genuss. Der Wein weiss meist durch seinen recht toastigen Geschmack zu gefallen, welcher die manchmal etwas unreifen Fruchtnoten übertönt. Insgesamt habe ich 8 Jahrgänge verkostet; alle liegen bei 15/20, manchmal auch bei 16/20 Punkten – wie beispielsweise 1996, 1998, 2000 und 2003. *www.andrelurton.com; www.vins-graves.com*

Domaine de Chevalier

Gabriel-Klassement: Troisième Cru classé. Preisniveau: eher teuer. Aktuelle Qualität: Zuerst müsste man begreifen, dass die Weine aus dem Ortsteil Léognan immer leichter sind als jene aus Pessac. Dann müsste man verstehen können, welchen Qualitätsfaktor die Balance bei einem Wein spielt. Dann sollte man noch ein paar Mal an einem alten bis sehr alten roten Domaine de Chevalier genippt haben. Ergänzend wäre es sinnvoll, wenn man die Domaine besuchen würde, um sich die Philosophie und das Terroir erklären zu lassen – ja, dann wäre man vielleicht auch ein Fan dieses, heute oft zu unrecht kritisierten Weingutes. Und wenn man die generelle Reputation mit den aktuellen Preisen vergleicht, so ist dies einer der allerbesten Rotwein-Klasse-Werte südlich von Bordeaux. *www.domainedechevalier.com; www.vins-graves.com*

2005	18/20	wa	1995	17/20	be	1984	17/20	tr
2004	17/20	wa	1994	16/20	tr	1983	17/20	tr
2003	18/20	wa	1993	16/20	tr	1982	14/20	tr
2002	18/20	wa	1992	15/20	au	1981	16/20	au
2001	17/20	wa	1991	15/20	vo	1979	16/20	au
2000	18/20	wa	1990	18/20	tr	1975	15/20	au
1999	18/20	be	1989	18/20	tr	1970	17/20	au
1998	17/20	be	1988	18/20	tr	1966	17/20	au
1997	17/20	tr	1986	18/20	tr	1964	16/20	vo
1996	17/20	be	1985	17/20	tr	1961	19/20	au

Domaine de la Solitude

Gabriel-Klassement: nicht klassiert. Preisniveau: preiswert. Aktuelle Qualität: Das Weingut gehört dem Besitzer von Domaine de Chevalier, Olivier Bernard. So habe ich denn diesen Wein schon oft an Diners auf Domaine de Chevalier als «Vorspiel» genossen: junger Genuss, eher leicht vom Körper her, oft mit einem Schimmer von roten Johannisbeeren. Die Wertungen liegen schon fast hartnäckig bei 15/20 Punkten. *www.domainedechevalier.com*

Château de Ferrande

Gabriel-Klassement: nicht klassiert. Preisniveau: preiswert. Aktuelle Qualität: Erst seit ein paar Jahren wird dieser Wein wieder an Primeurverkostungen gezeigt. Was ich zu degustieren bekam, war leicht, zeigte unreife Schalennoten und kann als korrekt, aber nicht aufregend bezeichnet werden. Die Wertungen liegen bei 15/20 Punkten. *www.castel-freres.fr; www.vins-graves.com*

Château de Fieuzal

Gabriel-Klassement: Quatrième Cru classé. Preisniveau: teuer. Aktuelle Qualität: sehr aromatische Weine, meist mit blaubeerigem, aber kühlen Schimmer darin. Oft merkt man die technisch beigeführte Konzentration. Die letzten Jahrgänge sind keine guten Primeurkäufe, weil die Preise auf wohl zu hohem Niveau auf lange Sicht stabil bleiben. Alte, rote Fieuzals gibt es nicht. Auch der 1982er ist dringend zu meiden, weil das Terroir unter Frost gelitten hat und es nicht mehr gelungen ist, mit dem zweiten

Austrieb die Frucht ausreifen zu lassen. *www.aquitaine-tour.com/fieuzal; www.vins-graves.com*

2005	17/20	wa	1999	18/20	tr	1993	16/20	tr
2004	17/20	wa	1998	17/20	tr	1990	17/20	tr
2003	17/20	wa	1997	17/20	tr	1989	17/20	au
2002	16/20	be	1996	17/20	tr	1988	16/20	tr
2001	17/20	be	1995	17/20	tr	1986	16/20	tr
2000	18/20	be	1994	16/20	tr	1985	16/20	tr

Château de France

Gabriel-Klassement: nicht klassiert. Preisniveau: preiswert. Aktuelle Qualität: Schlanke Weine, die im Extrakt oft eine feine Bitterkeit zeigen und mehr Muskeln wie Fleisch aufweisen. Manchmal ist er von der Süsse her etwas marmeladig, dann wieder das andere Extrem; unreif und sauer. Die Wertungen liegen bei 13/20 bis 15/20 Punkten. Bester Jahrgang: 2003 mit 16/20. *www.chateau-de-france.com; www.vins-graves.com*

Château La Garde

Gabriel-Klassement: nicht klassiert. Preisniveau: angemessen. Aktuelle Qualität: Einer der besten Werte in dieser Appellation! Tadellos geführt, sehr zuverlässige Qualitäten, verkauft sich weit unter seinem aktuellen Niveau. Die Jahrgänge vor 1996 sind alle schon überreif. *www.dourthe.com; www.vins-graves.com*

2005	18/20	wa	2002	16/20	be	1999	16/20	au
2004	16/20	wa	2001	16/20	tr	1998	16/20	tr
2003	16/20	wa	2000	17/20	tr	1996	15/20	tr

Château Gazin-Rocquencourt

Gabriel-Klassement: nicht klassiert. Preisniveau: angemessen. Aktuelle Qualität: Ein erdiger, kühler Wein, der als korrekt bezeichnet werden kann. Vier neuere Jahrgänge verkostet und keinem mehr wie 15/20 Punkte attestiert. *www.vins-graves.com*

Château Haut-Bailly

Gabriel-Klassement: Quatrième Cru classé. Preisniveau: teuer. Aktuelle Qualität: Bis vor kurzem lagen die jüngsten Schützlinge nicht ganz auf dem Niveau der Jahrgangsmöglichkeiten. Die Weine wirkten meist kalt, floral und zeigten nicht immer so noble Tanninkonturen auf, wie man es von einem Wein dieses Renommees und dieser Klasse verlangen würde. Mit dem Jahrgang 2000 kommt die qualitative Renaissance auf Haut-Bailly zurück. *www.chateau-haut-bailly.com; www.vins-graves.com*

2005	19/20	wa	1997	16/20	tr	1986	17/20	au
2004	17/20	wa	1996	17/20	tr	1985	16/20	tr
2003	17/20	wa	1995	16/20	tr	1983	16/20	tr
2002	18/20	be	1994	17/20	tr	1982	16/20	au
2001	18/20	be	1993	16/20	tr	1979	16/20	au
2000	18/20	wa	1990	17/20	tr	1970	17/20	au
1999	16/20	tr	1989	17/20	tr	1964	18/20	au
1998	16/20	tr	1988	17/20	au	1961	16/20	au

Château Haut-Bergey

Gabriel-Klassement: Cru Bourgeois. Preisniveau: angemessen. Aktuelle Qualität: Gehört zu den grössten Aufsteigern – der Preis ist parallel mitgezogen. Da seit dem Jahrgang 2001 auch ein Supercuvée namens Château Branon aus der Gesamt-Produktion abgezogen wird, muss angenommen werden, dass das Beste schon weg ist und der Haut-Bergey – zwar immer noch auf sehr gutem Niveau – ein Zweitwein seiner selbst ist. Der erste wirklich gute und trinkbare Jahrgang war der 1996er, der heute reif ist und 16/20 Punkte erreicht. Die älteren Haut-Bergeys sind das Geld nicht wert, das sie kosten, auch wenn diese damals noch sehr günstig waren. *www.vins-graves.com*

2005	17/20	wa	2002	17/20	be	1999	17/20	tr
2004	17/20	wa	2001	16/20	be	1998	17/20	be
2003	16/20	wa	2000	17/20	be	1997	16/20	tr

Château Haut-Brion

Gabriel-Klassement: Premier Grand Cru classé. Preisniveau: Luxus-Klasse. Aktuelle Qualität: Unter Kennern wird der Haut-Brion oft als sanfter Riese bezeichnet. In kleinen Jahren bevorzuge ich zwar meist den La Mission Haut-Brion aus gleichem Besitz. Selbst bei grossen Jahrgängen scheint der Haut-Brion zu Beginn eher dünn und wird dadurch oft unterbewertet. Trotz dieser Leichtigkeit balanciert er sich nach fünfzehn Jahren immer locker in eine delikate Genussreife. Die ganz neuen Jahrgänge sind auf dem Maximum dessen, was möglich war, d.h. das Haut-Brion-Team bewerkstelligt ein lückenloses, extrem hochstehendes Qualitätsmanagement. *www.haut-brion.com; www.vins-graves.com*

2005	20/20	wa	1993	18/20	tr	1980	15/20	vo
2004	18/20	wa	1992	14/20	vo	1979	19/20	tr
2003	19/20	wa	1991	15/20	vo	1978	17/20	au
2002	19/20	wa	1990	19/20	tr	1975	17/20	au
2001	18/20	wa	1989	20/20	tr	1973	16/20	au
2000	19/20	wa	1988	18/20	tr	1971	15/20	vo
1999	18/20	be	1987	15/20	vo	1970	16/20	au
1998	19/20	wa	1986	19/20	be	1967	17/20	vo
1997	17/20	au	1985	19/20	tr	1966	19/20	tr
1996	18/20	wa	1983	18/20	au	1964	17/20	au
1995	19/20	wa	1982	18/20	au	1962	17/20	au
1994	18/20	be	1981	18/20	au	1961	20/20	tr

Château Haut-Gardère

Gabriel-Klassement: nicht klassiert. Preisniveau: angemessen. Aktuelle Qualität: Diesem Wein bin ich spärlich begegnet. Nur gerade 5 Verkostungsnotizen habe ich in meinem Fundus. Doch jedes Mal erreichte der Wein 16/20 Punkte; also sehr zuverlässig. *www.vins-graves.com*

Château Larrivet-Haut-Brion

Gabriel-Klassement: Cru Bourgeois. Preisniveau: angemessen. Aktuelle Qualität: Die Qualitäten bis zum Jahrgang 1995 lagen nicht ganz auf dem möglichen Niveau. Heute ist Larrivet-Haut-Brion einer der interessantesten Werte. Ein sehr eleganter, schmeichelhafter Wein mit recht gutem Alterungspotential. Achtung: Der Name täuscht! Das Weingut liegt nicht etwa in Pessac wie andere ähnlich genannte Châteaux, sondern in Léognan. Der letzte, grosse Jahrgang der «neuen Zeit» ist der 1996er mit 16/20 Punkten und dieser steht in der vollen Genussreife. Ältere Larrivets sind reif, überreif oder schon oxydiert. *www.larrivet-haut-brion.com; www.vins-graves.com*

2005	17/20	wa	2002	16/20	wa	1999	17/20	tr
2004	16/20	wa	2001	17/20	be	1998	16/20	tr
2003	17/20	wa	2000	17/20	be	1997	16/20	tr

Château La Louvière

Gabriel-Klassement: nicht klassiert. Preisniveau: angemessen. Aktuelle Qualität: Momentan bin ich etwas weniger angetan von den letzten Leistungen. Wo liegt der Wurm drin? Sicherlich ist der Kauf eines 2000er La Louvière mit keinem Risiko verbunden. Auch früher wusste dieses Weingut in kleinen Jahren einen gastronomisch gefälligen Wein zu lancieren. www.andrelurton.com www.vins-graves.com

2005	16/20	wa	2000	17/20	tr	1995	17/20	tr
2004	16/20	wa	1999	15/20	tr	1994	16/20	tr
2003	16/20	be	1998	16/20	tr	1990	17/20	au
2002	15/20	be	1997	15/20	au	1988	15/20	au
2001	16/20	tr	1996	16/20	au	1986	16/20	au

Château Latour-Martillac

Gabriel-Klassement: Quatrième Cru classé. Preisniveau: angemessen. Aktuelle Qualität: Seit dem Jahrgang 1996 schreibt dieses Weingut ein ganz anderes Kapitel. Die Weine sind dichter, ja tiefer geworden und zeigen bedeutend mehr Rückhalt; dies bei genügend Charme, um auch in der Jugend schon recht gut zu gefallen. Ich bin mir auch sehr sicher, dass sie besser altern als jene vor 1994, welche nämlich alle schon überreif sind. Der Beste von den älteren Jahrgängen war der 1988er, der vielleicht auch heute noch knapp 16/20 Punkte erreicht, falls er noch Mumm in den Knochen hat. www.latour-martillac.com; www.dourthe.com; www.vins-graves.com

2005	17/20	wa	2000	17/20	be	1995	16/20	tr
2004	17/20	wa	1999	17/20	tr	1994	16/20	au
2003	18/20	wa	1998	17/20	be	1990	15/20	au
2002	17/20	wa	1997	16/20	tr	1989	14/20	vo
2001	17/20	be	1996	17/20	tr	1988	16/20	au

Château Malartic-Lagravière

Gabriel-Klassement: Cinquième Cru classé: Preisniveau: eher teuer. Aktuelle Qualität: Zwei Önologen beraten Malartic-Lagravière und reichen sich die Türklinke in die Hand: Michel Rolland den Roten und Denis Dubourdieu den Weissen. Die Buchhaltung wird wohl nie so richtig aufgehen, ausser man kommt mit den Neuanpflanzungen gut voran und verdoppelt die mögliche Produktion. Nur wird dieses Unterfangen – will man die neuen Qualitäten auf demselben, momentan sehr hohen Niveau halten

– den Besitzer dazu zwingen, über mindestens ein Jahrzehnt, diese jungen Reben als Zweitwein (Le Silage de Martillac) zu deklassieren. Der Wein selbst ist, wie alle möglich grossen Weine aus Léognan, in der Jugend eher leicht. *www.malartic-lagraviere.com; www.vins-graves.com*

2005	17/20	wa	1999	17/20	tr	1993	15/20	au
2004	17/20	wa	1998	17/20	tr	1990	14/20	au
2003	16/20	wa	1997	16/20	au	1989	15/20	au
2002	17/20	wa	1996	15/20	tr	1988	16/20	au
2001	17/20	be	1995	16/20	tr	1986	15/20	au
2000	18/20	be	1994	16/20	tr	1985	15/20	au

Château La Mission Haut-Brion

Gabriel-Klassement: Premier Grand Cru classé. Preisniveau: Luxus-Klasse. Aktuelle Qualität: Unter den allerbesten Bordeaux ist dies der Arroganteste. Ein Premier Grand Cru muss hoch fein sein. Mission scheint genau das Gegenteil darstellen zu wollen - und genau das macht wiederum seine ganz persönliche Grösse aus. Rauchiges Terroir, muskulöse, fleischige Textur und ein derartig ausgeprägter Charakter machen ihn zu einem nicht kopierbaren Bodybuilder in der Bordeaux-Szene. Der Preis ist leider in den letzten Jahren signifikant gestiegen. Zugegebenermassen ist der Wert jetzt dort, was er meistens kostet. Trotzdem der Mission bei Fassproben oft schon einen grossen Teil seiner Qualität zeigt, neige ich dazu, ihn ständig zu unterschätzen. *www.la-mission-haut-brion.com; www.haut-brion.com; www.vins-graves.com*

2005	19/20	wa	1993	16/20	au	1979	18/20	tr
2004	18/20	wa	1992	15/20	vo	1978	19/20	tr
2003	19/20	wa	1991	15/20	vo	1976	15/20	au
2002	18/20	wa	1990	18/20	tr	1975	19/20	tr
2001	19/20	wa	1989	20/20	tr	1974	18/20	au
2000	19/20	wa	1988	18/20	tr	1970	15/20	vo
1999	18/20	be	1987	15/20	vo	1969	15/20	au
1998	18/20	wa	1986	18/20	tr	1967	15/20	vo
1997	16/20	tr	1985	17/20	tr	1966	18/20	au
1996	17/20	wa	1983	19/20	tr	1964	16/20	vo
1995	19/20	tr	1982	18/20	tr	1962	18/20	au
1994	16/20	tr	1981	16/20	au	1961	20/20	tr

Château Olivier

Gabriel-Klassement: nicht klassiert. Preisniveau: angemessen. Aktuelle Qualität: Man kann mir durchaus eine Liebeserklärung für dieses Château abringen - jedoch leider nur für das Gebäude. Von der Qualität des Weines halte ich nicht so viel und empfinde seine Restpopularität zu grosszügig in der Szene. Auch berühmte Berater-Önologen haben in letzter Zeit nicht wesentlich zur Qualitätsverbesserung beigetragen. *www.chateau-olivier.com; www.vins-graves.com*

2005	16/20	wa	2000	15/20	tr	1994	15/20	tr
2004	15/20	wa	1999	15/20	tr	1990	15/20	au
2003	16/20	wa	1998	16/20	tr	1989	15/20	au
2002	16/20	be	1996	16/20	tr	1986	16/20	au
2001	16/20	be	1995	15/20	tr	1985	15/20	vo

Château Pape-Clément

Gabriel-Klassement: Deuxième Cru classé. Preisniveau: teuer. Aktuelle Qualität: Was macht einen ganz, ganz grossen Bordeaux aus? Finesse und Power. Was widersinnig klingt, muss differenziert betrachtet werden: Finesse im Körper und Power in der Aromatik. Diese beiden Elemente sind meist nur den Premiers Grands Crus (ausser beim Ducru-Beaucaillou und Palmer) vorbehalten. Und – hier beim Pape-Clément. Seit dem Fassmuster vom Jahrgang 1990 habe ich für mich begriffen, welch genialer Wein das sein kann. Die Jahrgänge zwischen 1979 bis 1985 sind dünn, altfassig (meist sogar stinkig!) und nur in seltensten Fällen knapp trinkbar. *www.pape-clement.com; www.vins-graves.com*

2005	18/20	wa	1998	18/20	tr	1989	18/20	tr
2004	18/20	wa	1997	17/20	au	1988	17/20	tr
2003	19/20	wa	1996	19/20	be	1986	19/20	be
2002	18/20	wa	1995	18/20	tr	1978	16/20	au
2001	19/20	be	1994	17/20	tr	1966	15/20	au
2000	19/20	be	1993	16/20	au	1964	18/20	au
1999	19/20	be	1990	19/20	au	1961	16/20	vo

Château Picque-Caillou

Gabriel-Klassement: nicht klassiert. Preisniveau: preiswert. Aktuelle Qualität: Das 20 ha grosse Weingut liegt nur ein paar hundert Meter Luftlinie von Haut-Brion entfernt - aber eben... Es gibt ja auch Frauen, die ein paar Häuser entfernt von Claudia Schiffer geboren wurden und heute noch verzweifelt nach einem Mann suchen... Ältere

Jahrgänge von diesem bisher mit eher bescheidenen Qualitäten aufwartenden Weingut sind noch bescheidener, oder genauer gesagt: «kaputt»! *www.vins-graves.com*

2005	16/20	wa	2001	15/20	tr	1997	15/20	au
2004	15/20	wa	2000	16/20	tr	1996	15/20	tr
2003	16/20	wa	1999	16/20	tr	1995	14/20	au
2002	15/20	be	1998	15/20	tr	1994	14/20	au

Château Poumey

Gabriel-Klassement: nicht klassiert. Preisniveau: eher teuer. Aktuelle Qualität: ein kleines, feines Terroir in Pessac. Die Weine werden seit dem Jahrgang 1995 von der Pape-Clément-Equipe vinifiziert. Poumey war bis vor kurzem mein Geheimtip. Die Preise sind allerdings recht stark angestiegen, und die Weine sind dabei nicht dicker geworden – im Gegenteil! *www.vins-graves.com*

2005	17/20	wa	2001	16/20	tr	1997	17/20	tr
2004	16/20	wa	2000	17/20	be	1996	17/20	tr
2003	16/20	wa	1999	17/20	tr	1995	15/20	au
2002	16/20	be	1998	17/20	tr			

Château Rahoul

Gabriel-Klassement: nicht klassiert. Preisniveau: preiswert. Aktuelle Qualität: hat in den letzten Jahren endlich etwas zugelegt. Die Jahrgänge vor 1996 lagen immer unter 15/20 Punkten. *www.vins-graves.com*

2005	16/20	wa	2002	15/20	be	1999	16/20	tr
2004	15/20	wa	2001	15/20	tr	1998	16/20	tr
2003	16/20	be	2000	16/20	be	1996	15/20	tr

Château Le Sartre

Gabriel-Klassement: nicht klassiert. Preisniveau: günstig. Aktuelle Qualität: Zusätzlich zu seinem eh meist schon schlanken Carbonnieux macht der Besitzer noch eine schlanke Diätvariante für Rotweintrinker. Ergo; ein schlanker, meist oberflächlicher Léognan-Wein, den man jung trinken sollte/muss. *www.carbonnieux.com; www.vins-graves.com*

La Sérénité de Poumey

Gabriel-Klassement: nicht klassiert. Preisniveau: sehr teuer. Aktuelle Qualität: Aus zwei kleinen Parzellen von Château Poumey selektioniert; also ein Cuvée – egal, ob es seitens Produzenten anders erklärt wird. Ist dies jetzt ein Wein, den man deutlich höher als den normalen Poumey einstufen muss oder ist anzunehmen, dass der normale Poumey durch diese Separation um das Herzstück beklaut wurde? Ich stehe solchen Mega-Cuvées eher negativ gegenüber. Erstens wird die Gesamtproduktion leicht schlechter und zweitens gibt man den ehemaligen Poumey-Fans das Gefühl, sie würden nur noch einen Zweitwein erhalten, weil es ja offensichtlich noch einen «Besseren» darüber gibt. *www.vins-graves.com*

2005	17/20	wa	2003	17/20	wa	2001	16/20	wa
2004	17/20	wa	2002	17/20	wa			

Château Smith-Haut-Lafitte

Gabriel-Klassement: Troisième Cru classé. Preisniveau: eher teuer. Aktuelle Qualität: Wunder dauern halt etwas länger… Doch der Enthusiasmus ist Florence und Daniel Cathiard trotz anfänglichen Misserfolgen geblieben und wurde mit den allerletzten, sensationellen Jahrgängen belohnt. Der rote Smith-Haut-Lafitte ist das, was ich an den grossen Weinen südlich der Stadt Bordeaux am meisten schätze: Finesse, Eleganz und Balance. Manchmal wird das von «weindummen Menschen» als zu leicht empfunden. Dabei sind gerade ein alter Domaine de Chevalier und Haut-Bailly etwas ganz Delikates. Und genau so werden auch die neuen Smith-Haut-Lafitte-Weine (ab Jahrgang 1995) einmal schmecken, wenn die Flaschenreife erreicht ist. *www.smith-haut-lafitte.com; www.vins-graves.com*

2005	19/20	wa	1998	18/20	tr	1989	14/20	au
2004	18/20	wa	1997	17/20	tr	1988	15/20	au
2003	18/20	wa	1996	18/20	be	1986	15/20	au
2002	18/20	be	1995	18/20	be	1985	15/20	au
2001	17/20	be	1994	16/20	tr	1982	15/20	vo
2000	18/20	be	1993	15/20	au	1964	15/20	vo
1999	17/20	be	1990	16/20	au	1961	16/20	au

Château La Tour Haut-Brion

Gabriel-Klassement: Cinquième Cru classé. Preisniveau: eher teuer. Aktuelle Qualität: Warum dieser Wein in letzter Zeit immer besser geworden ist, lasse ich den Chef gleich selber erklären. Jean Philippe Délmas: «Seit 1998 ist der La Tour Haut-Brion sicherlich viel besser geworden, denn 1991 haben wir den Chapelle de La Mission kreiert und als Zweitwein von Mission lanciert, weshalb wir dem La Tour Haut-Brion wieder eine eigene Identität geben konnten. Einige Neuanpflanzungen, die wir 1983 beim Kauf von La Mission gemacht haben, steigern jetzt jährlich die Qualität. Etwas mehr Merlot beim Jahrgang 2002 als sonst. Dies deshalb, weil wir die Merlot-Trauben sehr intensiv selektioniert und hier vielleicht gegenüber anderen Konkurrenten doch eine sehr vielversprechende Qualität erreicht haben. So gesehen wird der La Tour Haut-Brion immer besser und man kann hier in Zukunft einen sehr anspruchsvollen Wein erwarten.» *www.haut-brion.com; www.vins-graves.com*

2005	17/20	wa	1998	17/20	be	1989	17/20	tr
2004	17/20	wa	1997	15/20	tr	1988	16/20	tr
2003	17/20	wa	1996	15/20	tr	1986	13/20	tr
2002	18/20	wa	1995	16/20	tr	1985	16/20	au
2001	17/20	be	1994	16/20	tr	1982	17/20	tr
2000	17/20	wa	1993	15/20	tr	1978	16/20	au
1999	17/20	be	1990	16/20	tr	1975	18/20	au

Villa Bel-Air

Gabriel-Klassement: nicht klassiert. Preisniveau: preiswert. Aktuelle Qualität: meist ein süffiger, jung zu trinkender Rotwein mit fairem Preisniveau. Die Wertungen sind zuverlässig zwischen 15/20 und 16/20 Punkten. *www.villabelair.com; www.vins-graves.com*

Ein Dschungel von Klassikern, Aufsteigern, Einsteigern, Supercuvées und zu teuren, immer weniger raren Spitzenweinen…

Die Appellation ist in den letzten Jahren noch etwas grösser geworden und umfasst neu 5'500 ha. Wie viele Weingüter es hier letztendlich gibt, weiss wohl niemand so genau. Manchmal weiss man auch nicht, was Weingut, was Cuvée und was Zweitwein ist – ein perfekt undurchsichtiger Dschungel also – welcher eine treffende Analyse beinahe verunmöglicht, denn jeder Jahrgang erhält neue Farbtupfer mit neuen Châteaux und neuen Supercuvées und eben neu «benamsten» Zweitweinen. Doch beginnen wir von vorne: Welches könnte der Allerbeste im Bunde sein? Cheval Blanc vielleicht? Ich meine nicht! Die Weine sind mir zu zaghaft und benötigen immer zehn Jahre, um zu beweisen, dass sie auch wirklich gross sind. Und seine letzten Abgabepreise sind bald nur noch für die allerletzten Snobs, welche nicht gemerkt haben, dass es in der gleichen Appellation Weine gibt, die wesentlich besser sind. Also – was könnte besser sein als Cheval Blanc? Valandraud oder Pavie? Beide Winzer produzieren auf einem extrem ausgetüftelten, im Detail perfektionierten Qualitätsstandard und bei ebenfalls sehr hohen Preisen, welche sich dann später auf dem Auktionsmarkt nur bedingt halten können. Bleibt nur noch einer übrig: Château Ausone! Alain Vauthier ist ein Perfektionist, der sich die Mühe nimmt, wieder vermehrt mit weniger populären Rebsorten zu arbeiten, als der Merlot es ist. Ausone bildet für mich die Spitze in Qualität, Potential, Geschmack und auch Preisstabilität.

Ganz nah bei der Superklasse mischen oft auch Angélus, Bellevue (neu!), Bellevue-Mondotte, La Mondotte und Rol-Valentin (letzterer als preisgünstigster in dieser Kategorie) mit.

Im oberen Qualitätsfeld sind mehr oder weniger permanent anzutreffen: Canon-La-Gaffelière, La Couspaude, Figeac, Magdelaine, Monbousquet, Pavie-Decesse, Pavie-Macquin, Tertre-Rôteboeuf und der meist etwas brave Trottevieille.

Die restlichen Weingüter muss man mannigfaltig unterteilen: Einerseits in Garagenweine mit manchmal mässig ausgestatteten Terroirs, aber extrem niedrigem Ertrag und kleinen Produktionsmengen; Michel Gracia hat seinem Château Gracia kürzlich noch den ebenfalls eigenständigen Angélots de Gracia dazu gestellt. Andererseits gehört sicherlich Croix de Labrie in diese Mini-Kategorie und auch François Gabouriaud schaut, dass die Kirche mit seinem L'Hermitage im Dorf bleibt.

Vergebens bemühen sich folgende Weine um mehr Aufmerksamkeit und (noch) höhere Preise: L'Apolline, Cuvée Pomone, Le Dôme, Le Fer de Cheval Noir, Galius, La Gomerie, Laforge, Lynsolence, La Marzelle, Péby-Faugères, La Plagnotte und Quinault L'Enclos. Letzterer ist viel zu teuer für das, was er bietet.

Interessante Quereinsteiger mit sehr guten Qualitäten sind L'Archange, Berliquet, Clos L'AbbA, Clos Badon Thunevin, La Confession, Destieux, Ferrand-Lartigue, Haut-Gravet, Lucia (!), Magrez-Fombrauge, Pas de l'Ane, Quercy und der mit etwas Carmenère-Trauben ausgestattete Trianon.

Nach früheren Enttäuschungen sind L'Arrosée, Beau-Séjour Bécot, Clos Fourtet, Clos St. Martin, Fombrauge und Grandes Murailles wieder auf dem von ihnen zu erwartenden Niveau angelangt.

Nicht ganz deren Status gerecht, sind: Beauséjour (Duffau-Lagarrosse), Belair, Canon, La Dominique, La Gaffelière, Grand-Mayne, Larcis-Ducasse (kommt jetzt wieder), Laroze, La Serre, Soutard, La Tour-Figeac und manchmal leider auch der meist sehr beliebte Troplong-Mondot.

Die besten Kaufwerte stellen folgende Châteaux dar: Arnaud de Jacquemeau, Bellefont-Belcier, Bellisle-Mondotte, Branda, Cap-de-Mourlin, du Cauze, Chauvin, Clos de L'Oratoire, La Clotte, Côte de Baleau, Faugères, Grand-Corbin-Despagne, La Grangère, Les Gravières, Haut la Grâce Dieu, Jean Voisin, Lafon La Tuilière, Larmande, La Mauriane, Moulin-St. Georges, du Parc, Patris, Pipeau, La Plaisance, de Pressac, Rochebelle, Sansonnet und neu wieder Yon-Figeac.

Der mögliche neue Superstar und momentan noch ein Geheimtip ist Clos Dubreuil, denn Benoit Trocard wird es schaffen, da bin ich mir ganz sicher. Und dann habe ich kürzlich noch eine weitere sensationelle Entdeckung gemacht: Petit-Gravet-Ainé ist mit 80 % Cabernet Franc Rekordhalter für diese Rebsorte. Verkosten Sie einmal den 2002er blind gegen den Cheval Blanc des gleichen Jahrganges!

Warum ich behaupte, dass viele dieser Weine in der Regel zu teuer sind? Ganz einfach – die Winzer von St. Emilion haben in den letzten Jahren die Preise zweimal unlogisch angehoben. Einmal im Jahr 1986 und nochmals genau zehn Jahre später mit dem 1996er. Hier waren lediglich die Qualitäten am linken Ufer sensationell. Trotzdem liessen die noblen Châteaubesitzer klammheimlich Preiserhöhungen zu. Hier wäre eine Korrektur dringend nötig, um die Wertigkeit wieder herzustellen.

Château Amelisse

Gabriel-Klassement: nicht klassiert. Preisniveau: günstig. Aktuelle Qualität: Früher lieferte der Besitzer die Trauben an die Coopérative. Seit dem Jahrgang 2003 werden die Weine unter dem eigenen Châteaunamen in die Flaschen gefüllt. Viel sehr guter St. Emilion für wenig Geld!

| 2005 17/20 wa | 2004 16/20 wa | 2003 15/20 wa |

Château Les Angélots de Gracia

Gabriel-Klassement: nicht klassiert. Preisniveau: eher teuer. Aktuelle Qualität: Sensationeller Wein mit viel Konzentration und weil er aus einem relativ kühlen Klima stammt, behält er dabei eine herrliche Frische. Sehr kleine Produktion. Erster Jahrgang 2001.

| 2005 18/20 wa | 2003 17/20 wa | 2001 18/20 be |
| 2004 18/20 wa | 2002 17/20 wa | |

Château Angélus

Gabriel-Klassement: Deuxième Cru classé. Preisniveau: Luxus-Klasse. Aktuelle Qualität: Ein Weingut, welches eine Revolution mitgemacht hat und dessen Weine heute zu den Verrücktesten zählen, die rund ums Dörfchen St. Emilion hergestellt werden. Junge Angélus sind meist fast schwarz und wirken in der Jugend manchmal etwas hart, weil die Konzentration durch die extrem tiefen Hektarerträge enorm ist. Die Jahrgänge zwischen 1966 bis 1982 ähneln einer Trauerweide. *www.chateau-angelus.com*

2005 19/20 wa	2001 18/20 wa	1997 17/20 tr
2004 19/20 wa	2000 19/20 wa	1996 18/20 tr
2003 19/20 wa	1999 16/20 tr	1995 19/20 be
2002 17/20 wa	1998 19/20 wa	1994 18/20 be

1993	17/20	tr	1988	19/20	tr	1982	15/20	vo
1992	17/20	au	1986	14/20	au	1964	18/20	au
1990	19/20	tr	1985	16/20	au	1961	17/20	au
1989	18/20	tr	1983	16/20	au			

Château L'Apolline

Gabriel-Klassement: nicht klassiert. Preisniveau: teuer. Aktuelle Qualität: Ausser beim Jahrgang 2001 und leider auch beim 2000er ist dieser sehr kleine St. Emilion Grand Cru immer auf einem recht guten Niveau. Für das, was er allerdings letztendlich bietet, ist er zu teuer.

2005	17/20	wa	2002	16/20	tr	1999	17/20	tr
2004	16/20	wa	2001	15/20	tr	1998	17/20	tr
2003	16/20	be	2000	15/20	tr	1997	16/20	au

Château L'Archange

Gabriel-Klassement: nicht klassiert. Preisniveau: eher teuer. Aktuelle Qualität: Es gibt ihn erst seit dem Jahrgang 2000! Wer Bordeaux liebt, soll die Finger davon lassen. Er schmeckt weder nach Bordeaux noch nach St. Emilion. Ein topmoderner, auf das önologische Maximum (100 % Merlot, 100 % neue Barriquen) getrimmter Wein. Meine Wertungen beziehen sich auf die Qualität – nicht aber auf die Typizität...

2005	16/20	wa	2003	17/20	wa	2001	17/20	be
2004	17/20	wa	2002	17/20	wa	2000	18/20	be

Château Armens

Gabriel-Klassement: nicht klassiert. Preisniveau: eher teuer. Aktuelle Qualität: Die Formel ist geläufig: Man kaufe ein Weingut irgendwo in einer Ecke von St. Emilion (St. Pey d'Armens), engagiere einen bekannten Önologen (Michel Rolland), reduziere den Ertrag und lege den Wein dann in möglichst viel neue Fässer (Armens = 100 %) und verlange dafür einen entsprechenden Preis. *www.chateauarmens.com; www.cerclerivedroite.com*

2005	18/20	wa	2002	16/20	wa	1999	15/20	tr
2004	16/20	wa	2001	16/20	be	1998	15/20	tr
2003	17/20	wa	2000	16/20	tr			

Château Arnaud de Jacquemeau

Gabriel-Klassement: nicht klassiert. Preisniveau: preiswert. Aktuelle Qualität: Die Lage ist traumhaft; eingebettet an die weitaus berühmteren Châteaux Grand-Mayne und Angélus. Die Besonderheit ist der alte Rebbestand; durchschnittlich älter als 35 Jahre. Die Weine zeigen viel Charme, Frucht und sind praktisch jedes Jahr eine sichere Bank – auf auffallend hohem Niveau!

2005	18/20	wa	2002	17/20	be	1999	16/20	tr
2004	17/20	wa	2001	17/20	tr	1998	16/20	tr
2003	17/20	wa	2000	18/20	tr			

Château L'Arrosée

Gabriel-Klassement: nicht klassiert. Preisniveau: teuer. Aktuelle Qualität: Leider zeigten sich viele Jahrgänge – noch unter dem alten Besitzer – mit einem deutlich unsauberen Kellerton. Seit dem Jahrgang 2002 weht wieder eine neue Flagge, die zu St. Emilions besten Fahnen gehören kann. Das würde ja auch dem sensationellen Terroir entsprechen. Sie finden deshalb ganz neue, hohe sowie alte, ebenfalls hohe Wertungen. Alle Jahrgänge, die nicht aufgeführt sind, haben ein und dieselbe Empfehlung: Auf keinen Fall kaufen! *www.chateau-larrosee.com*

2005	18/20	wa	1994	16/20	tr	1982	17/20	au
2004	18/20	wa	1990	17/20	tr	1978	16/20	au
2003	17/20	wa	1986	16/20	vo	1962	18/20	au
2002	17/20	wa	1985	17/20	au	1961	15/20	vo

Aurelius

Gabriel-Klassement: nicht klassiert. Preisniveau: angemessen. Aktuelle Qualität: Beim Aurelius ist man sich nie so sicher, ob es Wein, St. Emilion oder Bluff ist?! Auf alle Fälle hat das Ding Charme und meist eine kompottartige Frucht mit recht viel Barriquen-Toasting. *www.boutique-saint-emilion.com*

2005	17/20	wa	2003	17/20	wa	2001	16/20	be
2004	16/20	wa	2002	15/20	be	2000	17/20	tr

Château Les Astéries

Gabriel-Klassement: nicht klassiert. Preisniveau: eher teuer. Aktuelle Qualität: Es gibt erst zwei Jahrgänge von diesem neuen Wein, auf den niemand gewartet hat. Produziert vom Team von Château Teyssier, das mit noch recht vielen anderen, ebenfalls neuen Weinen irgendwie auf sich aufmerksam machen muss. Auffallen tut der Wein sicherlich; vor allem in Preislisten. Das Niveau taugt für 16/20 bis 17/20 Punkte. Vom Preis-Leistungs-Verhältnis her liegt er eher bei 16/20! *www.teyssier.fr*

Château Ausone

Gabriel-Klassement: Premier Grand Cru classé. Preisniveau: Luxus-Klasse. Aktuelle Qualität: Früher stritten sich die Weingeister oft über Ausone. Manchmal begeisterten kleine Jahrgänge, dann enttäuschten wieder ganz grosse. Von diesem St. Emilion Grand Cru classé «A» gibt es jährlich nur gerade die Hälfte der Flaschen wie z.B. von Pétrus. Seit dem Jahrgang 1992 weht ein neuer Wind in den katakombenartigen Kellern von Ausone. Und seither hat Ausone das, was ich in früheren Zeiten immer vermisst hatte; nämlich qualitative Konstanz. Plötzlich sind die Säuren weicher und angenehmer eingebettet und der verführerische Kräuterton wird durch eine primäre Frucht im Extrakt ergänzt. Merken Sie sich das: Ausone wird künftiger Leading-Superstar St. Emilions sein und jede einzelne Flasche entwickelt sich zu einem Juwel der besonderen, einzigartigen Art. So wie schwarze Perlen mit einem Durchmesser von mehr als 15 Millimeter! *www.chateau-ausone.com*

2005	20/20	wa	1994	18/20	tr	1981	16/20	au
2004	19/20	wa	1993	18/20	tr	1978	15/20	au
2003	19/20	wa	1992	17/20	tr	1976	15/20	au
2002	18/20	wa	1990	19/20	tr	1975	15/20	au
2001	18/20	wa	1989	17/20	tr	1973	15/20	vo
2000	19/20	wa	1988	18/20	tr	1971	15/20	au
1999	18/20	be	1987	17/20	au	1970	18/20	au
1998	19/20	be	1986	16/20	tr	1966	18/20	au
1997	19/20	tr	1985	15/20	tr	1964	18/20	au
1996	18/20	be	1983	16/20	tr	1962	17/20	au
1995	19/20	be	1982	18/20	tr	1961	19/20	au

Château Balestard-La-Tonnelle

Gabriel-Klassement: nicht klassiert. Preisniveau: eher teuer. Aktuelle Qualität: Die Weine sind endlich etwas besser geworden, kommen aber irgendwie immer noch nicht so richtig vom Fleck. Wird es der junge Jacques Capdemourlin schaffen, diesen kleinen Betrieb weiter auf Vordermann zu bringen? *www.vignoblescapdemourlin.com*

2005	17/20	wa	2002	16/20	wa	1999	16/20	tr
2004	15/20	wa	2001	16/20	be	1998	16/20	tr
2003	16/20	wa	2000	16/20	tr	1996	16/20	tr

Château Barde-Haut

Gabriel-Klassement: nicht klassiert. Preisniveau: eher teuer. Aktuelle Qualität: Wer auf dem Markt die Augen offen hält, wird vielleicht noch vom traumhaften Barde-Haut 1998 ein paar Fläschchen zu einem fairen Preis finden. Denn – so wie das bei einer Handänderung im Immobilienmarkt ist – nach dem Kauf (neuer Besitzer) steigen für die Mieter die Zinsen. Und hier werden wohl die Preise für die kommenden Jahrgänge genau aus dem gleichen Grund nicht gerade billiger werden. Barde-Haut ist nur in warmen Jahren wirklich gut, denn ansonsten besitzt er das kälteste Terroir in der ganzen Region. *www.cerclerive droite.com*

2005	18/20	wa	2002	17/20	wa	1999	17/20	tr
2004	16/20	wa	2001	16/20	be	1998	18/20	tr
2003	18/20	wa	2000	18/20	tr	1996	16/20	tr

Château du Barry

Gabriel-Klassement: nicht klassiert. Preisniveau: angemessen. Aktuelle Qualität: Seit dem Jahrgang 1999 sind die Weine o.k., meist sehr gut und somit regelmässig mit einer Wertung von 15/20 bis 16/20 Punkten taxiert. *http://interface.free.fr/labo/Louveciennes/DuBarry1.html*

Château Béard

Gabriel-Klassement: nicht klassiert. Preisniveau: angemessen. Aktuelle Qualität: unregelmässig – zwischen 14/20 bis maximal 16/20 Punkten schwankend. Die Weine tendieren zu frühem Genuss. Der absolut beste Jahrgang der letzten Zeit war der 2000er!

Château Beau-Séjour Bécot

Gabriel-Klassement: Troisième Cru classé. Preisniveau: teuer. Aktuelle Qualität: Nachdem den Besitzern der Premier Grand Cru classé-Status aberkannt worden war, geriet das St. Emilion-Klassement zum ersten Mal ins Wanken und wurde zunehmend hinterfragt. Unabhängig von guten und bösen Zungen produziert man hier (wieder) grossartige Weine mit viel Charakter – die allerletzten Jahrgänge sind sogar schlichtweg sensationell, werden aber nie richtig fein werden. Also eher etwas für geduldige Charaktertrinker. *www.beausejour-becot.com*

2005	18/20	wa	2000	17/20	be	1995	18/20	tr
2004	18/20	wa	1999	15/20	tr	1994	17/20	tr
2003	17/20	wa	1998	19/20	tr	1990	16/20	au
2002	18/20	wa	1997	18/20	tr	1985	16/20	au
2001	17/20	be	1996	16/20	tr	1982	15/20	au

Château Beauséjour (Duffau-Lagarrosse)

Gabriel-Klassement: Quatrième Cru classé. Preisniveau: teuer. Aktuelle Qualität: Immer gut (zu wenig gut für sein mögliches Ansehen!), immer fein (zu dünn?) und immer (zu) teuer – so könnte man die drei wesentlichsten Faktoren dieses Weingutes zusammenfassen. Richtig spektakulär war eigentlich nur der heute noch sehr gesuchte Jahrgang 1990. Mehrere Besitzer wollen mit dem Attribut Premier Grand Cru classé betriebswirtschaftlich das Maximum herausholen. Obwohl ich viele Altweinproben mitgemacht habe, ist mir noch nie ein gescheiter, alter B-D-L aufgefallen. *www.premiers-saint-emilion.com*

2005	17/20	wa	1998	17/20	tr	1990	19/20	tr
2004	17/20	wa	1997	16/20	tr	1989	18/20	tr
2003	17/20	wa	1996	17/20	tr	1988	17/20	au
2002	17/20	wa	1995	17/20	tr	1986	16/20	au
2001	17/20	be	1994	17/20	tr	1985	15/20	au
2000	17/20	be	1993	16/20	au	1983	15/20	au
1999	17/20	be	1992	15/20	vo	1982	15/20	au

Château Belair

Gabriel-Klassement: Quatrième Cru classé. Preisniveau: teuer. Aktuelle Qualität: Der ehemalige Kellermeister von Ausone, Pascal Delbeck ist neuer Besitzer. Der Wein ist erst dann schön, wenn man bereits alle Hoffnung aufgegeben hat – er entwickelt sich also langsam und ist dann immer noch irgendwie unauffällig. Also eine Klasse für sich, im nicht spektakulären Bereich. Meine Noten beziehen sich auf die effektive Klasse und Qualität. Ob dem Wein die gezeigte «Aromendiskretion» gefällt, sei dahingestellt. *www.chateau-belair.com*

2005	19/20	wa	1998	17/20	wa	1989	16/20	tr
2004	17/20	wa	1997	16/20	tr	1988	15/20	tr
2003	17/20	wa	1996	17/20	tr	1986	16/20	tr
2002	16/20	wa	1995	17/20	tr	1985	14/20	au
2001	17/20	wa	1994	17/20	tr	1982	15/20	au
2000	17/20	be	1993	16/20	tr	1964	16/20	vo
1999	17/20	be	1990	17/20	tr	1961	17/20	au

Château Bellefont-Belcier

Gabriel-Klassement: nicht klassiert. Preisniveau: angemessen. Aktuelle Qualität: Das Qualitätsniveau ist erstaunlich. Die Weine sind mit viel reifer Frucht bepackt und ziemlich konzentriert, nicht ohne dabei den nötigen Merlot-Charme zu verlieren. Die Preise sind als fair, wenn nicht sogar günstig zu bezeichnen. *www.bellefont-belcier.com; www.cerclerivedroite.com*

2005	17/20	wa	2002	17/20	wa	1998	17/20	tr
2004	17/20	wa	2001	16/20	be	1997	16/20	au
2003	17/20	wa	2000	17/20	tr	1996	16/20	tr

Château Bellevue

Gabriel-Klassement: nicht klassiert. Preisniveau: teuer. Aktuelle Qualität: Es lohnt sich unbedingt, die kommenden Jahrgänge genauer zu betrachten, denn hier bahnt sich eine Sensation an. Vom Terroir her wäre das heutige, fast exorbitante Qualitätsniveau schon lange möglich gewesen, denn alte Bellevues sind dünn, metallisch, fruchtlos und schmecken nach feuchtem Tunnel. Die direkten Nachbarn sind Angélus, Beauséjour Duffau-Lagarrosse und Beau-Séjour Bécot. Der Jahrgang 2003 ist nahezu eine Legende! *www.cerclerivedroite.com*

2005	19/20	wa	2003	19/20	wa	2001	17/20	be
2004	18/20	wa	2002	18/20	wa	2000	17/20	tr

Château Bellevue-Mondotte

Gabriel-Klassement: nicht klassiert. Preisniveau: Luxus-Klasse. Aktuelle Qualität: Es dürfte sich von der Produktion her um einen der konzentriertesten St. Emilions überhaupt handeln. In der Regel liegt der Ertrag bei 15 hl/ha!!! Der Wein wird in 100 % neuem Holz ausgebaut. Die Produktion liegt jeweils unter 4'000 Flaschen, was jedoch den geforderten Preis immer noch nicht ganz erklärt. *www.chateaupavie.com*

2005	18/20	wa	2003	19/20	wa	2001	18/20	wa
2004	18/20	wa	2002	17/20	wa			

Château Bellisle-Mondotte

Gabriel-Klassement: nicht klassiert. Preisniveau: preiswert. Aktuelle Qualität: Die Toplage direkt neben La Mondotte und Troplong-Mondot war lange schlecht genützt. Seit dem Jahrgang 1997 ist dieses nur gerade 4,5 ha grosse Weingut ein Top-Value. Die Jahrgänge 1997 und 1998 sind 100 %ige Merlot-Assemblagen. 1998 wurde das erste Mal ein Zweitwein selektioniert, um die Qualität des Grand Vin nochmals anzuheben.

2005	18/20	wa	2002	16/20	be	1999	16/20	tr
2004	17/20	wa	2001	17/20	tr	1998	17/20	tr
2003	18/20	wa	2000	17/20	tr	1997	16/20	au

Château Bergat

Gabriel-Klassement: Cru Bourgeois. Preisniveau: preiswert. Aktuelle Qualität: Meist ein recht kräftiger, muskulöser Wein, der etwas Flaschenreife braucht, weil gut die Hälfte der Assemblage aus Cabernet Franc und Cabernet Sauvignon besteht.

2005	17/20	wa	2001	17/20	be	1997	15/20	tr
2004	16/20	wa	2000	16/20	tr	1996	15/20	tr
2003	17/20	wa	1999	17/20	tr	1995	15/20	au
2002	16/20	wa	1998	16/20	tr	1994	15/20	au

Château Berliquet

Gabriel-Klassement: nicht klassiert. Preisniveau: teuer. Aktuelle Qualität: Als ich zum ersten Mal den Berliquet 1998 verkosten durfte, war ich völlig von den Socken. Der

2000er gehört zu den allerbesten Weinen von St. Emilion. Die anderen neuen Jahrgänge sind ebenfalls auf sehr hohem Niveau.

2005	18/20	wa	2001	17/20	be	1997	17/20	au
2004	17/20	wa	2000	19/20	be	1996	16/20	au
2003	17/20	wa	1999	17/20	tr	1995	15/20	au
2002	17/20	wa	1998	19/20	tr	1994	15/20	au

Château Boutisse

Gabriel-Klassement: nicht klassiert. Preisniveau: preiswert. Aktuelle Qualität: seit dem Jahrgang 1998 auf gutem Kurs. Scheint recht viel Holz vom Patron auf den Weg mit zu bekommen. Die Wertungen liegen permanent zwischen 15/20 und 16/20 Punkten. *www.cerclerivedroite.com*

Château Branda

Gabriel-Klassement: nicht klassiert. Preisniveau: preiswert. Aktuelle Qualität: Gehört zu den besten Werten der Unterappellation Puisseguin-Saint-Emilion. Vom Jahrgang 1999 (17/20, tr) war ich derart begeistert, dass ich ihn oft an Weinveranstaltungen einsetzte – mit dem Erfolg, dass jetzt nichts mehr davon zu finden ist! Ein cremiger, manchmal fast berauschender Wein. *www.milhade.fr; www.cerclerivedroite.com*

2005	17/20	wa	2003	16/20	be	2001	17/20	tr
2004	16/20	wa	2002	16/20	tr	2000	16/20	tr

Château Cadet-Bon

Gabriel-Klassement: nicht klassiert. Preisniveau: eher teuer. Aktuelle Qualität: Achterbahnfahren scheint das Hobby dieses Besitzers zu sein. Meist ist der Wein dünn, dann wieder plötzlich ganz gross und erstaunlich konzentriert. Also immer zuerst eine Flasche testen, bevor man eine Zweite kauft. Der 1996er hat mir bei der Primeurprobe sehr gut gefallen: 16/20, tr. *www.cadet-bon.com*

2005	17/20	wa	2002	15/20	tr	1999	15/20	tr
2004	16/20	be	2001	14/20	tr	1998	17/20	tr
2003	16/20	tr	2000	16/20	tr	1997	16/20	au

Château Cadet-Piola

Gabriel-Klassement: Cru Bourgeois. Preisniveau: angemessen. Aktuelle Qualität: Auf gutem Niveau, aber vielleicht läge noch ein kleines bisschen mehr drin. Immerhin sind die Reben schon 35 Jahre alt und die 7 ha befinden sich auf phantastischem Terroir. Oder liegt es daran, dass der Cabernet nur schwer auszureifen ist? www.chateaucadetpiola.com

2005	16/20	wa	2000	17/20	be	1995	16/20	tr
2004	16/20	wa	1999	17/20	tr	1994	15/20	tr
2003	16/20	wa	1998	17/20	tr	1993	15/20	au
2002	16/20	be	1997	16/20	au	1990	17/20	tr
2001	15/20	be	1996	15/20	tr	1989	15/20	au

Château Canon

Gabriel-Klassement: Cru Bourgeois. Preisniveau: teuer. Aktuelle Qualität: Würden nur die letzten Jahrgänge für das Gabriel-Klassement berücksichtigt werden, so wäre dies einer der besten Aufsteiger. Doch um ins alte Renommee zurückzukehren, braucht es noch mindestens ein Jahrzehnt. Dann werden die Reben wieder das entsprechende Alter haben, um vielleicht eine ganz grosse, heroische und an alte Zeiten anknüpfende Qualität zu liefern. Am Willen liegt es also nicht. Achtung: Jahrgänge zwischen 1990 bis 1997 sind zum Vergessen und kontaminiert, d.h. mit einem modrigen Kellerton versehen. www.premiers-saint-emilion.com

2005	17/20	wa	1999	17/20	be	1986	16/20	au
2004	17/20	wa	1998	16/20	tr	1985	17/20	au
2003	17/20	wa	1997	15/20	au	1983	17/20	au
2002	17/20	wa	1990	17/20	au	1982	17/20	au
2001	17/20	wa	1989	17/20	au	1966	17/20	au
2000	17/20	be	1988	16/20	au	1964	18/20	au

Château Canon-La-Gaffelière

Gabriel-Klassement: Troisième Cru classé. Preisniveau: teuer. Aktuelle Qualität: fraglos auf sehr hohem Niveau. Dank dem relativ grossen Anteil an Cabernet Franc mit einem sehr guten Alterungspotential ausgestattet. Ganz genial ist auch heute noch der Jahrgang 1997, der damit auch die Weinmacherqualitäten des Besitzers unterstreicht. www.neipperg.com

2005	18/20	wa	2002	17/20	wa	1999	17/20	be
2004	18/20	wa	2001	17/20	bc	1998	18/20	tr
2003	17/20	wa	2000	18/20	be	1997	19/20	tr

1996	18/20	tr	1989	16/20	au	1982	15/20	vo
1995	17/20	tr	1988	17/20	au	1979	15/20	vo
1994	17/20	tr	1986	17/20	au	1966	15/20	vo
1990	15/20	au	1985	15/20	au	1961	17/20	au

Château Cantenac

Gabriel-Klassement: nicht klassiert. Preisniveau: angemessen. Aktuelle Qualität: Die verkosteten 10 Jahrgänge habe ich immer recht gut bewertet; so um 15/20 Punkte. Also vielleicht eine gute Idee, wenn man diesen Wein in einer sonst überteuerten Weinkarte findet... *www.chateau-cantenac.fr*

Château Cap-de-Mourlin

Gabriel-Klassement: Cinquième Cru classé. Preisniveau: eher teuer. Aktuelle Qualität: Seit 1999 kümmert sich Thierry Capdemourlin um die diversen Familien-Domainen (u.a. Balestard-La-Tonnelle und Petit-Faurie-de-Soutard). Die Qualitäten liegen in der Regel auf sehr gutem Niveau. *www.vignoblescapdemourlin.com*

2005	17/20	wa	2000	17/20	be	1995	16/20	tr
2004	15/20	wa	1999	17/20	tr	1994	16/20	tr
2003	16/20	wa	1998	17/20	tr	1993	15/20	au
2002	16/20	wa	1997	15/20	au	1990	18/20	tr
2001	17/20	be	1996	17/20	tr	1989	16/20	au

Château Cardinal-Villemaurine

Gabriel-Klassement: nicht klassiert. Preisniveau: preiswert. Aktuelle Qualität: ein geschmeidiger, meist eher rotbeeriger Wein mit viel Charme. Kann jung genossen werden. 7 Jahrgänge verkostet; alle zwischen 15/20 bis 16/20 Punkten. *www.vgas.com/cardinal/cardinal.html*

Château Le Castelot

Gabriel-Klassement: nicht klassiert. Preisniveau: günstig. Aktuelle Qualität: ein ruppiger, unerklärlich harter Wein mit mehr Muskeln wie Fleisch. Als Besitzer solcher Flaschen hat man die Wahl, ihn entweder hart mit Frucht zu trinken oder gereift ohne Frucht. *www.cerclerivedroite.com; www.j-janoueix-bordeaux.com*

Château du Cauze

Gabriel-Klassement: nicht klassiert. Preisniveau: günstig. Aktuelle Qualität: Die Weine zeigen schon früh viel Charme mit einer intensiven Aromatik, sind aber wohl in den ersten zehn Jahren ihres Lebens am schönsten. Eine sichere Bank für frühen Genuss, aber kein Wein, um ihn auf die lange Bank zu schieben...

2005	17/20	wa	2001	16/20	be	1997	16/20	au
2004	17/20	wa	2000	17/20	be	1996	16/20	au
2003	17/20	wa	1999	16/20	tr	1995	16/20	tr
2002	16/20	be	1998	17/20	tr	1994	15/20	au

Chapelle d'Ausone

Gabriel-Klassement: nicht klassiert. Preisniveau: eher teuer. Aktuelle Qualität: Lange zierte sich der Ausone-Besitzer Alain Vauthier einen Zweitwein zu lancieren. Zu klein sei das Terrain, zu homogen, um auch noch einen «Deuxième Vin» herzustellen. Seit dem Jahrgang 2003 gibt es ihn aber trotzdem. Während der Ausone selbst nochmals besser geworden ist, kauft man mit dem Chapelle d'Ausone zwar den Geschmack des Ausone, nicht aber das Potential dessen, was wiederum Gastronomen und Jungweinfans begeistert. *www.chateau-ausone.com*

2005	17/20	wa	2004	17/20	wa	2003	17/20	be

Château Charles de Sarpe

Gabriel-Klassement: nicht klassiert. Preisniveau: teuer. Aktuelle Qualität: erst seit ein paar Jahren auf dem Markt – also eine Neu-Kreation. Der Wein schmeckt mehr nach Ribera del Duero als nach St. Emilion und mehr nach Holz als nach Wein. Wollen Sie noch mehr wissen? Ich nicht!

Château Chauvin

Gabriel-Klassement: Cinquième Cru classé. Preisniveau: preiswert. Aktuelle Qualität: Das Etikett sieht dem von Cheval Blanc zum Verwechseln ähnlich. Der Wein ist es manchmal auch, denn als sein Nachbar und mit einem Anteil von 20 % Cabernet Franc sowie 5 % Cabernet Sauvignon (nebst 75 % Merlot) hat dieser Charmeur oft gewisse Cheval-Affinitäten. Zeigte in den letzten Jahren überzeugende Leistungen und ist in seinem Preislevel jeweils ein sehr, sehr guter Kauf. *www.chateauchauvin.com; www.cerclerivedroite.com*

2005	17/20	wa	2000	18/20	be	1995	16/20	tr
2004	17/20	wa	1999	17/20	tr	1994	15/20	tr
2003	17/20	wa	1998	17/20	tr	1990	17/20	au
2002	16/20	wa	1997	16/20	tr	1989	16/20	au
2001	17/20	be	1996	16/20	tr	1988	16/20	vo

Château Cheval Blanc

Gabriel-Klassement: Premier Grand Cru classé. Preisniveau: Luxus-Klasse. Aktuelle Qualität: Cabernet Franc als Spitzenqualität. Ein grosser Cheval Blanc lässt sich mit nichts vergleichen, denn Samt, Seide und Kaschmir vereinen sich zu einem Würzbündel mit einer cremigen Extraktsüsse. Doch bis es jeweils so weit ist, muss ein Weinfan mindestens zehn Jahre warten. Der legendäre Jahrgang 1947 ist ein Meilenstein in der Bordeaux-Geschichte. Der hochgejubelte Auktionsstar 1982 (es gibt eine beschissene und eine geniale Füllung!) trägt das Seinige dazu bei. Doch Cheval Blanc hätte noch viel besser sein können, wenn nicht profitgierige Familienmitglieder immer wieder die Direktoren zu einer «ausgeglichenen Finanzbuchhaltung» genötigt hätten. Man hat sich mit Finesse verteidigt, wenn manchmal die Konzentration gefehlt hat. Die häufig angebrachten Kritiken von Weinjournalisten waren sehr oft berechtigt, wenn es darum ging, Jungweine zu taxieren. Doch der hohe Anteil von Cabernet Franc war immer wieder die rettende Altersversicherung und hat den Sammlern und den geduldigeren St. Emilion-Fans Trost- und Genussernte zugleich beschert. In letzter Zeit (dank den neuen Besitzern) ist der Cheval aber noch besser, jedoch leider auch teurer geworden. *www.chateau-cheval-blanc.com*

2005	19/20	wa	1994	18/20	tr	1981	17/20	au
2004	19/20	wa	1993	17/20	tr	1979	17/20	au
2003	18/20	wa	1992	14/20	vo	1978	16/20	au
2002	18/20	wa	1990	19/20	tr	1975	18/20	tr
2001	18/20	wa	1989	17/20	tr	1971	17/20	au
2000	19/20	wa	1988	18/20	tr	1970	16/20	au
1999	18/20	wa	1987	16/20	au	1967	15/20	au
1998	20/20	wa	1986	17/20	tr	1966	18/20	au
1997	17/20	be	1985	18/20	tr	1964	19/20	au
1996	18/20	be	1983	19/20	tr	1962	17/20	vo
1995	19/20	be	1982	18/20	tr	1961	20/20	tr

Clos L'AbbA

Gabriel-Klassement: nicht klassiert. Preisniveau: preiswert. Aktuelle Qualität: Ein neuer Wein, der vom selben Besitzer wie Château Quercy stammt. Günstiger Preis mit spektakulärer Qualität. *www.saint-emilion.com*

2005	18/20	wa	2003	17/20	wa	2001	18/20	be
2004	18/20	wa	2002	18/20	be			

Château Clos Badon Thunevin

Gabriel-Klassement: nicht klassiert. Preisniveau: angemessen. Aktuelle Qualität: Ein feiner, burgundischer Wein mit Sex-Appeal, den man früh geniessen kann – meist bei 17/20 Punkten angesiedelt. Gehört dem selben Besitzer wie Château Valandraud. Somit ist der önologische Stil in etwa gleich. Erster Jahrgang: 1998. *www.thunevin.com*

2005	17/20	wa	2002	17/20	be	1999	16/20	tr
2004	17/20	wa	2001	17/20	tr	1998	17/20	tr
2003	17/20	be	2000	17/20	tr			

Clos de la Cure

Gabriel-Klassement: nicht klassiert. Preisniveau: angemessen. Aktuelle Qualität: ein süsser, manchmal fast dicker Wein. Zeigt dabei einen frühen Charme bei mittlerem Potential. 8 Jahrgänge verkostet – alle liegen solide um 16/20 Punkte herum.

Clos Dubreuil

Gabriel-Klassement: nicht klassiert. Preisniveau: teuer. Aktuelle Qualität: Für mich ist dies der einzige Wein, der Chancen hat, sich als veritabler Le Pin (auch geschmacklich) des St. Emilion zu etablieren. Ein Unterfangen, welches viele Kopierer mittlerweile schon längst aufgegeben haben. Wer einmal diesen Wein aus einem grossen Glas, relativ kühl genossen hat, der wird fast süchtig davon. Erst seit 2002 auf Top-Niveau. Frühere Jahrgänge zeigten oft leichte Unsauberkeiten oder wiesen flüchtige Säure auf. *www.trocard.com*

2005	19/20	wa	2002	18/20	wa	1999	18/20	be
2004	18/20	wa	2001	17/20	tr	1998	18/20	tr
2003	19/20	wa	2000	18/20	tr	1997	16/20	tr

Château Clos Fourtet

Gabriel-Klassement: Quatrième Cru classé. Preisniveau: teuer. Aktuelle Qualität: kein spektakulärer Wein, aber immer auf gutem St. Emilion Premier Grand Cru-Niveau. Irgendwie hat man aber immer das Gefühl, die selbe Qualität innerhalb der eigenen Appellation günstiger zu bekommen. *www.closfourtet.com; www.premiers-saint-emilion.com*

2005	18/20	wa	1999	17/20	tr	1990	17/20	tr
2004	17/20	wa	1998	17/20	tr	1989	16/20	tr
2003	18/20	wa	1997	17/20	tr	1988	17/20	au
2002	17/20	wa	1996	17/20	tr	1986	17/20	au
2001	17/20	wa	1995	17/20	tr	1985	17/20	au
2000	18/20	be	1994	16/20	tr	1962	16/20	au

Château Clos des Jacobins

Gabriel-Klassement: Cinquième Cru classé. Preisniveau: eher teuer. Aktuelle Qualität: Der geniale 2000er überragt klar alle anderen Jahrgänge. War früher unter der Leitung von Cordier ein eher traditioneller, in der Jugend meist etwas bitter wirkender Wein. Wird seit dem Jahrgang 2001 in neuem Besitz in anderem Stil vinifiziert. *www.cerclerivedroite.com*

2005	18/20	wa	1999	16/20	tr	1990	15/20	tr
2004	17/20	wa	1998	17/20	tr	1989	17/20	au
2003	16/20	wa	1997	16/20	au	1988	16/20	au
2002	17/20	wa	1996	17/20	tr	1986	15/20	vo
2001	17/20	wa	1995	16/20	tr	1985	15/20	au
2000	18/20	be	1994	16/20	tr	1982	17/20	vo

Clos de la Grâce Dieu

Gabriel-Klassement: nicht klassiert. Preisniveau: angemessen. Aktuelle Qualität: Leider nur 4 mal verkostet, dabei war er immer sehr gut und erreichte beim Jahrgang 2000 sogar 17/20 Punkte. Also ein interessanter Wert. Allerdings eine kleine Produktion und deshalb nur selten anzutreffen.

Clos de la Madeleine

Gabriel-Klassement: nicht klassiert. Preisniveau: angemessen. Aktuelle Qualität: bis zum Jahrgang 2000 ein eher leichter, kaum auffallender Wein. Die letzten Jahrgänge scheinen noch besser zu sein und der 2003er erreichte gar 17/20 Punkte. *www.cerclerivedroite.com*

Clos des Menuts

Gabriel-Klassement: nicht klassiert. Preisniveau: angemessen. Aktuelle Qualität: immer leicht – mal mit passenden Tanninen und somit süffig, dann wieder leicht und gleichzeitig eher hart und sehnig. Die leichteren Jahrgänge wie 2002 und 1999 sind jetzt reif. Das Qualitätsniveau schwankt zwischen 15/20 und 16/20 Punkten.

Château Clos de L'Oratoire

Gabriel-Klassement: Quatrième Cru classé. Preisniveau: eher teuer. Aktuelle Qualität: Das Weingut Clos de L'Oratoire gehörte zu den ersten Besuchen in meinen Bordeaux-Anfängen. Damals war der Wein noch so schlecht, dass es an ein Wunder grenzt, dass ich nach dem ersten Schluck aus dem Fass nicht wieder schnurstracks nach Hause wollte. Seit sich aber Stephane Neipperg (Canon-La-Gaffelière) um diesen Wein kümmert, ist eitel Freude und Sonnenschein angesagt. Starke, passende Merlot-Präsenz! Ältere Jahrgänge sind bereits vorbei, dies gilt leider auch für den damals recht guten 1990er. *www.neipperg.com*

2005	18/20	wa	2001	17/20	tr	1997	18/20	tr
2004	17/20	wa	2000	17/20	tr	1996	17/20	tr
2003	16/20	wa	1999	17/20	tr	1995	16/20	tr
2002	16/20	be	1998	17/20	tr	1994	17/20	tr

Clos de Sarpe

Gabriel-Klassement: nicht klassiert. Preisniveau: teuer. Aktuelle Qualität: Hier versucht jemand etwas! Nur was ist leider nicht so ersichtlich. Eines ist jedoch jetzt schon sonnenklar; die Jahrgänge vor 1997 kann man sowieso in den Kochtopf schütten! Doch wie steht es mit den neuen Schützlingen? Die Anlagen wären interessant, doch die Fassmuster, welche man mir jeweils präsentierte, warfen doch oft sehr viele Fragen auf. Handelt es sich hier um «Grenzvinifikationen»? Ich bin nicht bereit, Noten für etwas zu verleihen, das irgendwie gar nicht bewertbar ist! Was ich bisher degustierte, schwankte zwischen Mega-Bluff und Önologensaft.

Château Clos St. Julien

Gabriel-Klassement: nicht klassiert. Preisniveau: angemessen. Aktuelle Qualität: Älteren Jahrgängen von Clos St. Julien habe ich regelmässig um 16/20 Punkte attestiert. Die Neuen sind genial, wissen zu überzeugen und sind oft mit einer Prise Erotik versehen. Durch die extrem kleine Produktion wird man wohl eher selten eine Flasche davon finden.

2005	19/20	wa	2002	17/20	be	1999	16/20	tr
2004	17/20	wa	2001	16/20	tr	1998	16/20	tr
2003	17/20	be	2000	16/20	tr	1997	15/20	au

Château Clos St. Martin

Gabriel-Klassement: Quatrième Cru classé. Preisniveau: teuer. Aktuelle Qualität: Nach jahrzehntelanger Lethargie hat Sophie Fourcade (Côte de Baleau und Grandes Murailles) zusammen mit dem önologischen Berater Michel Rolland (seit dem Jahrgang 1997) den kleinsten Grand Cru classé mit nur 1,33 ha Fläche wachgeküsst. Das verschlafene Potential wird deutlich bewusst, wenn man die Namen der direkten Nachbarn vor Augen hat: Bellevue, Beau-Séjour Bécot, Beauséjour Duffau-Lagarrosse, Canon und Angélus. *www.grandes-murailles.com*

2005	18/20	wa	2000	19/20	wa	1995	15/20	au
2004	17/20	wa	1999	17/20	tr	1990	16/20	tr
2003	18/20	wa	1998	19/20	be	1989	15/20	vo
2002	18/20	wa	1997	17/20	tr	1986	15/20	au
2001	18/20	be	1996	14/20	tr	1982	16/20	au

Clos Villemaurine

Gabriel-Klassement: nicht klassiert. Preisniveau: preiswert. Aktuelle Qualität: ordentliche Qualitäten mit Wertungen um 15/20 Punkte. Meist rotbeerig, sanft kernig, mittelgewichtig bis leicht und in den ersten zehn Jahren zu konsumieren. *www.cerclerivedroite.com*

Château La Clotte

Gabriel-Klassement: Cru Bourgeois. Preisniveau: eher teuer. Aktuelle Qualität: Bei älteren Jahrgängen spürte man zwar immer wieder ein grosses Terroir und auch Potential, aber die Weine waren leider meist schlecht vinifiziert. Seit dem

Jahrgang 1998 mischt der La Clotte fast im ersten Drittel mit. *www.chateaulaclotte.com; www.cerclerivedroite.com*

2005	17/20	wa	2001	16/20	be	1997	15/20	au
2004	15/20	wa	2000	17/20	tr	1996	15/20	tr
2003	17/20	wa	1999	17/20	tr	1995	15/20	tr
2002	16/20	wa	1998	17/20	tr	1990	16/20	tr

Château La Clusière

Gabriel-Klassement: nicht klassiert. Preisniveau: teuer. Aktuelle Qualität: Letzte Produktion Jahrgang 2001, dann wurde dieses Weingut vom Besitzer Gérard Perse ins Château Pavie integriert. Macht auch Sinn – denn der erzielte Preis einer Flasche Pavie ist natürlich wesentlich höher! Ältere Jahrgänge wie 1995 sind leider bereits hinüber!

| 2001 | 18/20 | wa | 1999 | 17/20 | tr | 1997 | 17/20 | tr |
| 2000 | 17/20 | be | 1998 | 18/20 | tr | 1996 | 16/20 | tr |

Château La Commanderie

Gabriel-Klassement: nicht klassiert. Preisniveau: angemessen. Aktuelle Qualität: seit dem Jahrgang 2003 auf völlig neuem Niveau. Also ein Aufsteiger, den man im Auge behalten sollte. Dabei waren die früheren Jahrgänge auch immer gut, aber halt bei weitem nicht so spektakulär. Das Terrain liegt in der Nähe von Cheval Blanc, Figeac und La Dominique. *www.cerclerivedroite.com*

2005	17/20	wa	2001	15/20	be	1997	15/20	au
2004	17/20	wa	2000	16/20	tr	1996	15/20	au
2003	17/20	wa	1999	16/20	tr	1995	15/20	tr
2002	16/20	be	1998	15/20	tr	1990	15/20	au

Château La Confession

Gabriel-Klassement: nicht klassiert. Preisniveau: eher teuer. Aktuelle Qualität: In St. Emilion schiessen neue Weingüter wie Pilze aus dem Boden. Zu solchen Neuschöpfungen gehört seit 2001 das 3 ha grosse Weingut La Confession von Jean-Philippe Janoueix. Das Château hiess früher Barreau und befindet sich im Dorf Libourne; satt an der Grenze zu Pomerol. Die Rebparzellen sind zum Teil recht alt.

| 2005 | 17/20 | wa | 2003 | 16/20 | wa | 2001 | 17/20 | tr |
| 2004 | 16/20 | wa | 2002 | 17/20 | be | | | |

Château Corbin

Gabriel-Klassement: nicht klassiert. Preisniveau: preiswert. Aktuelle Qualität: Der Corbin 1998 mit seinem verführerischen Schmelz und seiner extrem beerigen Frucht offenbarte wie eine Sternschnuppe, welche Qualitäten hier möglich wären. Doch leider bewegt sich der Rest auf einem angenehmen Mittelmass. *www.chateau.corbin.free.fr*

2005	16/20	wa	2002	16/20	be	1999	16/20	tr
2004	16/20	wa	2001	15/20	tr	1998	17/20	tr
2003	15/20	wa	2000	15/20	tr	1996	16/20	tr

Château Corbin-Michotte

Gabriel-Klassement: nicht klassiert. Preisniveau: preiswert. Aktuelle Qualität: leider sehr unregelmässig. Manchmal sehr gut mit Wertungen bis 16/20 (2004, 2000, 1999), doch leider oft nur 15/20 Punkte (oder gar tiefer) erreichend. Scheint meist mit einem grosszügigen Ertrag ausgestattet zu sein, was die Frucht unreif und den Körper allzu mager macht.

Château Côte de Baleau

Gabriel-Klassement: nicht klassiert. Preisniveau: preiswert. Aktuelle Qualität: Dieser phantastische St. Emilion gehört zu den allerbesten Werten der Appellation und ist manchmal derart fruchtig, dass man ihn auch aus dem Burgunderglas geniessen könnte. Leider ist die Renaissance erst 1997 eingetreten, weshalb man ältere Jahrgänge getrost links liegen lassen kann. *www.grandes-murailles.com*

2005	17/20	wa	2002	17/20	wa	1999	16/20	tr
2004	16/20	wa	2001	18/20	tr	1998	17/20	tr
2003	17/20	be	2000	17/20	tr	1997	16/20	au

Château La Couronne

Gabriel-Klassement: nicht klassiert. Preisniveau: angemessen. Aktuelle Qualität: ein kräftiger, oft erstaunlich tiefgründiger Wein mit mittleren Finessen. Ein paar ältere Jahrgänge zeigten sich unsauber und wiesen einen staubigen Kellerton auf. Auch jüngere Jahrgänge brauchen Luft und legen mit dekantieren zu. Das Punktniveau liegt um 15/20.

Château La Couspaude

Gabriel-Klassement: nicht klassiert. Preisniveau: teuer. Aktuelle Qualität: Die Vinifikation ist spektakulär und von viel neuem Holz geprägt. Die Familie Aubert hat sich vorgenommen, einen ganz grossen Wein zu machen. Meine Lorbeeren haben sie dafür, aber mit der Kritik, dass ein vorsichtiger Barriqueneinsatz dem Wein mehr dienen würde. Wenn sie einen «geilen Wein» suchen, dann trinken Sie diesen Couspaude. *www.la-couspaude.com*

2005	18/20	wa	2001	17/20	be	1997	17/20	be
2004	17/20	wa	2000	18/20	be	1996	17/20	tr
2003	18/20	wa	1999	17/20	tr	1995	17/20	tr
2002	17/20	tr	1998	18/20	tr			

Château Couvent des Jacobins

Gabriel-Klassement: nicht klassiert. Preisniveau: angemessen. Aktuelle Qualität: Im Jahr 2002 durfte/musste ich eine Vertikalprobe über mich ergehen lassen – mit dem Erfolg – dass ich nicht wenige Noten von früher um einen Punkt tiefer legte. Wenn die Weine nämlich langsam reif werden, verschwinden fast sämtliche Aromen und zurück bleiben Muskeln und Tannine. Das war's dann auch schon! Die «Höhenflüge» liegen bei 16/20, die Mehrheit jedoch bei 15/20 Punkten.

2005	16/20	wa	2002	15/20	be	1999	15/20	tr
2004	15/20	wa	2001	15/20	be	1998	15/20	tr
2003	16/20	wa	2000	16/20	tr	1996	15/20	au

Château Croix de Labrie

Gabriel-Klassement: nicht klassiert. Preisniveau: teuer. Aktuelle Qualität: Gehört zu den sogenannten Garagenweinen; kleine Produktion, sehr gute Qualität – recht hoher Preis lautet die Formel. Der Wein zeigt eine faszinierende Aromatik, wirkt immer sehr frisch (kühles Terrain) und könnte manchmal auch als Pirat bei einer Richebourg-Blindverkostung dienen. Mit Siegerchancen! *www.cercleri vedroite.com; www.thunevin.com*

2005	18/20	wa	2002	17/20	wa	1999	18/20	tr
2004	17/20	wa	2001	17/20	be	1998	18/20	tr
2003	17/20	wa	2000	19/20	be	1997	16/20	au

Château La Croizille

Gabriel-Klassement: nicht klassiert. Preisniveau: angemessen. Aktuelle Qualität: Immer recht gute Konzentration zeigend, dabei aber leider auch zur Härte neigend. Dieser fleischige, mit Luftzutritt gewinnende Wein ist sicherlich ideal, wenn man kräftige Speisen dazu auftischt. Die Wertungen liegen bei soliden 16/20 Punkten. *www.rabotvins.com*

Château Cros Figeac

Gabriel-Klassement: nicht klassiert. Preisniveau: angemessen. Aktuelle Qualität: Leider nur 5 Jahrgänge verkostet. Alle wirkten fast genial, aber auch etwas bluffig, die Frucht präsentierte sich im kompottartigen Bereich. Die Qualitäten lagen bei 16/20 Punkten. Der Wein ist selten anzutreffen.

Château Croque-Michotte

Gabriel-Klassement: nicht klassiert. Preisniveau: angemessen. Aktuelle Qualität: erst seit 1998 auf einem sehr guten Niveau. Seit diesem Zeitpunkt ein sehr guter Wert und nicht selten ein Schnäppchen vom Preis her. Besonders gut hat mir der 2004er gefallen, der mit 17/20 Punkten seine bisher beste Wertung erreichte.

Cuvée Pomone

Gabriel-Klassement: nicht klassiert. Preisniveau: eher teuer. Aktuelle Qualität: ein Spezialcuvée aus Château Haut-Villet. In der Regel zwei Drittel Merlot, ein Drittel Cabernet Sauvignon. Verschwenderische 100 % neue Barriquen werden eingesetzt. Demzufolge ist eine ungesunde Portion Bluff dabei. Zwar zeigten sich die Jahrgänge 1999 (17/20) und 2000 (18/20) sehr vielversprechend. Da ich aber ein Gegner von Supercuvées und der Ansicht bin, dass ein Châteaubesitzer primär den Eigennamen des Weingutes fördern sollte, verzichte ich auf eingehende Betrachtungen. Und wenn man mir eines Tages einen einigermassen trinkbaren, sehr guten Haut-Villet servieren wird, würde ich mir das Ganze vielleicht nochmals überlegen. Önologische Marmeladen gibt es schon genügend in Australien! *http://haut.villet.free.fr*

2005	16/20	wa	2002	16/20	be	1999	17/20	tr
2004	16/20	wa	2001	16/20	tr	1998	15/20	tr
2003	16/20	be	2000	18/20	tr	1997	15/20	au

Château Dassault

Gabriel-Klassement: Cru Bourgeois. Preisniveau: angemessen. Aktuelle Qualität: Die Qualitäten zeigten sich früher von Jahrgang zu Jahrgang sehr unterschiedlich und liegen heute auf einem noch knapp steigerungsfähigen Niveau. *www.chateaudassault.com*

2005	17/20	wa	2001	16/20	tr	1996	17/20	tr
2004	18/20	wa	2000	17/20	tr	1995	17/20	tr
2003	16/20	wa	1999	16/20	tr	1994	16/20	tr
2002	16/20	be	1998	18/20	tr	1990	16/20	tr

Château Destieux

Gabriel-Klassement: nicht klassiert. Preisniveau: eher teuer. Aktuelle Qualität: Alte Jahrgänge von Destieux kann man vergessen, dafür sind die Neuen sehr vielversprechend. Kann sich sehr nahe der Appellations-Spitze etablieren, wenn die Qualitäten auf diesem genialen Niveau bleiben. Jahrgänge vor 2000: meiden! *www.destieux.com*

2005	18/20	wa	2003	17/20	wa	2001	17/20	wa
2004	18/20	wa	2002	17/20	wa	2000	17/20	tr

Château Le Dôme

Gabriel-Klassement: nicht klassiert. Preisniveau: Luxus-Klasse. Aktuelle Qualität: Der Önologe geht mit seiner Extraktion ans Maximum, manchmal auch ein bisschen darüber. Ist er sich ja gewohnt, weil er gleichzeitig auch in Australien vinifiziert. Sehr viel Cabernet Franc (70 %!). *www.maltus.com*

2005	17/20	wa	2003	16/20	wa	2001	17/20	be
2004	18/20	wa	2002	17/20	wa	2000	18/20	be

Château La Dominique

Gabriel-Klassement: Quatrième Cru classé. Preisniveau: teuer. Aktuelle Qualität: Sucht man in St. Emilion Parallelen zu grossen Pinot Noirs aus der Côte-de-Beaune, so findet man diese in den herrlichen, manchmal fast zu himbeerigen Weinen von La Dominique. Früher katastrophale Güte liefernd, wurde das Weingut ab 1993 wachgeküsst. Mit der ersten Qualität stieg dann auch gleich der Preis. *www.cerclerivedroite.com*

2005	18/20	wa	1999	17/20	tr	1993	18/20	au
2004	18/20	wa	1998	17/20	tr	1990	16/20	tr
2003	17/20	wa	1997	16/20	tr	1989	16/20	au
2002	17/20	wa	1996	17/20	tr	1988	15/20	tr
2001	16/20	be	1995	17/20	tr	1986	14/20	au
2000	18/20	be	1994	18/20	tr	1985	15/20	au

Château Faugères

Gabriel-Klassement: Cru Bourgeois. Preisniveau: angemessen. Aktuelle Qualität: ein toller, voller Wein mit viel reifen Beeren und nicht selten einem süssen Amarenatouch in der Nase. Im Gaumen fest, burgundisch mit einer Prise Erotik. Das Weingut wechselte kürzlich die Hand. Ich rechne aber mit Kontinuität – auf hohem Niveau. *www.chateau-faugeres.com*

2005	18/20	wa	2001	16/20	be	1997	17/20	tr
2004	17/20	wa	2000	17/20	be	1996	16/20	tr
2003	16/20	wa	1999	17/20	tr	1995	16/20	tr
2002	16/20	wa	1998	17/20	tr	1994	15/20	tr

Château Faurie de Souchard

Gabriel-Klassement: nicht klassiert. Preisniveau: angemessen. Aktuelle Qualität: Auch wenn manchmal das Wort «Grand Cru» auf dem Etikett prahlt, so ist noch lange kein Verlass darauf, dass dieses Versprechen in der Flasche tatsächlich stattfindet. Unlogischerweise sind oft kleine Jahrgänge (1999) grossartig und grosse Jahrgänge (1995) gingen in die Hosen. Es ist zu hoffen, dass die neueren Weine etwas besser reifen als die alten ausgemergelten Vorgänger. *www.chateau-faurie-de-souchard.com*

2005	16/20	wa	2002	14/20	wa	1999	17/20	tr
2004	15/20	wa	2001	16/20	be	1998	16/20	tr
2003	16/20	wa	2000	15/20	be	1994	15/20	au

Le Fer de Cheval Noir

Gabriel-Klassement: nicht klassiert. Preisniveau: eher teuer. Aktuelle Qualität: Dieser meist gelungene Wein wird aus den alten Reben vom Weingut Cheval Noir vinifiziert. In der Regel ein 100 %iger Merlot. Als der Crew von Mähler-Besse die Ideen ausgegangen sind, wie man den Cheval Noir verbessern könnte, entwickelte man auch hier leider ein überflüssiges Supercuvée. Dabei hätte doch gerade der

Originalname vom schwarzen Pferd (Cheval Noir) ein herrliches Pendant zum bereits wesentlich bekannteren weissen Pferd (Cheval Blanc) abgegeben und einen entsprechenden Marketing-Drive entwickeln können. Vorausgesetzt natürlich – der Wein wäre wirklich gross gewesen. Le Fer de Cheval Noir ist konzentriert, kräftig und erreicht immer 16/20, in guten Jahren sogar 17/20 Punkte. *www.le-fer.com*

Château Ferrand-Lartigue

Gabriel-Klassement: Cinquième Cru classé. Preisniveau: eher teuer. Aktuelle Qualität: meist ein delikater, feinfruchtiger Wein mit viel Extrakt und einer tollen Beeren-Expression. Die ersten Jahrgänge zeigten einen etwas zu grosszügigen Neuholzeinsatz. Heute stimmt die Balance Holz und Wein besser. *www.ferrand-lartigue.com; www.cerclerivedroite.com*

2005	17/20	wa	2001	17/20	be	1997	16/20	au
2004	16/20	wa	2000	17/20	tr	1996	17/20	tr
2003	17/20	wa	1999	17/20	tr	1995	17/20	tr
2002	16/20	wa	1998	17/20	tr	1994	17/20	tr

Château Figeac

Gabriel-Klassement: Troisième Cru classé. Preisniveau: teuer. Aktuelle Qualität: Manchmal bin ich nämlich tatsächlich der Ansicht, dass gewisse Figeac-Jahrgänge etwas konzentrierter sein dürften. Der 92er ist so mager, dass er in einer Rosé-Blinddegustation sogar noch Mühe hätte! Der Figeac 1998 wächst zu einer Legende seiner selbst heran und kann in zehn Jahren 20/20 Punkte erreichen! Dabei kostet er auch heute noch nicht besonders viel. *www.chateau-figeac.com, www.premiers-saint-emilion.com*

2005	18/20	wa	1996	17/20	tr	1983	17/20	tr
2004	17/20	wa	1995	17/20	tr	1982	19/20	tr
2003	18/20	wa	1994	17/20	tr	1979	17/20	au
2002	17/20	wa	1993	17/20	tr	1978	16/20	au
2001	18/20	wa	1990	18/20	tr	1975	17/20	au
2000	18/20	be	1989	18/20	tr	1970	18/20	au
1999	17/20	be	1988	17/20	tr	1966	17/20	au
1998	19/20	be	1986	15/20	tr	1964	18/20	au
1997	15/20	au	1985	18/20	tr	1961	19/20	tr

Château La Fleur

Gabriel-Klassement: nicht klassiert. Preisniveau: angemessen. Aktuelle Qualität: Plötzlich taucht dieser einst angesehene Wein wieder in der Szene auf – und dies mit tollen Wertungen. Schuld daran sind die neuen Besitzer (Château Dassault) und Romain Despons, welche für diese Domaine verantwortlich zeichnen. Der erste, wirklich gute neue Jahrgang ist der 2002er (17/20). Es gibt aber auch noch ein paar ältere La Fleurs in den 60er Jahren, die wirklich schon sehr gut waren. *www.chateaudassault.com*

2005	19/20	wa	2004	18/20	wa	2003	18/20	wa

Château Fleur-Cardinale

Gabriel-Klassement: nicht klassiert. Preisniveau: preiswert. Aktuelle Qualität: Seit dem Jahrgang 1998 weht hier ein neuer Wind und die Qualitäten sind besser geworden. Für den ganz grossen Sprung reicht es aber (noch?) nicht. *www.chateau-fleurcardinale.com; www.cerclerivedroite.com*

2005	17/20	wa	2001	17/20	be	1997	16/20	au
2004	17/20	wa	2000	17/20	be	1996	16/20	tr
2003	17/20	wa	1999	17/20	tr	1995	16/20	tr
2002	16/20	be	1998	17/20	tr	1990	14/20	vo

Château Fombrauge

Gabriel-Klassement: nicht klassiert. Preisniveau: eher teuer. Aktuelle Qualität: Das schwedische, wenig erfolgreiche Gastspiel ist endgültig vorbei. Die Qualität stieg nach der Besitzübernahme von Bernard Magrez (Pape-Clément, La Tour-Carnet etc.) schnell an (parallel zu den Preisen). Das beste Stück wurde aus der Hauptproduktion herausgenommen und in den Magrez-Fombrauge integriert. Die Jahrgänge vor 1998 erreichen alle keine 15/20 Punkte und die meisten haben die schlechtesten Zeiten schon hinter sich; weil kaputt. *www.fombrauge.com*

2005	18/20	wa	2002	17/20	be	1999	16/20	tr
2004	16/20	wa	2001	17/20	tr	1998	16/20	tr
2003	16/20	be	2000	17/20	tr	1997	14/20	vo

Château de Fonbel

Gabriel-Klassement: nicht klassiert. Preisniveau: preiswert. Aktuelle Qualität: Immer ein furztrockener, artisanaler Wein ohne Frucht – ausser man würde Humusaromen auch als Beerenaromen bezeichnen können. Die «besten» Jahrgänge erreichen knapp 15/20 Punkte. Was an diesem Château verblüffen mag, ist der Familienbesitz. Zum gleichen Clan gehört auch Ausone. Da staunt der Laie, und der Fachmann wundert sich...

Château Fonplégade

Gabriel-Klassement: nicht klassiert. Preisniveau: eher teuer. Aktuelle Qualität: Die neuen Besitzer geben zur Hoffnung Anlass. Denn was bisher in Flaschen abgefüllt wurde, war meist so hell wie ein etwas dunkel geratener Roséwein, ausserdem krautig, nach grünen Tabakblättern riechend und in der Regel grundsätzlich fruchtlos. *www.chateau-fonplegade.com*

2005	18/20	wa	2001	16/20	tr	1996	15/20	au
2004	16/20	wa	2000	15/20	be	1995	16/20	tr
2003	16/20	wa	1999	14/20	tr	1994	15/20	au
2002	16/20	wa	1998	15/20	tr	1985	15/20	vo

Château Fonroque

Gabriel-Klassement: nicht klassiert. Preisniveau: angemessen. Aktuelle Qualität: Der Fonroque ist ein guter und zuverlässiger Wert. Bis zum Jahrgang 2000 sind die Weine traditionell vinifiziert und benötigen dadurch eine entsprechende Belüftungszeit vor dem Genuss. Vom 1989er gibt es leider sehr viele korkige Flaschen. Die neuen Jahrgänge sind deutlich fruchtiger und direkter geworden. Es geht also tendenziell aufwärts. Der Jahrgang 1999 wurde infolge Hagel deklassiert. *www.chateaufonroque.com; www.cerclerivedroite.com*

2005	16/20	wa	2001	17/20	be	1996	16/20	tr
2004	16/20	wa	2000	16/20	tr	1995	16/20	tr
2003	16/20	wa	1998	16/20	tr	1994	15/20	au
2002	16/20	wa	1997	15/20	au	1990	16/20	tr

Château Fourney

Gabriel-Klassement: nicht klassiert. Preisniveau: günstig. Aktuelle Qualität: Ein nettes, halbschlankes Weinchen, dem meist eine grosszügige, Süsse verleihende Portion Eichenholz beigegeben wird. Gastronomischer Spass zum jung Trinken. Immer um 15/20 Punkte herum. *www.vignobles-rollet.com*

Château Franc Grâce Dieu

Gabriel-Klassement: nicht klassiert. Preisniveau: angemessen. Aktuelle Qualität: immer knapp reife Frucht und so recht säuerlich vom Extrakt her, mittlerer Körper. Der 2000er beweist, dass hier eigentlich mehr drin stecken könnte. Entwickelt sich aber zu einem wesentlich interessanteren Wert als früher. *www.franc-grace-dieu.com; www.cerclerivedroite.com*

2005	15/20	wa	2002	15/20	wa	1999	15/20	tr
2004	16/20	wa	2001	16/20	tr	1998	16/20	tr
2003	16/20	wa	2000	17/20	tr	1995	15/20	tr

Château Franc-Mayne

Gabriel-Klassement: nicht klassiert. Preisniveau: angemessen. Aktuelle Qualität: Die Nachbarsnamen wie La Gomerie, Beau-Séjour Bécot und Grand-Mayne dürften eigentlich auch für die Qualität des Franc-Mayne nicht ganz so schädlich sein. Immerhin kann man die letzten Jahrgänge als «sehr gut» bezeichnen – somit erscheint die Zukunft etwas rosiger. Ein dunkler Fleck in der alten Geschichte: Die Jahrgänge 1991 bis 1997 sind praktisch alle untrinkbar, denn sie zeigen sich unsauber und weisen oft fischige bis altfassige Töne auf! *www.chateau-francmayne.com*

2005	17/20	wa	2003	16/20	wa	2001	16/20	tr
2004	16/20	wa	2002	16/20	be	2000	16/20	tr

Château Franc-Pipeau

Gabriel-Klassement: nicht klassiert. Preisniveau: angemessen. Aktuelle Qualität: Seit dem Jahrgang 1995 regelmässig an Primeurproben degustiert. Der 1998er scheint mit 17/20 Punkten der Beste seiner Geschichte zu sein. Den 2000er muss man leider vergessen! *www.chateaupipeau.com*

Château Franc la Rose

Gabriel-Klassement: nicht klassiert. Preisniveau: angemessen. Aktuelle Qualität: Seit 1995 bewirtschaftet Jean-Louis Trocard den Franc la Rose. Damals dienten 1,35 ha als Startkapital. 1999 konnte er nochmals 2 ha Rebland dazu kaufen. Offensichtlich handelte es sich um gutes Terroir, denn die Qualität ist in den letzten Jahren leicht gestiegen. *www.trocard.com*

| 2005 | 17/20 | wa | 2004 | 17/20 | wa | 2003 | 16/20 | wa |

Château La Gaffelière

Gabriel-Klassement: Cinquième Cru classé. Preisniveau: teuer. Aktuelle Qualität: Mit mehr Selektionskompetenz und Konzentration könnte dieser Wein einer der charaktervollsten und langlebigsten St. Emilions sein. Leider ist er oft viel zu hart. *www.chateau-la-gaffeliere.com; www.premiers-saint-emilion.com*

2005	18/20	wa	1999	17/20	be	1990	17/20	tr
2004	17/20	wa	1998	17/20	be	1989	16/20	tr
2003	17/20	wa	1997	16/20	tr	1985	15/20	au
2002	16/20	wa	1996	16/20	tr	1982	15/20	vo
2001	17/20	wa	1995	16/20	tr	1975	18/20	au
2000	17/20	wa	1994	16/20	tr	1961	18/20	au

Château Gaillard

Gabriel-Klassement: nicht klassiert. Preisniveau: preiswert. Aktuelle Qualität: Wie die Weingüter, die im selben Besitz sind (Clos St. Julien und Petit-Gravet-Ainé) hat auch das Mutterhaus leicht zugelegt; solide, zuverlässig und gut. Erst seit dem Jahrgang 2003 auf einem 16/20 Punktniveau. *www.cerclerivedroite.com*

| 2005 | 16/20 | wa | 2004 | 16/20 | wa | 2003 | 16/20 | tr |

Château Galius

Gabriel-Klassement: nicht klassiert. Preisniveau: eher teuer. Aktuelle Qualität: Das Internet schweigt, wenn man den Namen eingibt, d.h. es erscheint lediglich ein Sportgeschäft. Sinnigerweise treffe ich diesen Wein immer wieder bei meinem Bordeaux-Einkaufsmarathon an. Momentan lohnt es sich nicht, über diesen eher als «Bluffwein» zu bezeichnenden Barriquen-Blender mehr zu erfahren.

Château Godeau

Gabriel-Klassement: nicht klassiert. Preisniveau: preiswert. Aktuelle Qualität: immer gut, aber nie richtig gross. Kann er auch nicht, denn das Weingut befindet sich nördlich von St. Emilion in einem Schattenloch. Die Wertungen liegen permanent um 16/20 Punkte und zeigen den guten Willen des Besitzers auf.

Château La Gomerie

Gabriel-Klassement: nicht klassiert. Preisniveau: teuer. Aktuelle Qualität: Man wollte aus diesem 100%igen Merlot einen «Le Pin» aus St. Emilion machen und hantierte jeweils verschwenderisch mit viel neuem Holz. Meine Erfahrung aufgrund mehrerer Fassproben zeigt allerdings, dass diese Tortur dem neuen Schützling nicht immer gut bekommt. *www.beausejour-becot.com; www.cerclerivedroite.com*

2005	17/20	wa	2001	16/20	be	1997	15/20	tr
2004	18/20	wa	2000	18/20	be	1996	17/20	tr
2003	17/20	wa	1999	17/20	tr	1995	17/20	tr
2002	16/20	wa	1998	17/20	tr			

Château Grâce Dieu

Gabriel-Klassement: nicht klassiert. Preisniveau: preiswert. Aktuelle Qualität: Ein leichter, gastronomischer Trinkspass, der immer gut 15/20 Punkte wert ist. 10 Jahrgänge degustiert; immer zuverlässig – wenn auch eben eher auf süffigem Niveau. *www.cerclerivedroite.com*

Château Gracia

Gabriel-Klassement: nicht klassiert. Preisniveau: teuer. Aktuelle Qualität: Viele Arbeitsstunden und ein extrem niedriger Ertrag sowie ein prestigeträchtiges Outfit verbinden diesen verführerischen Wein. Erster Jahrgang: 1997. *www.thunevin.com*

2005	19/20	wa	2002	17/20	be	1999	17/20	tr
2004	19/20	wa	2001	18/20	tr	1998	17/20	tr
2003	17/20	wa	2000	18/20	tr	1997	17/20	tr

Château Grand-Barrail-Larmacelle-Figeac

Gabriel-Klassement: nicht klassiert. Preisniveau: angemessen. Aktuelle Qualität: Das Team gibt sich alle Mühe und doch kommt meist nur ein durchschnittlicher Wein in die Flasche. Dieser schmeckt etwas nach Beeren, mehr aber nach unreifen Zwetschgen, es fehlt ihm an Fleisch und meist bleibt ein fein kapseliger Ton im Gaumen zurück, wenn man ihn geschluckt hat. Die Punkteernte von mir liegt leider immer näher bei 15/20 als bei 16/20. *www.grand.barrail.com*

Château Grand Corbin

Gabriel-Klassement: nicht klassiert. Preisniveau: angemessen. Aktuelle Qualität: Das Wort «Grand» könnte eigentlich auf etwas Grösseres hindeuten. Meist ist der Wein muskulös, wirkt aufrauhend, aber es fehlt an Reife in den Gerbstoffen. Wenn ich sonst eher auf eine kleine Neuholzmengenbeigabe tendiere, glaube ich, dass es hier etwas helfen könnte, wenn man mehr neuere Barriquen verwenden würde. Da der Wein nie richtig Charme aufweist, sollte man ihn eher zu kräftigen Speisen einsetzen – wenn überhaupt. Das Punktniveau liegt zwischen 15/20 und selten bei 16/20.

Château Grand-Corbin-Despagne

Gabriel-Klassement: Cinquième Cru classé. Preisniveau: eher teuer. Aktuelle Qualität: Seit dem Jahrgang 1996 wieder sehr gute Qualitäten liefernd – leider haben auch die Preise parallel mitgezogen. *www.grand-corbin-despagne.com; www.cerclerivedroite.com*

2005	18/20	wa	2001	17/20	be	1997	16/20	au
2004	16/20	wa	2000	17/20	be	1996	17/20	tr
2003	16/20	wa	1999	17/20	au	1995	15/20	au
2002	16/20	wa	1998	17/20	tr	1994	15/20	vo

Château Grand-Mayne

Gabriel-Klassement: Troisième Cru classé. Preisniveau: teuer. Aktuelle Qualität: Mit dem Jahrgang 1987 erwachte das Weingut erstmals aus seiner Lethargie. Der Jahrgang 1990 ist auch heute noch einer der allerbesten St. Emilions in diesem Jahrgang. Leider folgte danach ein kleiner Durchhänger. Seitdem der Sohn der Familie Nony im Jahr 1999 die Verantwortung übernommen hat, ist Grand-Mayne wieder einer der Top-Werte und fast jedes Jahr eine sehr, sehr gute Kaufempfehlung. *www.grand-mayne.com*

2005	18/20	wa	2000	19/20	be	1995	18/20	tr
2004	17/20	wa	1999	17/20	tr	1994	15/20	au
2003	17/20	wa	1998	17/20	tr	1990	19/20	tr
2002	17/20	wa	1997	17/20	tr	1989	16/20	au
2001	17/20	be	1996	17/20	tr	1988	16/20	au

Château Grandes Murailles

Gabriel-Klassement: nicht klassiert. Preisniveau: eher teuer. Aktuelle Qualität: Erst mit dem Jahrgang 1997 stieg die Qualität dieses lange vernachlässigten, klitzekleinen Crus. Von Château kann man nämlich nicht so richtig sprechen, denn Grandes Murailles besteht nur aus einem Rebberg und einem unterirdischen Kreidekeller, in welchem jeweils etwas mehr wie zwanzig Barriquen schlummern. Für Grandes Murailles lege ich die Hand ins Feuer und garantiere Jedermann ein ganz gewaltiges St. Emilion-Erlebnis, welches auch jung schon exorbitante Freude bereitet. *www.grandes-murailles.com*

2005	18/20	wa	2002	17/20	wa	1999	17/20	tr
2004	17/20	wa	2001	17/20	be	1998	18/20	be
2003	17/20	wa	2000	18/20	wa	1997	17/20	tr

Château Grand-Pontet

Gabriel-Klassement: nicht klassiert. Preisniveau: angemessen. Aktuelle Qualität: Nicht zu unterschätzen, denn das Weingut zeigt ziemlich solide Kontinuität. *www.cerclerivedroite.com*

2005	16/20	wa	2002	16/20	be	1998	17/20	tr
2004	16/20	wa	2001	15/20	tr	1997	16/20	au
2003	16/20	be	2000	16/20	be	1996	16/20	au

Château La Granère

Gabriel-Klassement: nicht klassiert. Preisniveau: preiswert. Aktuelle Qualität: Über die neuesten Qualitäten weiss ich leider nicht Bescheid. Irgendwie ist dieser Wein von den Primeurproben verschwunden. Dabei haben mir nicht wenige Jahrgänge viel Spass gemacht und einige habe ich sogar mit 17/20 Punkten bewertet. Würde gerne einmal eine neue Vertikalprobe machen.

Château La Grangère

Gabriel-Klassement: nicht klassiert. Preisniveau: angemessen. Aktuelle Qualität: Leider hat die Faszination dieses kleinen Crus in den letzten Jahren irgendwie etwas nachgelassen. Schade, dass er sein 17/20 Punkte-Abonnement abgegeben hat. Der erste wirklich grosse Jahrgang war der 1996er, der jetzt aber getrunken werden sollte (16/20). www.lagrangere.com; www.cerclerivedroite.com

2005	16/20	wa	2002	17/20	be	1999	17/20	tr
2004	15/20	wa	2001	16/20	tr	1998	17/20	tr
2003	17/20	wa	2000	17/20	tr	1997	16/20	tr

Château Les Gravières

Gabriel-Klassement: nicht klassiert. Preisniveau: angemessen. Aktuelle Qualität: Denis Barraud stellt auf Château Les Gravières zwei Weine her: Den «richtigen» Les Gravières, von welchem Sie hier die Noten finden und die Kreation mit dem Namen Lynsolence. Mit dem Erfolg, dass fast alle Journalisten ausflippen – mit einer Ausnahme: René Gabriel. Nicht auszudenken, wenn der Châteaubesitzer auf dieses unnötige Cuvée verzichten würde! Rein rechnerisch müsste ja dann der Les Gravières noch besser werden.

2005	18/20	wa	2001	16/20	be	1997	16/20	au
2004	17/20	wa	2000	17/20	tr	1996	17/20	tr
2003	17/20	wa	1999	17/20	tr	1995	16/20	tr
2002	17/20	wa	1998	17/20	tr			

Château Guadet-St-Julien

Gabriel-Klassement: nicht klassiert. Preisniveau: eher teuer. Aktuelle Qualität: So mit richtig grossen Leistungen wartet dieses Weingut nie auf, aber immerhin ist er stets korrekt, gut oder des Öfteren auch sehr gut; also bei 16/20 Punkten. Bisher war der 2004er mit 17/20 Punkten der Überflieger. Die Qualitäten vor 1995 liegen eher im peinlichen Bereich. www.cerclerivedroite.com

| 2005 | 17/20 | wa | 2003 | 16/20 | wa | 2001 | 16/20 | tr |
| 2004 | 17/20 | wa | 2002 | 16/20 | be | 2000 | 16/20 | tr |

1999	16/20	tr	1997	16/20	au	1995	16/20	tr
1998	16/20	tr	1996	15/20	au	1994	15/20	vo

Château Haut-Corbin

Gabriel-Klassement: nicht klassiert. Preisniveau: preiswert. Aktuelle Qualität: Seit vielen Jahren ein dünnes, harmloses, rotbeeriges Weinchen, knapp um die 15/20 Punkte herum tanzend. Ältere Jahrgänge so um 1990 waren mit extrem markanten Tanninen bestückt. *www.haut corbin.com*

Château Haut la Grâce Dieu

Gabriel-Klassement: nicht klassiert. Preisniveau: angemessen. Aktuelle Qualität: Trösten Sie sich – auch ich habe ab und zu Mühe, in St. Emilion den Überblick zu bewahren. Bekannte Namen enttäuschen manchmal und unbekannte Namen können überraschen – so wie Haut la Grâce Dieu in den letzten Jahren. *www.cerclerivedroite.com*

2005	16/20	wa	2003	16/20	wa	2000	17/20	tr
2004	16/20	wa	2001	17/20	be	1999	17/20	tr

Château Haut-Gravet

Gabriel-Klassement: nicht klassiert. Preisniveau: angemessen. Aktuelle Qualität: ein schon zu Beginn trocken wirkender Wein mit grossem Potential. In der Jugend ist er zwar vielversprechend, besitzt aber keinen Jungcharme. Was an diesem Wein auffällt: Egal welcher Jahrgang – die Farbe ist praktisch immer gleich tief. Meine Frage, ob der Einsatz von 100% neuem Holz nicht etwas übertrieben ist, kann wohl erst mit der Flaschenreife der Weine beantwortet werden?!

2005	17/20	wa	2003	17/20	wa	2001	16/20	wa
2004	17/20	wa	2002	16/20	wa	2000	17/20	wa

Château Haut-Sarpe

Gabriel-Klassement: nicht klassiert. Preisniveau: teuer. Aktuelle Qualität: Ist immer sehr konzentriert, immer sehr fett, immer mit viel Barriquenpräsenz und immer um 16/20, manchmal sogar bei 17/20 Punkten bewertet. Das Wort «Typizität» ist in meinen Verkostungsnotizen ebenfalls immer mit dem Wort «mangelnd» verbunden. Irgendwie scheinen diese Weine alle mehr im Keller als im Rebberg entstanden zu sein. Ich verzichte auf einzelne Wertungen und überlasse es Ihnen, ob Sie der Technik oder dem Terroir mehr Wohlwollen schenken. *www.j-janoueix.com*

Château Haut-Villet

Gabriel-Klassement: nicht klassiert. Preisniveau: angemessen. Aktuelle Qualität: Immer ein sehr guter, früh genussreifer Wein – und wenn die Besitzer sich nicht dazu hinreissen liessen, noch ein Supercuvée namens «Cuvée Pomone» aus derselben Produktion zu selektionieren, dann wäre dieser Wein wohl noch besser. Auf alle Fälle macht mir dieser Haut-Villet immer viel Spass; im Schnitt 16/20 Punkte und mit einer Prise Erotik versehen. *http://haut.villet.free.fr*

Château L'Hermitage

Gabriel-Klassement: nicht klassiert. Preisniveau: teuer. Aktuelle Qualität: Der Weinmacher Gaboriaud ist ein Tüftler und holt das Maximum aus der 3 ha kleinen Parzelle heraus – meist mit einem kräftigen Schuss dichtem Cabernet Franc versetzt. Leider ist es so, dass diese grossartige Qualität noch nicht ganz entdeckt ist, oder dass die Weinfreaks (noch) nicht bereit sind, den hohen Handelspreis dafür zu bezahlen.

2005	18/20	wa	2002	16/20	wa	1999	17/20	tr
2004	17/20	wa	2001	18/20	be	1998	19/20	be
2003	17/20	wa	2000	19/20	be	1997	18/20	tr

Château Jean Faure

Gabriel-Klassement: nicht klassiert. Preisniveau: angemessen. Aktuelle Qualität: Nur gerade die letzten Jahrgänge sind auf einem völlig neuen Niveau. Alles was früher war, kann man vergessen. Also Augen auf; hier tut sich was!

Château Jean Voisin

Gabriel-Klassement: nicht klassiert. Preisniveau: angemessen. Aktuelle Qualität: Zuverlässiges Weingut, das sich im Norden des Städtchens St. Emilion befindet. Die Frucht zeigt sich beim Jean Voisin immer sehr reif und erreicht in warmen Jahren oft pflaumige Konturen. *www.chassagnoux.com; www.cerclerivedroite.com*

2005	16/20	wa	2002	16/20	be	1999	17/20	tr
2004	16/20	wa	2001	16/20	tr	1998	17/20	tr
2003	16/20	wa	2000	17/20	be	1997	16/20	au

Château Le Jurat

Gabriel-Klassement: nicht klassiert. Preisniveau: angemessen. Aktuelle Qualität: stets gut, dicht und mit einer tollen Aromatik ausgestattet. Die Aromen erinnern an schwarze Beeren, Schwarztee, mittleres Potential (reif nach zehn Jahren Flaschenreife...) aufweisend. Immer solide bei 16/20 Punkten. *www.lejurat.com*

Château Lafon La Tuilière

Gabriel-Klassement: nicht klassiert. Preisniveau: angemessen. Aktuelle Qualität: Selbst im dicken Wälzer von Cocks & Féret habe ich nichts über dieses Weingut gefunden. Falls Sie etwas mehr über diesen recht überzeugenden Rebensaft wissen, melden Sie sich bitte bei mir! Der Wein steht jeweils inmitten von 200 anderen Fassmustern in der grossen Halle von St. Emilion und weiss mich immer wieder zu begeistern – erstmals mit dem Jahrgang 1999, der jetzt mit 17/20 Punkten in voller Reife ist.

2005	18/20	wa	2003	16/20	wa	2001	16/20	tr
2004	17/20	wa	2002	16/20	be	2000	17/20	tr

Château Laforge

Gabriel-Klassement: nicht klassiert. Preisniveau: teuer. Aktuelle Qualität: Das Weingut ist eine Neu-Kreation und der Wein wird auf Château Teyssier hergestellt. Dieser Rebensaft ist teuer und doch nicht ganz so rar, wie es sich der Besitzer wohl wünscht. *www.maltus.com*

2005	17/20	wa	2003	17/20	wa	2001	16/20	tr
2004	17/20	wa	2002	17/20	wa	2000	17/20	tr

Château Laniothe

Gabriel-Klassement: nicht klassiert. Preisniveau: preiswert. Aktuelle Qualität: Dieses Thema ist, nach 10 verkosteten Jahrgängen, schnell abgehandelt. Im besten Fall gut; also bei 15/20 Punkten liegend. *www.cerclerivedroite.com*

Château Laplagnotte-Bellevue

Gabriel-Klassement: nicht klassiert. Preisniveau: teuer. Aktuelle Qualität: Insgesamt 8 Jahrgänge degustiert, aber dieses Ding haut mich einfach nicht von den Socken, obwohl andernorts besser über dieses Weingut geschrieben wird. Und wenn ich es etwas besser fände, so wäre es den momentan verlangten Preis immer noch nicht wert. Die «Spitzenleistungen» dieses Weingutes siedeln sich bei 16/20 Punkten an. *www.cerclerivedroite.com*

Château Larcis-Ducasse

Gabriel-Klassement: Cru Bourgeois. Preisniveau: teuer. Aktuelle Qualität: Dieses Château sollte man in nächster Zeit besonders im Auge behalten, denn Nicolas Thienpont von Pavie-Macquin wird sich ab sofort um die Geschicke dieses bisher oft enttäuschenden Weingutes kümmern. Liegt direkt neben Pavie und zeigte sich für einen Grand Cru classé bei älteren Jahrgängen oft etwas zu rustikal. Doch das wird sich jetzt ja endlich ändern, wie bereits die neuesten Jahrgänge beweisen. Wenn Sie einen alten grossen Larcis-Ducasse erleben wollen, dann suchen Sie nach dem 1961er. Der offenbart mit 18/20 Punkten auch heute noch, was in diesem Terroir stecken kann/könnte.

2005	17/20	wa	2000	17/20	wa	1995	16/20	tr
2004	17/20	wa	1999	15/20	tr	1994	16/20	au
2003	17/20	wa	1998	17/20	tr	1990	16/20	tr
2002	16/20	wa	1997	16/20	au	1988	16/20	vo
2001	16/20	be	1996	15/20	tr	1985	16/20	vo

Château Larmande

Gabriel-Klassement: Cru Bourgeois. Preisniveau: eher teuer. Aktuelle Qualität: Eine Zeit lang wusste man nicht so recht, wohin sich dieser Cru entwickeln wird. Managerwechsel und Kellerprobleme bewirkten sehr unterschiedliche Qualitäten. Das Terrain wäre eigentlich phantastisch angelegt. Es gibt sogar ein paar Reben, die über 100 Jahre alt sind (gepflanzt 1873!). Seit dem Jahrgang 2001 ist Larmande wieder auf Kurs. *www.chateau-larmande.com*

2005	17/20	wa	2000	16/20	be	1994	17/20	tr
2004	16/20	wa	1999	15/20	tr	1990	17/20	au
2003	16/20	wa	1998	15/20	tr	1989	15/20	au
2002	17/20	wa	1996	15/20	tr	1988	16/20	au
2001	17/20	be	1995	17/20	tr	1985	15/20	au

Château Laroque

Gabriel-Klassement: nicht klassiert. Preisniveau: angemessen. Aktuelle Qualität: manchmal etwas hart, manchmal ein bisschen säuerlich und plötzlich erstaunlich tief, kraftvoll sowie vielversprechend. Wie bei seinem bisher besten Jahrgang: 2001! *www.chateau-laroque.com*

2005	15/20	wa	2002	16/20	be	1999	15/20	tr
2004	15/20	wa	2001	17/20	be	1998	16/20	tr
2003	16/20	wa	2000	16/20	be	1995	15/20	tr

Château Laroze

Gabriel-Klassement: nicht klassiert. Preisniveau: eher teuer. Aktuelle Qualität: Ein wirklich grosser, reifer Laroze ist mir noch nie begegnet. Meist sind diese Weine für einen St. Emilion unüblich hart. So hart, dass man idealerweise ein zähes Stück Rindfleisch zu diesem Wein «geniesst». *www.laroze.com*

2005	17/20	wa	2001	16/20	wa	1997	15/20	tr
2004	16/20	wa	2000	15/20	wa	1996	15/20	tr
2003	15/20	wa	1999	16/20	be	1995	17/20	tr
2002	16/20	wa	1998	17/20	tr	1990	15/20	au

Château Lassegue

Gabriel-Klassement: nicht klassiert. Preisniveau: preiswert. Aktuelle Qualität: Ich bin dem Wein nicht oft begegnet, war aber bei jedem Kontakt beeindruckt; dies mit Wertungen zwischen 16/20 bis 17/20 Punkten. Das mag am relativ grossen Anteil Cabernet liegen, der diesem St. Emilion Potential und Tiefe verleiht. Ein toller Wert, von dem ich gerne mehr wissen möchte. *www.chateau-lassegue.com*

Château des Laudes

Gabriel-Klassement: nicht klassiert. Preisniveau: günstig. Aktuelle Qualität: Ein beflügelnder Wein, der mit seinem Schokoaroma und seiner dropsigen Frucht jung viel süffigen Spass bereitet. Kein Wein, den man lagern sollte, jedoch im Restaurant bestellen und dabei einen «sehr guten» Tropfen auf 16/20 Punktniveau zu erleben.

Château Lavallade

Gabriel-Klassement: nicht klassiert. Preisniveau: preiswert. Aktuelle Qualität: viele Notizen mit wenig hohen Noten. Es gibt auch noch ein Cuvée Roxana vom gleichen Weingut. Das mag sich aber wenig vom normalen Saft abheben. Das Niveau liegt bei 15/20 Punkten und knapp darüber.

Château Lucia (ehemals Lucie)

Gabriel-Klassement: nicht klassiert. Preisniveau: eher teuer. Aktuelle Qualität: Seit 1996 bewertete ich jeweils den Château Lucie an Primeurproben. Die Wertungen schwankten zwischen 14/20 und 16/20 Punkten mit wenig versprechenden Degustationsnotizen. Was ich von jüngeren Jahrgängen verkostete, scheint ein neues Testament zu sein und hat mit den Vorgängern nichts mehr zu tun, denn auch der Name hat gewechselt: von Lucie zu Lucia.

2005	17/20	wa	2003	18/20	wa	2001	17/20	be
2004	17/20	wa	2002	17/20	be	2000	16/20	tr

Château Lusseau

Gabriel-Klassement: nicht klassiert. Preisniveau: preiswert. Aktuelle Qualität: Immer gut, immer süffig, sauber gemacht – ein gastronomischer Wein, der zwischen 15/20 und 16/20 Punkten hin und her balanciert und mit seinem günstigen Handelspreis einen tollen Wert darstellt.

Château Lynsolence

Gabriel-Klassement: nicht klassiert. Preisniveau: eher teuer. Aktuelle Qualität: ein Supercuvée aus Château Les Gravières! Strenge Selektion, viel neues Holz, möglichst viel Merlot und schon kann man sich mit den besseren, anderen St. Emilions messen – oft, aber halt nicht immer!

2005	17/20	wa	2002	16/20	be	1999	17/20	tr
2004	16/20	wa	2001	15/20	tr	1998	17/20	tr
2003	17/20	wa	2000	17/20	tr			

Château Magdelaine

Gabriel-Klassement: Troisième Cru classé. Preisniveau: teuer. Aktuelle Qualität: Der Wein ist in seiner Jugend sehr schwierig einzustufen. Ich habe ihn oft unterschätzt. Er ist ein ruhender Pol in der explosiven St. Emilion-Mischung zwischen hektischen Aufsteigern und lethargischen Absteigern. Und auf alle Fälle immer ein solider Wert, besonders in den letzten doch recht schwierigen Jahren. *www.premiers-saint-emilion.com*

2005	18/20	wa	1997	17/20	tr	1986	16/20	au
2004	17/20	wa	1996	17/20	tr	1985	18/20	tr
2003	17/20	wa	1995	17/20	tr	1983	16/20	au
2002	17/20	be	1994	17/20	tr	1982	18/20	tr
2001	18/20	wa	1993	16/20	tr	1970	16/20	au
2000	17/20	be	1990	19/20	tr	1966	18/20	au
1999	17/20	be	1989	17/20	tr	1964	16/20	au
1998	19/20	be	1988	17/20	tr	1962	18/20	au

Château Magrez-Fombrauge

Gabriel-Klassement: nicht klassiert. Preisniveau: Luxus-Klasse. Aktuelle Qualität: Ein neuer Name am St. Emilion-Firmament, denn das Mutterhaus (Fombrauge) ist das grösste Weingut in St. Emilion und jetzt, rein theoretisch etwas kleiner geworden, weil mit dem Jahrgang 2000 zwei kleine, aber ganz besonders gute Parzellen ausgeklammert wurden. Und daraus ist eine kleine Enklave mit dem Namen Magrez-Fombrauge entstanden. Wieder ein neues Cuvée in der eh schon permanent kokettierenden Szene. Profitieren jetzt in diesem Fall die Weinfreaks oder der Besitzer? *www.fombrauge.com*

2005	17/20	wa	2003	17/20	wa	2001	17/20	wa
2004	17/20	wa	2002	18/20	wa	2000	18/20	be

Château Mangot

Gabriel-Klassement: nicht klassiert. Preisniveau: angemessen. Aktuelle Qualität: Hat in den letzten Jahren immer wieder recht gute Leistungen um 15/20 bis 16/20 Punkte gezeigt. Der 2000er erreichte sogar 17/20 Punkte. Doch anstatt die Qualität des Grundweines noch mehr anzuheben, hat man zusätzlich ein Spezialcuvée mit dem Namen «Quintessence» selektioniert. Diese Sonderproduktion ist dann nicht unbedingt besser, sondern nur dicker und eichiger. *www.chateaumangot.fr*

Château La Marzelle

Gabriel-Klassement: nicht klassiert. Preisniveau: eher teuer. Aktuelle Qualität: ein Mini-Château mit Top-Innenarchitektur. Das Weingut ist einen Besuch wert – ein wirkliches Schmuckstück. Wer im noblen Hotel Grand-Barrail-Larmacelle-Figeac wohnt, sollte sich dieses hübsche Château nicht entgehen lassen, denn zu Fuss sind es nicht einmal 100 Meter Entfernung. Der Wein ist sehr gut, grazil und ohne den bluffigen Druck vieler anderer, ähnlich gelagerter Kreationen. *www.cerclerivedroite.com*

2005	17/20	wa	2002	16/20	wa	1999	17/20	be
2004	16/20	wa	2001	17/20	be	1998	16/20	tr
2003	17/20	wa	2000	17/20	tr			

Château Matras

Gabriel-Klassement: nicht klassiert. Preisniveau: angemessen. Aktuelle Qualität: Man kann es drehen und wenden, wie man will – Matras war früher nie gut und heute (weil es aus dem gleichen Weingut eine Selektion für L'Hermitage gibt) immer noch nicht auf dem Niveau, welches man als Nachbar von Angélus erwarten könnte. Eine Wertung von 16/20 Punkten erkämpft sich der Wein in seltenen Fällen.

Château La Mauriane

Gabriel-Klassement: nicht klassiert. Preisniveau: angemessen. Aktuelle Qualität: einer der regelmässig besten Weine aus dem Satelliten Puisseguin. Die Reben sind teilweise über 50 Jahre alt und liefern seit Jahren immer einen tiefgründigen und recht kräftigen Wein. *www.cerclerivedroite.com*

2005	17/20	wa	2002	17/20	wa	1999	17/20	tr
2004	17/20	wa	2001	17/20	be	1998	17/20	tr
2003	16/20	wa	2000	17/20	tr	1997	16/20	au

Château Milon

Gabriel-Klassement: nicht klassiert. Preisniveau: eher teuer. Aktuelle Qualität: gefällig, aber manchmal arg körnig in der Textur. Und hat er kein sandiges Extrakt, dann wirkt er trocken. Zusammengefasst: Ein Foodwein, der zwischen 14/20 und 16/20 Punkten in meinen Wertungen belegt.

Château Milens

Gabriel-Klassement: nicht klassiert. Preisniveau: teuer. Aktuelle Qualität: Man hört und liest immer wieder Gutes von diesem selten anzutreffenden Wein. Ich habe ihn zweimal verkostet (Jahrgänge 2004 und 2000) und beide Male 17/20 Punkte verliehen. Also wäre das Niveau eigentlich hoch...

Château Monbousquet

Gabriel-Klassement: Troisième Cru classé. Preisniveau: teuer. Aktuelle Qualität: Der Monbousquet war ein Senkrechtstarter – zuerst durch seine Qualität – bis er dann sogar noch von seinem eigenen Preis überholt wurde! Preis hin oder her, immer wenn ich einen Monbousquet vor mir habe, bin ich völlig fasziniert von diesem Wein. Und – es gäbe sogar einen weissen Monbousquet, was in St. Emilion eine absolute Rarität ist. *www.chateaupavie.com*

2005	17/20	wa	2001	17/20	wa	1997	17/20	tr
2004	17/20	wa	2000	18/20	tr	1996	17/20	tr
2003	17/20	wa	1999	18/20	tr	1995	18/20	tr
2002	16/20	wa	1998	18/20	tr	1994	17/20	tr

La Mondotte

Gabriel-Klassement: nicht klassiert. Preisniveau: Luxus-Klasse. Aktuelle Qualität: Bereits mit dem ersten, neuen Mondotte-Jahrgang 1996 (18/20, jetzt erste Genussreife) sorgte Neipperg für einen Paukenschlag in St. Emilion. Der Preis verblüffte zu Beginn und trotzdem wollte jeder diesen neuen Superstar. Heute ist es nicht mehr so einfach das Preisniveau zu halten, aber der Wein behauptet sich trotzdem (noch) auf sehr hohem Preissegment. *www.neipperg.com*

2005	19/20	wa	2002	17/20	wa	1999	18/20	tr
2004	18/20	wa	2001	17/20	be	1998	19/20	be
2003	18/20	wa	2000	19/20	wa	1997	19/20	tr

Château Moulin du Cadet

Gabriel-Klassement: nicht klassiert. Preisniveau: preiswert. Aktuelle Qualität: Ein braver, nicht auffallender, halb artisanal hergestellter Wein. Das Önologie-Team hat in den letzten Jahren gewechselt, was jedoch die Wertungen zwischen 15/20 und 16/20 Punkten nicht beeinflusst und ich aufgrund 12 bewerteten Jahrgängen mit Fug und Recht behaupten darf.

Château Moulin Galhaud

Gabriel-Klassement: nicht klassiert. Preisniveau: angemessen. Aktuelle Qualität: Hat sich zu einem guten, zuverlässigen Wert bei angenehm günstigen Preisen etabliert. Nur leider findet man den Wein eher selten auf Restaurantkarten, denn gerade dort könnte er jung schon viel Freude bereiten.

2005	17/20	wa	2002	16/20	be	1999	15/20	tr
2004	16/20	wa	2001	16/20	tr	1998	16/20	tr
2003	16/20	be	2000	17/20	tr	1996	16/20	tr

Château Moulin-St. Georges

Gabriel-Klassement: Cinquième Cru classé. Preisniveau: angemessen. Aktuelle Qualität: immer ein fast überfruchtiger Wein mit viel Waldbeerengeschmack. Die verschwenderischen Aromen passen super in ein Burgunderglas. Dabei ist der Wein in der Jugend schon so «geil», dass man gar keine Lust hat, zu wissen, wie er später einmal schmecken könnte!

2005	18/20	wa	2001	17/20	tr	1997	16/20	au
2004	17/20	wa	2000	17/20	tr	1996	17/20	tr
2003	18/20	be	1999	16/20	tr	1995	16/20	tr
2002	16/20	be	1998	17/20	tr			

Château du Parc

Gabriel-Klassement: nicht klassiert. Preisniveau: angemessen. Aktuelle Qualität: Immer ein solider, delikater, meist etwas leicht erscheinender Wein, der schon jung zu gefallen weiss. Das Punkte-Abo liegt bei 16/20. Ausser beim bisher besten du Parc; dem 1998er, welchem ich 17/20 Punkte verlieh.

Château Pas de L'Ane

Gabriel-Klassement: nicht klassiert. Preisniveau: eher teuer. Aktuelle Qualität: Viel Erotik strahlt dieser selten anzutreffende Newcomer aus. Ein interessanter Quereinsteiger mit wenig Vergangenheit, aber von den Noten her gesehen offensichtlich mit grosser Zukunft. Merkmal: relativ viel Cabernet Franc mit bis zu 45 % Anteil im Blend. Der erste Jahrgang (1999) lag bei 16/20 Punkten und ist jetzt vollreif. *www.thunevin.com*

2005	18/20	wa	2003	17/20	be	2001	17/20	be
2004	15/20	wa	2002	17/20	be	2000	17/20	be

Château Patris

Gabriel-Klassement: nicht klassiert. Preisniveau: angemessen. Aktuelle Qualität: tolle Weine für wenig Geld. Ein wunderbarer Tropfen, von dem ich schon mehr als 12 Jahrgänge verkosten durfte. In grossen Jahren ist der Patris tief, zeigt Tabakwürze und Nussaromen; dies bei blaubeerigen Fruchtnoten. Die ersten, besseren Weine entstanden mit dem Jahrgang 1996, welcher jetzt reif ist und noch 15/20 Punkte bringt. *www.cerclerivedroite.com*

2005	17/20	wa	2002	17/20	tr	1999	16/20	au
2004	17/20	wa	2001	18/20	be	1998	18/20	tr
2003	18/20	wa	2000	18/20	be	1997	16/20	au

Château Pavie

Gabriel-Klassement: Quatrième Cru classé. Preisniveau: Luxus-Klasse. Aktuelle Qualität: Früher war ich ein deklarierter Pavie-Fan – heute wieder. Nur sind die heutigen Pavie-Weine ganz anders, nämlich am Maximum dessen vinifiziert, was möglich ist; mit einer Hyper-Konzentration. So konzentriert, dass sich die Flaschenreife nur zögerlich einstellt. Aber – keine Angst, wenn diese Weine einmal reif werden, dann gehören sie zu den ganz grossen und eindrucksvollsten Rebensäften des Libournais. Nur muss man bis zu diesem Beweis noch mindestens zehn Jahre warten. Zur Qualitäts-Betrachtung gibt es drei Epochen: Die ganz neue und gigantische Perse-Epoche (ab 1997), das mittlere Trauerspiel zwischen 1996 bis 1990 und die «guten, alten Paul Valette-Zeiten», die mit dem wunderbaren 1989er aufhörten. *www.chateaupavie.com*

2005	19/20	wa	1999	18/20	be	1989	18/20	tr
2004	19/20	wa	1998	18/20	be	1985	17/20	au
2003	19/20	wa	1997	16/20	be	1982	17/20	au
2002	18/20	wa	1996	16/20	tr	1970	17/20	au
2001	18/20	be	1995	16/20	tr	1966	17/20	au
2000	19/20	be	1990	16/20	au	1964	18/20	au

Château Pavie-Decesse

Gabriel-Klassement: Troisième Cru classé. Preisniveau: Luxus-Klasse. Aktuelle Qualität: war früher schon gut, jedoch viel billiger. Gérard Perse hat hier wie bei allen seinen Domainen Vollgas gegeben und diesen Wein in eine neue Sphäre gehoben. Gehört zu den konzentriertesten St. Emilions. *www.chateaupavie.com*

2005	17/20	wa	2000	18/20	be	1995	16/20	tr
2004	17/20	wa	1999	17/20	tr	1994	16/20	tr
2003	18/20	wa	1998	18/20	tr	1993	15/20	tr
2002	18/20	wa	1997	18/20	tr	1990	16/20	tr
2001	17/20	wa	1996	16/20	tr	1989	16/20	tr

Château Pavie-Macquin

Gabriel-Klassement: Deuxième Cru classé. Preisniveau: teuer. Aktuelle Qualität: Den aktuellen Erfolg verdankt das Château dem emsigen Verwalter Nicolas Thienpont, welcher sich klammheimlich als Superstar unter den Önologen etabliert hat. Wer sich darüber beklagt, dass der «richtige Pavie» in letzter Zeit viel zu teuer geworden ist, kann sich hier zu einem recht fairen Preis auf hohem Niveau trösten.

2005	18/20	wa	2000	18/20	be	1995	18/20	tr
2004	18/20	wa	1999	17/20	tr	1994	17/20	tr
2003	18/20	wa	1998	18/20	tr	1993	17/20	tr
2002	17/20	wa	1997	18/20	tr	1990	17/20	tr
2001	18/20	be	1996	17/20	tr	1989	16/20	au

Château Péby-Faugères

Gabriel-Klassement: nicht klassiert. Preisniveau: teuer. Aktuelle Qualität: auf sehr hohem Niveau! Dichter Wein mit enorm viel Extrakt und auch viel Fruchtfrische. Der Laden hat den Besitzer gewechselt, doch Gefahr für Qualitätsverlust besteht nicht. Péby-Faugères startete erstmals mit dem Jahrgang 1998. *www.chateau-faugeres.com* ▶

2005	19/20	wa	2002	18/20	wa	1999	17/20	tr
2004	18/20	wa	2001	17/20	be	1998	18/20	tr
2003	17/20	wa	2000	18/20	be			

Le Petit Cheval

Gabriel-Klassement: nicht klassiert. Preisniveau: eher teuer. Aktuelle Qualität: Der zweite Wein von Cheval Blanc ist leider genau das, was seine Bezeichnung aussagt: Ein Zweitwein! Nichts desto trotz kann er seine grosse Herkunft schwer verleugnen, denn wer Finessen liebt, wird bei diesem Wein bestimmt fündig. *www.chateau-cheval-blanc.com*

2005	17/20	wa	2001	17/20	be	1997	16/20	au
2004	16/20	wa	2000	17/20	tr	1996	16/20	tr
2003	17/20	be	1999	15/20	tr	1995	17/20	tr
2002	16/20	be	1998	17/20	tr	1990	15/20	au

Château Petit-Faurie de Soutard

Gabriel-Klassement: nicht klassiert. Preisniveau: angemessen. Aktuelle Qualität: Das 8 ha kleine Weingut kommt momentan einfach (noch) nicht so richtig vom Fleck. *www.vignoblescapdemourlin.com*

2005	16/20	wa	2001	15/20	tr	1997	16/20	tr
2004	16/20	wa	2000	16/20	tr	1996	17/20	tr
2003	15/20	wa	1999	17/20	tr	1995	15/20	tr
2002	16/20	wa	1998	16/20	tr	1990	16/20	au

Château Petit-Gravet-Ainé

Gabriel-Klassement: nicht klassiert. Preisniveau: angemessen. Aktuelle Qualität: Spricht man vom grössten Cabernet Franc-Vorkommen in Bordeaux wird unisono immer nur ein Name genannt: Cheval Blanc, denn auf dessen Terroir stehen etwas mehr als 60 %. Doch nun kommt ein neuer Name ins Spiel, wenn es um den Rekordhalter dieser meist an zweiter Stelle angepflanzten Rebsorte im Departement Gironde geht: Petit-Gravet-Ainé. Das Weingut ist zwar alt, wurde aber im Jahr 1999 (16/20, tr) in Folge Erbschaft zweigeteilt und so ist dieser neue Name entstanden. Merken Sie ihn sich – zu Ihrem eigenen Nutzen!

2005	18/20	wa	2003	17/20	be	2001	17/20	be
2004	18/20	wa	2002	18/20	be	2000	17/20	tr

Château Pipeau

Gabriel-Klassement: nicht klassiert. Preisniveau: preiswert. Aktuelle Qualität: Präsentierte sich in den letzten Jahren immer als tollen Wert; sehr reife Fruchtnoten, manchmal fast cremig resp. kompottartig im Fluss. *www.chateaupipeau.com*

2005	18/20	wa	2001	17/20	tr	1997	16/20	tr
2004	16/20	wa	2000	17/20	tr	1996	16/20	tr
2003	16/20	wa	1999	16/20	tr	1995	16/20	tr
2002	17/20	be	1998	15/20	tr	1994	15/20	au

Château La Plagnotte

Gabriel-Klassement: nicht klassiert. Preisniveau: eher teuer. Aktuelle Qualität: Das Mutterhaus heisst La Plagnotte-Bellevue, liegt in Saint Christophe des Bardes und ist nur 6 ha klein. Aber offensichtlich doch nicht klein genug, um innerhalb dieser Miniproduktion nochmals ein Supercuvée zu selektionieren. *www.cerclerivedroite.com*

2005	17/20	wa	2003	17/20	wa	2001	16/20	tr
2004	16/20	wa	2002	17/20	tr	2000	16/20	tr

Château Plaisance

Gabriel-Klassement: nicht klassiert. Preisniveau: preiswert. Aktuelle Qualität: meist auf sehr gutem Niveau. Aussergewöhnlich viel Cabernet-Anteil. Achtung: Es gibt verschiedene Château Plaisance im Bordelais. *www.chateauplaisance.fr*

2005	17/20	wa	2002	16/20	be	1999	16/20	tr
2004	17/20	wa	2001	16/20	tr	1998	17/20	tr
2003	16/20	be	2000	17/20	tr	1997	16/20	au

Château de Pressac

Gabriel-Klassement: nicht klassiert. Preisniveau: preiswert. Aktuelle Qualität: ein toller, beständiger Wert mit interessantem Potential. Die Weine sind fleischig, erstaunlich tief und meist sehr blaubeerig im Geschmack. *www.chateaudepressac.com; www.cerclerivedroite.com*

2005	17/20	wa	2002	16/20	be	1999	16/20	tr
2004	17/20	wa	2001	17/20	tr	1998	17/20	tr
2003	17/20	wa	2000	17/20	tr	1997	16/20	au

Château Le Prieuré

Gabriel-Klassement: nicht klassiert. Preisniveau: angemessen. Aktuelle Qualität: korrekt, gut, manchmal sehr gut, aber immer irgendwie langweilig. Es braucht heute wirklich eine stoische Apathie, um nur zuzusehen, wenn alle Nachbarn rundherum einen fast doppelt so guten Wein herstellen. Das Punktniveau schwankt zuverlässig zwischen 15/20 und 16/20.

Château Prieuré Lescours

Gabriel-Klassement: nicht klassiert. Preisniveau: preiswert. Aktuelle Qualität: Die Weine von Prieuré Lescours sind mir erst in den letzten Primeurproben aufgefallen. Einerseits von der sauberen Vinifikation her, andererseits der Punkte wegen, die sich alle um 16/20 bewegen. Also ein guter, gastronomischer Wert.

Château Puymouton

Gabriel-Klassement: nicht klassiert. Preisniveau: angemessen. Aktuelle Qualität: seit dem Jahrgang 2000 regelmässig verfolgt und immer mit 16/20 Punkten taxiert. Der Wein ist süss, zeigt viel reifes Kirschenaroma und bekommt eine anständige, passende Portion Holz mit auf seinen mittellangen Lebensweg.

Château Quercy

Gabriel-Klassement: nicht klassiert. Preisniveau: preiswert. Aktuelle Qualität: Ein herrlicher Rotwein, den man günstig erwerben kann. Oft hat der Geschmack etwas burgundisches an sich und erinnert an einen fetten Savigny-les-Beaune. Macht immer jung schon viel Spass! *www.chateau-quercy.com*

2005	17/20	wa	2002	17/20	tr	1999	16/20	tr
2004	16/20	wa	2001	17/20	tr	1998	17/20	tr
2003	17/20	wa	2000	17/20	tr	1997	16/20	au

Château Quinault L'Enclos

Gabriel-Klassement: nicht klassiert. Preisniveau: teuer. Aktuelle Qualität: Eines muss man dem Besitzer hoch anrechnen – er hat aus einem sehr bescheidenen Boden immer einen sehr guten Wein vinifiziert. Vielleicht am Limit dessen, was man sollte, doch es gelang ihm bestens, vor allem amerikanische Weinschreiber damit zu becircen. Das zu Beginn proklamierte Hochpreisniveau konnte nicht gehalten werden. Heute findet man diesen Wein wieder «etwas» billiger und langsam stimmt jetzt dann auch das Preis-Leistungs-Verhältnis. *www.chateau-quinault.com*

2005	17/20	wa	2002	17/20	be	1999	18/20	tr
2004	16/20	wa	2001	17/20	tr	1998	17/20	tr
2003	16/20	be	2000	16/20	tr	1997	15/20	tr

Château Raby-Jean Voisin

Gabriel-Klassement: nicht klassiert. Preisniveau: preiswert. Aktuelle Qualität: seit dem Jahrgang 2000 ein sehr guter St. Emilion. Der Wein ist geschmeidig, zeigt rundliche Tannine und ist dadurch jung schon ein toller Genuss. Das Potential reicht jeweils für etwa zehn Jahre; nach der Flaschenfüllung. *www.chateau-du-paradis.fr*

Château Riou de Thaillas

Gabriel-Klassement: nicht klassiert. Preisniveau: angemessen. Aktuelle Qualität: Ein sehr rotbeeriger, frischer Wein, der oft von einem leicht dominanten Barriqueröstton begleitet ist. Nicht besonders tief vom Charakter her, dafür aber einen jungen, gastronomischen Genuss bietend. Die Wertungen liegen zuverlässig zwischen 15/20 bis 16/20 Punkten. Insgesamt 10 Jahrgänge verkostet. *www.vignobles bechet.com; www.cerclerivedroite.com*

Château Ripeau

Gabriel-Klassement: nicht klassiert. Preisniveau: angemessen. Aktuelle Qualität: Nicht selten schmeckt dieser Wein irgendwie nach Cheval Blanc. Ist ja auch kein Wunder, denn die Reben grenzen an den berühmten Premier Grand Cru an. Meist sind im Blend auch bis 40 % Cabernet vorhanden. Wer sich keinen Cheval Blanc leisten kann und dem der Petit Cheval zu dünn ist, der sollte Ripeau kaufen! *www.cerclerivedroite.com*

2005	17/20	wa	2002	16/20	be	1999	16/20	tr
2004	16/20	wa	2001	16/20	tr	1998	17/20	tr
2003	16/20	be	2000	17/20	tr	1997	16/20	au

Château Rochebelle

Gabriel-Klassement: nicht klassiert. Preisniveau: angemessen. Aktuelle Qualität: Die Reben befinden sich auf dem Prestigehügel zwischen Troplong-Mondot und La Mondotte (letzteres soll sogar früher zu Rochebelle gehört haben)! Der Wein ist sehr rotbeerig, oft mit viel Himbeerentouch und könnte auch in Burgunderproben als Pirat reingeschmuggelt werden. *www.grand-cru-st-emilion.com*

2005	17/20	wa	2002	16/20	be	1999	16/20	tr
2004	17/20	wa	2001	17/20	tr	1998	17/20	tr
2003	17/20	wa	2000	17/20	tr	1997	16/20	au

Château Rocher Bellevue-Figeac

Gabriel-Klassement: Cru Bourgeois. Preisniveau: angemessen. Aktuelle Qualität: Die Qualitäten sind gut bis sehr gut – aber nicht mehr! Die Rebberge befinden sich relativ nahe zur Appellation Pomerol. Die Jahrgänge vor 1994 sollten schon ausgetrunken sein.

2005	17/20	wa	2001	16/20	tr	1997	15/20	au
2004	16/20	wa	2000	16/20	tr	1996	16/20	tr
2003	16/20	wa	1999	17/20	tr	1995	16/20	tr
2002	16/20	be	1998	16/20	tr	1994	15/20	au

Château Les Roches Blanches

Gabriel-Klassement: nicht klassiert. Preisniveau: günstig. Aktuelle Qualität: Die leichteren Böden und jungen Reben von Côte de Baleau werden für diesen Wein selektioniert, den es erst seit dem Jahrgang 2000 gibt. Ein spassiger, jung zu trinkender St. Emilion mit sehr gutem Preis-Leistungs-Verhältnis. Die Wertungen liegen um 15/20 Punkte. *www.grandes-murailles.com*

Château Rol-Valentin

Gabriel-Klassement: nicht klassiert. Preisniveau: eher teuer. Aktuelle Qualität: seit 1994 im gleichen Besitz. Die ersten Jahrgänge waren bei Primeurproben «gut», leider aber dann in der Flasche «stinkig». Seit 1998 ist das Weingut auf völlig neuem Qualitätsniveau. Vom Fett und den herrlichen Brombeer- und Cassisaromen her manchmal wie ein grosser Pomerol schmeckend. Leider sind ein paar der allerletzten Jahrgänge nicht ganz auf dem zu erwartenden Level, was aber mit dem genialen 2005er wieder wett gemacht wird. *www.rolvalentin.com*

2005	18/20	wa	2002	18/20	wa	1999	18/20	tr
2004	16/20	wa	2001	17/20	be	1998	18/20	tr
2003	17/20	wa	2000	19/20	be	1997	16/20	au

Château Roylland

Gabriel-Klassement: nicht klassiert. Preisniveau: eher teuer. Aktuelle Qualität: Seit dem Jahrgang 2002 ein interessanter Wert – kompakt in seinem Körper, samtig mit seinen Tanninen und immer sehr gut vinifiziert. Das Qualitätsniveau liegt locker auf 16/20 Punkten und manchmal ganz nah (z.B. beim 2003er) bei der nächst höheren Punktestufe. Insgesamt 8 Jahrgänge verkostet. *www.cercle rivedroite.com*

Château Rozier

Gabriel-Klassement: nicht klassiert. Preisniveau: angemessen. Aktuelle Qualität: immer rotbeerig, oft nach Himbeeren duftend, dabei schwingt ein floraler, an Rosen erinnernder Ton im Bouquet mit. Der Wein selbst ist mittelgewichtig mit wenig Tiefgang, bereitet aber bei Wertungen um 16/20 Punkte herum Freude – auch beim Griff ins Portemonnaie.

Château Saint Domingue

Gabriel-Klassement: nicht klassiert. Preisniveau: teuer. Aktuelle Qualität: Eigentlich ist das ein sehr guter Wein, aber er schmeckt halt wie irgend ein sehr guter Wein, der von irgendwo her kommen könnte – ganz sicher nicht aus St. Emilion. Um es brutal auszudrücken; der Saint Domingue ist eine önologische, dicke Weincreme mit mehr Marmeladen- und Barriquengeschmack, als mit Weinaromen. Ich bewerte den Wein mit jeweils 16/20 Punkten und bin froh, wenn ich ihn dabei nur degustieren und nicht trinken muss. *www.fayat-group.com*

Château St. André-Corbin

Gabriel-Klassement: nicht klassiert. Preisniveau: preiswert. Aktuelle Qualität: immer solide, kräftig und erstaunlich langlebig. Seit dem die Moueix-Truppe nicht mehr für den

Vertrieb zuständig ist, sieht man den Wein nicht mehr so oft auf dem Markt. In der Regel liegt die Qualität bei 16/20 Punkten und der Wein liebt es, dekantiert zu werden. *www.vignobles-saby.com*

Sanctus

Gabriel-Klassement: nicht klassiert. Preisniveau: eher teuer. Aktuelle Qualität: ein süsslich wirkender, manchmal sanft kompottartiger Wein mit recht viel Holzeinsatz. Die Noten für die effektive Qualität liegen bei 16/20 Punkten. Wenn ich die Typizität bewerten müsste, wären diese mindestens einen Punkt tiefer. *www.cerclerivedroite.com*

2005	16/20	wa	2003	16/20	wa	2001	16/20	tr
2004	16/20	wa	2002	16/20	be	2000	16/20	tr

Château Sansonnet

Gabriel-Klassement: nicht klassiert. Preisniveau: eher teuer. Aktuelle Qualität: Alte Jahrgänge vor 1999 (17/20, tr) kann man schlicht vergessen. Die Neuen sind auf sehr gutem Niveau. Es scheint, dass die Weinkenner den Wein noch nicht entdeckt haben. Also noch ein sehr guter Wert. *www.sansonnet.com; www.cerclerivedroite.com*

2005	17/20	wa	2003	17/20	be	2001	17/20	tr
2004	17/20	wa	2002	17/20	tr	2000	17/20	tr

Château La Serre

Gabriel-Klassement: Quatrième Cru classé. Preisniveau: eher teuer. Aktuelle Qualität: Das Weingut liegt traumhaft gelegen Richtung Trottevieille (nur ein paar Gehminuten vom Städtchen St. Emilion entfernt). Ein grossartiger Wein mit mittlerem Alterungspotential. Geschmacklich oft im blaubeerigen Bereich, mit Fülle und einer herrlichen Süsse von den Tanninen ausgehend. Wird neuerdings über das Handelshaus Moueix vertrieben. *www.cerclerivedroite.com*

2005	18/20	wa	2000	17/20	tr	1995	18/20	tr
2004	17/20	wa	1999	16/20	tr	1994	16/20	tr
2003	16/20	be	1998	18/20	tr	1990	18/20	tr
2002	17/20	be	1997	16/20	au	1989	17/20	au
2001	16/20	tr	1996	18/20	tr	1988	16/20	au

Château Soutard

Gabriel-Klassement: nicht klassiert. Preisniveau: eher teuer. Aktuelle Qualität: Was soll ich dazu schreiben? Ganz einfach; ich weiss es nicht! Weil Soutard immer sehr spät den biologischen Säureabbau macht, sind die Fassproben jeweils im Frühjahr kaum degustier- bzw. bewertbar. Deshalb fehlen die Noten für die jüngsten Jahrgänge. Da der eigenwillige Besitzer immer noch der gleiche ist und ältere Jahrgänge nie richtig gut waren, lohnt es sich sehr wahrscheinlich auch nicht, nach den Jüngeren zu suchen! Also ist Soutard das einzige, bekanntere Weingut des Bordelais, wo Sie ohne meine Informationen auf eigenes Risiko kaufen oder trinken müssen!

Château Tertre-Daugay

Gabriel-Klassement: nicht klassiert. Preisniveau: eher teuer. Aktuelle Qualität: Der Wein ist gleich hart wie der La Gaffelière (gleicher Besitzer), nur dass er noch mehr Muskeln und grobes Korn in der Struktur aufweist. In einer Blinddegustation könnte man diesen Wein glatt mit einem Fronsac oder Cru Bourgeois verwechseln. Die letzten Jahrgänge sind top. *www.chateau-la-gaffeliere.com*

2005	18/20	wa	2002	16/20	wa	1999	16/20	tr
2004	17/20	wa	2001	15/20	be	1998	16/20	tr
2003	15/20	wa	2000	16/20	be	1997	15/20	au

Château Tertre-Rôteboeuf

Gabriel-Klassement: Deuxième Cru classé. Preisniveau: teuer. Aktuelle Qualität: Der Besitzer erntet immer sehr spät, was Handicap aber auch Vorteile bringen kann. Der Tertre-Rôteboeuf lässt sich nur mit sich selbst vergleichen. Ein meist dicker, reicher Wein mit einer ausufernden Erotik. Der erste wirklich gute Jahrgang war der 1985er, der heute aber überreif ist. Und hier setze ich auch die generelle Frage an: Wann ist die beste Genussphase eines Tertre-Rôteboeuf? Ich meine, nach zehn Jahren ist jeweils der schönste Moment erreicht. Dann geht's bergab! *www.tertre-roteboeuf.com*

2005	18/20	wa	2002	17/20	be	1999	17/20	tr
2004	18/20	wa	2001	18/20	tr	1998	19/20	tr
2003	16/20	tr	2000	19/20	tr	1997	18/20	tr

1996	18/20	tr		1993	15/20	au		1988	17/20	vo
1995	17/20	tr		1990	19/20	au		1986	17/20	vo
1994	18/20	tr		1989	17/20	vo				

Château Teyssier

Gabriel-Klassement: nicht klassiert. Preisniveau: angemessen. Aktuelle Qualität: Teyssier, Laforge und Le Dôme sind alle im gleichen Besitz. Der Australier Jonathan Maltus wirkt als Winemaker und produziert auf jedem Weingut das, was maximal möglich ist. Achtung: Es gibt zwei Châteaux Teyssier in St. Emilion! Hier spreche ich jedoch vom 7 ha kleinen, schmucken Château, welches in der Gemeinde Vignonet liegt. Die Weine sind sehr modern vinifiziert. *www.maltus.com*

2005	16/20	wa		2002	16/20	be		1999	17/20	tr
2004	16/20	wa		2001	16/20	tr		1998	15/20	tr
2003	16/20	be		2000	16/20	tr		1995	16/20	tr

Château Tour Baladoz

Gabriel-Klassement: nicht klassiert. Preisniveau: preiswert. Aktuelle Qualität: Ein kräftiger, maskuliner Wein mit Biss und viel Fleisch am Knochen, von der Aromatik her zeigen sich ebenso viel kühle Frucht wie auch florale Noten. Die Wertungen liegen im Bereich 15/20 bis 16/20 Punkte. *www.rabotvins.com*

Château La Tour-Figeac

Gabriel-Klassement: Cinquième Cru classé. Preisniveau: eher teuer. Aktuelle Qualität: auf gutem Weg und jetzt immer näher den vielleicht zum Weingut passenden 17/20 Punkten. Bereits viel Charme in der Jugend zeigend, glaube ich, dass er auch ein recht gutes Alterungspotential aufweist. *www.latourfigeac.com*

2005	18/20	wa		2001	17/20	be		1997	17/20	au
2004	17/20	wa		2000	17/20	wa		1996	17/20	tr
2003	16/20	wa		1999	17/20	tr		1995	17/20	tr
2002	16/20	be		1998	18/20	tr		1994	15/20	au

Château La Tour du Pin Figeac

Gabriel-Klassement: nicht klassiert. Preisniveau: angemessen. Aktuelle Qualität: Das Wort «Figeac» in einer Châteaubezeichnung ist noch lange keine Garantie, dass es sich in der Regel um einen sehr guten Wein handelt. Der Beweis für diese Theorie ist der La Tour du Pin Figeac. Der Wein ist meist leidlich dünn, wirkt verwässert und weist säuerliche Noten auf. Dabei ist die Farbe oft so hell, dass man durch das gefüllte Weinglas hindurch eine Zeitung lesen kann. Die enttäuschenden Noten schwanken zwischen 14/20 und 15/20 Punkten.

Château La Tour du Pin Figeac Moueix

Gabriel-Klassement: nicht klassiert. Preisniveau: angemessen. Aktuelle Qualität: Genau so mies wie sein Nachbar, der fast gleich heisst, ausser dass hier noch zusätzlich «Moueix» auf dem Etikett steht. Und wer weiss, was das wiederum für eine Verpflichtung sein könnte, wenn es sich um die gleiche Familie Moueix handeln würde…, dann wäre dies wenigstens eine gute Garantie für einen anständigen Wein, was leider bei diesem dünnen, enttäuschenden Saft nicht der Fall ist. Immerhin erreicht er in seltenen Fällen 16/20 Punkte, jedoch auch dies nur ganz knapp.

Château Trianon

Gabriel-Klassement: nicht klassiert. Preisniveau: teuer. Aktuelle Qualität: Die vielversprechende Premiere erfolgte mit dem Jahrgang 2001. Ein auffallender, modern vinifizierter Wein und gleichzeitig einer der wenigen, der aus 4 Rebsorten hergestellt wird. Dies weil u.a. auch bis zu 5 % Carmenère mit drin ist. *www.cerclerivedroite.com*

2005	18/20	wa	2003	17/20	be	2001	17/20	tr
2004	17/20	wa	2002	17/20	wa			

Château Troplong-Mondot

Gabriel-Klassement: Quatrième Cru classé. Preisniveau: teuer. Aktuelle Qualität: Einst war ich der wohl grösste Fan von diesem Weingut. Heute sind die Preise sehr hoch, die Weine wirken manchmal am Limit vinifiziert, liegen in viel zu viel neuem Holz und darin auch irgendwie zu lang, bevor die Abfüllung erfolgt. Meiner Ansicht nach reifen sie auch zu schnell, ohne dabei je den richtigen Charme (besonders in grossen Jahren!) zu entwickeln. Bei der Beurteilung des Jahrganges 1989 sind Robert Parker und ich meilenweit voneinander entfernt. *www.chateautroplong-mondot.com*

2005	17/20	wa
2004	17/20	wa
2003	18/20	wa
2002	16/20	wa
2001	17/20	wa
2000	18/20	be

1999	17/20	be
1998	18/20	be
1997	17/20	tr
1996	17/20	tr
1995	16/20	tr
1994	15/20	tr

1993	17/20	au
1992	17/20	vo
1990	15/20	vo
1989	15/20	vo
1988	17/20	au
1985	15/20	vo

Château Trottevieille

Gabriel-Klassement: Quatrième Cru classé. Preisniveau: teuer. Aktuelle Qualität: Nicht auf den ersten Blick sind die wahren Qualitäten dieses grossen, langlebigen Weines erkennbar, denn er ist kein Bulldozer, der in der Jugend auffällt. Der Ertrag ist gering, das Team ist willig und alte grosse Jahrgänge zeugen von der Klasse dieses Klassikers! Ich bin fragloser Fan und dies nicht erst, seit ich den legendären 1950er zusammen mit dem Besitzer verkostet habe! *www.premiers-saint-emilion.com*

2005	19/20	wa
2004	19/20	wa
2003	17/20	wa
2002	17/20	wa
2001	18/20	be
2000	17/20	be
1999	18/20	be

1998	17/20	tr
1997	17/20	au
1996	17/20	tr
1995	17/20	tr
1994	16/20	tr
1990	16/20	tr
1989	17/20	tr

1988	17/20	au
1986	16/20	vo
1985	16/20	au
1983	18/20	tr
1982	18/20	au
1975	16/20	au
1970	18/20	au

Château Valandraud

Gabriel-Klassement: Premier Grand Cru classé. Preisniveau: Luxus-Klasse. Aktuelle Qualität: Wer zum ersten Mal einen Valandraud trinkt, stutzt über die fast schwarze Farbe. Dann schiesst dem Verkoster eine geballte Ladung an extrem reifen Früchten entgegen und im Gaumen zeigt dieser Wein eine Konzentration, die schon fast als Nektar zu bezeichnen ist. Seit dem allerersten Jahrgang (1991) verfolge ich die Fährte von Murielle und Jean-Luc Thunevin. Sie wollten immer einen ganz grossen St. Emilion machen, hatten jedoch nicht die «Grands Terroirs» dazu. Also tüftelten sie jedes noch so kleine Detail aus, um vom Rebberg bis zur Flasche das Maximum herauszuholen. Glücklicherweise nicht mit önologischen Teufelsmaschinen, sondern in aufwendiger Sisyphus-Handarbeit. Da gibt es halt Neider, aber es ist auch ein langer, schwieriger Weg dahin zu kommen und sich dann auf diesem Niveau zu halten. Von der Qualität her ist es fast leichter als beim heute nicht mehr ganz so akzeptierten Preis. *www.thunevin.com*

2005	19/20	wa
2004	18/20	wa
2003	18/20	wa
2002	18/20	wa
2001	18/20	wa

2000	18/20	be
1999	18/20	tr
1998	19/20	be
1997	18/20	tr
1996	18/20	tr

1995	19/20	tr
1994	19/20	tr
1993	17/20	au
1992	17/20	au
1991	16/20	au

Château Vieux Lartigue

Gabriel-Klassement: nicht klassiert. Preisniveau: preiswert. Aktuelle Qualität: Von der Nase her ein fröhlicher Wein, der mit seinem Veilchenaroma an einen etwas kräftigeren Beaujolais erinnert. Im Gaumen immer weich, aber doch mit gutem Rückhalt versehen. Die Wertungen liegen zuverlässig bei 16/20 Punkten.

Château Villhardy

Gabriel-Klassement: nicht klassiert. Preisniveau: angemessen. Aktuelle Qualität: Früher ein belangloser St. Emilion – sind mir die allerletzten Jahrgänge seit 2003 sehr positiv, mit Wertungen zwischen 16/20 bis 17/20 (!) Punkten aufgefallen. Also handelt es sich eventuell um ein Weingut, das man im Auge behalten sollte.

Virginie de Valandraud

Gabriel-Klassement: nicht klassiert. Preisniveau: teuer. Aktuelle Qualität: Sonnte sich zu Beginn in der Helligkeit seines Mutterhauses «Valandraud». Doch seit es da auch nicht mehr so hell ist, will niemand mehr dessen Zweitwein kaufen oder gar trinken. Zudem findet man in St. Emilion selbst viel bessere Alternativen zu weit attraktiveren Preisen. *www.thunevin.com*

Château Yon-Figeac

Gabriel-Klassement: nicht klassiert. Preisniveau: eher teurer. Aktuelle Qualität: Als einziges Château in St. Emilion wird hier mit 400liter Barriquen gearbeitet. Das Terroir gleicht eher den Grundlagen von Pomerol und deshalb weisen die Weine von Yon-Figeac meist eine schöne Fülle mit blaubeerigen Konturen auf. Die Jahrgänge bis 1997 sind noch ein bisschen im alten Stil vinifiziert. In den letzten Jahren hat dieses Weingut glücklicherweise aber etwas zugelegt. *www.fr.yon-figeac.com*

2005	17/20	wa	2002	16/20	be	1999	16/20	tr
2004	16/20	wa	2001	16/20	be	1998	16/20	tr
2003	16/20	wa	2000	17/20	tr	1997	15/20	au

Erst in etwa fünf Jahren wird man wissen, ob diese Appellation zu den neuen, wirklich ernst zu nehmenden Regionen zählt…

Früher machte ich an den Primeur-Degustationen immer einen grossen Bogen um diese Weine, denn zu viele knochige, harte und metallische Säfte sind mir aus dieser kalten Weinregion begegnet. Nur aus ganz heissen Jahrgängen (z.B. 1989, 1990 und 1995) konnte man die meist hellen Pfützen einigermassen trinken. Heute zählt diese 2800 ha grosse, westlich von St. Emilion gelegene Appellation zu den «richtigen Bordeaux». Als Winkelried betätigte sich eine Frau – notgedrungenermassen. Weil Corinne Guisez nebst dem Château Faugères (St. Emilion) auch den Cap de Faugères (Castillon) besitzt und die Qualitäten stetig anhebt, ist der Castillon plötzlich interessant geworden. Übrigens – der Allererste, der aufzeigte, dass es hier wirkliche und auch augenfällige Spitzenweine geben könnte, war Stephane Neipperg von Canon-La-Gaffelière, denn er bewies mit seinem Château d'Aiguilhe, dass man hier fruchtige und zugleich intensive Weine produzieren kann. Ausserdem lieferte er auch die Analyse für das langjährige Fehlverhalten der Produktion: Wenn eine Region in der Vegetation gegenüber dem Libournais fast zwei Wochen zurück liegt, dann muss man logischerweise auch zwei Wochen später ernten – so seine mittlerweile als richtig erwiesene Theorie. Warum heute so viele namhafte Winzer Weingüter in Côtes de Castillon besitzen, ist nicht zuletzt auch eine steuertechnische Frage. Es wurde in den letzten Jahren sehr viel Geld in St. Emilion und Pomerol verdient. Nun hat man als reicher Winzer drei Möglichkeiten: a) Man investiert ins eigene Weingut und renoviert auf Teufel komm raus, b) man kauft neue Rebberge oder c) liefert das Geld dem Staat ab. Viele Winzer haben die Variante «b» gewählt und suchten sich kleine, noch preiswerte Weingüter in Fronsac, Lalande de Pomerol oder halt eben in Côtes de Castillon. Zu diesen neuen Steuer-Spar-Châteaux gehören beispielsweise: Ampélia (Familie Despagne von Grand-Corbin-Despagne), Clos L'Eglise und Sainte-Colombe (Familie Reynaud), La Fleur-de-Gay und Clos de Lunelles (Familie Perse von Pavie & Co.) und Joanin Bécot (Beau-Séjour Bécot). Zu den neuen Top-Weinen gehört Château Veyry – hier zeichnet der Star-Önologe Christian Veyry verantwortlich. Gute bis sehr gute Weine sind von Domaine de La Roche Beaulieu, Lagrave Aubert, German und de Laussac. Und bereits existieren die ersten Supercuvées, die aus der Hauptproduktion absorbiert werden: z.B. der Amavinum (aus Château La Roche Beaulieu). Zu einem grossen Wein der Appellation scheint sich mit den letzten Jahrgängen auch Clos Puy Arnaud zu entwickeln. Was noch nicht ganz geklärt ist: Die Frage des Alterungspotentials? Und dieses Fragezeichen ist durchaus berechtigt, denn die meisten Weine sind heute sehr violett bis fast schwarz in der Farbe. Die Körperkonstellation kompakt und durch tiefe Erträge auch sehr konzentriert. Dadurch sind die Gerbstoffe sehr intensiv und treten in der Jugendphase sehr muskulös in den Vordergrund. Also braucht es die entsprechende Flaschenreife, um diese Tannine abzumildern. Wird die mögliche Terroiraromatik diese Evolution mithalten und den dazu nötigen Geschmack in der «Genussreife» mitliefern? In fünf bis zehn Jahren werden wir also erst wissen, ob die Region Côtes de Castillon wirklich zu den neuen, ernst zu nehmenden Appellationen zählt!

Ein Spitzentrio als Leader, viele grosse Weine und ein gefährliches Hochpreisniveau für mittlere Qualitäten…

Die Appellation Pomerol ist einer der wenigen Weingegenden des Bordelais, die in letzter Zeit nicht grösser geworden ist resp. nicht grösser werden konnte – denn die Grenzen sind klar abgesteckt. Die 760 ha teilen sich in viele (zu viele) kleine Weingüter auf. Manche davon zählen nur 2 ha oder noch weniger. Die Hierarchie ist relativ einfach: Alles, was sich auf dem Plateau befindet, gehört zum Besten. Die Weingüter, welche sich in Richtung Libourne befinden, produzieren wesentlich leichtere Weine. Faustregel: Je mehr Lehm im Boden – desto teurer. Je mehr Sand – desto billiger. Wobei «billig» eigentlich die falsche Bezeichnung ist, denn in Pomerol darf man dieses Wort nicht in den Mund nehmen. Die günstigsten Weine sind hier viel zu teuer und können mit vergleichbaren und preiswerteren Qualitäten aus Canon Fronsac und insbesondere dem Lalande de Pomerol kaum mithalten. Die generell zu teuren Preise werden nur noch in ganz grossen Jahren von den Weinliebhabern bezahlt und in bescheideneren Jahren liegen auch bekanntere Châteaux wie Blei in den Regalen der Weinhandlungen herum.

Das unangefochtene Spitzentrio der letzten zehn Jahre heisst: Pétrus, Lafleur und L'Eglise-Clinet.

Gazin stieg zuerst in der Qualität, dann im Preis und heute ist dieser leider über der Qualität, aber immerhin noch auf sehr gutem Niveau. La Conseillante könnte manchmal etwas konzentrierter sein, macht dies aber wieder mit seiner Erotik wett, ähnlich wie der Clinet. Zu den Top-Weingütern gehören: Clos L'Eglise, La Croix, L'Evangile, La Fleur de Gay, La Fleur-Pétrus, Petit-Village, Trotanoy und Vieux Château Certan.

Zum oberen Mittelfeld zählen: Clos de la Vieille Eglise, Domaine de L'Eglise, Franc-Maillet Cuvée Jean-Baptiste, La Grave, Lagrange, Latour à Pomerol, La Pointe, Prieurs de la Commanderie, Rouget und Vieux Maillet.

Zu traditionelle Weine mit schnell entwickelndem Fruchtverlust stellen folgende Weingüter her: Bonalgue, Gombaude-Guillot und Montviel. Klassiker mit guter Terroirausstrahlung sind: Bourgneuf, La Cabanne, Certan de May, Clos du Clocher, Clos René, Feytit-Clinet, Mayne-René, Plince, Plincette, La Rose Figeac und Vray Croix de Gay. Mögliche Aufsteiger sind: Bellegrave, Certan-Marzelle, La Clémence, Clos Plince, La Croix-St. Georges, Le Gay, Nenin, La Providence, Tour-Maillet und de Valois.

Moderne, früh zu gefallende Weine: Beauregard, Beau-Soleil, Bel-Air, Le Bon Pasteur, Clos de Salles, La Croix du Casse, La Croix de Gay, Guillot und Mazeyres.

Regelmässige Enttäuschungen liefert Château de Sales als Schlusslicht der Appellation. Am meisten gespannt, bin ich darauf, wenn die ersten Weine von Hosanna reif werden, denn dieser kann vielleicht einmal ein Cheval Blanc aus Pomerol werden. Das generelle Preisniveau von Pomerol in den letzten Jahren war gefährlich hoch und nicht immer dem Wert der Weine entsprechend. Steht hier der erste, vielleicht gar berechtigte Kollaps des Bordelais bevor?

Château Beauchêne

Gabriel-Klassement: nicht klassiert. Preisniveau: angemessen. Aktuelle Qualität: Sucht man im Internet nach der möglichen Seite, gelangt man zu einem gleichnamigen Weingut im Côtes-du-Rhône-Gebiet. Ich degustierte diesen Wein regelmässig im Syndicat de Pomerol an Primeurproben. Der beste Jahrgang lag bei 17/20 Punkten – nämlich der 2000er. Sonst schwankt die Punktezahl meistens zwischen 14/20 bis selten 16/20. Vom Bodenpotential her würde sicherlich eine leicht höhere Qualität drin liegen.

Château Beauregard

Gabriel-Klassement: Cinquième Cru classé. Preisniveau: angemessen. Aktuelle Qualität: ein kleines Stück Burgund mitten in Pomerol! Für mich liefert dieser meist feine Pomerol burgundische, oft gar etwas überfruchtige Weine.
www.chateau-beauregard.com

2005	18/20	wa	2000	17/20	tr	1995	18/20	tr
2004	17/20	wa	1999	17/20	tr	1994	17/20	au
2003	16/20	wa	1998	17/20	tr	1993	16/20	vo
2002	16/20	be	1997	17/20	au	1990	16/20	vo
2001	16/20	be	1996	17/20	tr	1989	15/20	vo

Château Beau-Soleil

Gabriel-Klassement: nicht klassiert. Preisniveau: eher teuer. Aktuelle Qualität: Zu Beginn der Renaissance von Beau-Soleil vermutete ich einen neuen Superstar, doch leider scheinen die letzten Qualitäten nicht immer genau dort gelandet zu sein. Der neue Pächter Thierry Rustmann wird für Aufschwung sorgen. *www.cerclerivedroite.com*

2005	18/20	wa	2001	17/20	tr	1997	17/20	au
2004	16/20	wa	2000	16/20	tr	1996	18/20	tr
2003	16/20	wa	1999	17/20	tr	1995	18/20	tr
2002	17/20	be	1998	16/20	tr			

Château Bel-Air

Gabriel-Klassement: nicht klassiert. Preisniveau: angemessen. Aktuelle Qualität: Wer grundsätzlich irgend ein Château Bel-Air sucht, findet mindestens 20 Varianten in Bordeaux. Für dieses Pomerol-Weingut steht ein sehr gutes Preis-Leistungs-Verhältnis bei frühem Konsumgenuss. Ein Begriff, der für Pomerol eher selten ist.

2005	18/20	wa	2001	17/20	be	1997	15/20	au
2004	17/20	wa	2000	17/20	tr	1996	16/20	tr
2003	16/20	be	1999	16/20	tr	1995	15/20	tr
2002	16/20	be	1998	17/20	tr	1994	15/20	au

Château Belle-Brise

Gabriel-Klassement: nicht klassiert. Preisniveau: eher teuer. Aktuelle Qualität: Ich degustierte 8 Jahrgänge auf einmal, als ich das Weingut besuchte. Sonst sieht man diesen Wein, der in 400liter Barriquen ausgebaut wird praktisch nicht. Dabei erreichten die besseren Jahrgänge 16/20, die «anderen» 15/20 Punkte.

Château Bellegrave

Gabriel-Klassement: nicht klassiert. Preisniveau: angemessen. Aktuelle Qualität: ein recht zuverlässiges, aber wenig spektakuläres Weingut. Dem gleichen Besitzer gehört auch Bellisle-Mondotte in St. Emilion. *www.cerclerive droite.com*

2005	17/20	wa	2003	17/20	wa	2001	17/20	be
2004	17/20	wa	2002	17/20	be	2000	17/20	tr

1999	16/20	tr	1997	16/20	tr	1995	15/20	tr
1998	16/20	tr	1996	16/20	tr	1994	15/20	au

Château Bonalgue

Gabriel-Klassement: Cru Bourgeois. Preisniveau: angemessen. Aktuelle Qualität: Eigentlich ein sehr guter Wein, aber – weil Pomerol – dann irgendwie doch etwas zu teuer für dessen Leistungen. *www.cerclerivedroite.com*

2005	17/20	wa	2001	15/20	be	1996	15/20	au
2004	16/20	wa	2000	17/20	tr	1995	15/20	tr
2003	16/20	wa	1999	17/20	tr	1994	16/20	au
2002	16/20	wa	1998	17/20	tr	1990	16/20	vo

Château Le Bon Pasteur

Gabriel-Klassement: Quatrième Cru classé. Preisniveau: eher teuer. Aktuelle Qualität: Der Besitzer ist für seine externen Weine wesentlich bekannter als für seinen eigenen Cru! Es handelt sich nämlich hier um den berühmten Önologen Michel Rolland. Was er aber aus dem Bon Pasteur auf dem doch eher sandigen Boden rausholt, ist zuweilen gewaltig! Aber Achtung: Die Lebensdauer beträgt im besten Fall fünfzehn Jahre. *www.cerclerivedroite.com*

2005	18/20	wa	2000	18/20	wa	1995	17/20	tr
2004	18/20	wa	1999	17/20	tr	1994	17/20	au
2003	16/20	be	1998	18/20	tr	1993	16/20	au
2002	17/20	tr	1997	16/20	au	1990	16/20	au
2001	16/20	tr	1996	17/20	tr	1989	17/20	au

Château Bourgneuf (Bourgneuf-Vayron)

Gabriel-Klassement: nicht klassiert. Preisniveau: angemessen. Aktuelle Qualität: Hier sind eindeutig selten die Jahrgangsmöglichkeiten ausgeschöpft worden. Noch immer gibt es auf dem 9 ha grossen Weingut keinen Zweitwein. Eine bessere Selektion und etwas mehr neue Barriquen wären des Problems Lösung. Ein paar miese Jahrgänge habe ich mit meiner Bewertung stehen gelassen, damit Sie diese nicht irrtümlicherweise kaufen. *www.cerclerivedroite.com*

2005	18/20	wa	2003	15/20	wa	2001	14/20	tr
2004	15/20	wa	2002	15/20	be	2000	17/20	tr

1999	17/20	tr	1996	16/20	tr	1993	15/20	tr
1998	17/20	tr	1995	17/20	tr	1990	16/20	au
1997	11/20	tr	1994	13/20	tr	1989	17/20	tr

Château La Cabanne

Gabriel-Klassement: nicht klassiert. Preisniveau: preiswert. Aktuelle Qualität: Bisher war ich meist enttäuscht von diesem Wein, aber irgendwie hatte ich immer schon das Gefühl, dass es sich hier bei La Cabanne um eines der besten Terroirs von Pomerol handelt. Mit dem Jahrgang 2003 ist diese Theorie erstmals bestätigt. *www.estager.com*

2005	16/20	wa	2001	15/20	be	1997	15/20	au
2004	16/20	wa	2000	16/20	tr	1996	15/20	tr
2003	18/20	wa	1999	15/20	tr	1995	15/20	tr
2002	15/20	be	1998	15/20	tr	1994	15/20	au

Château Le Caillou

Gabriel-Klassement: nicht klassiert. Preisniveau: preiswert. Aktuelle Qualität: Die grossen Jahrgänge 1998 und 2000 erreichten knapp 16/20 Punkte. Und immer steht irgendwie das Wort «metallisch» als Charakterbezeichnung bei fast allen Notizen dabei. Kaufen würde ich nie eine Flasche, auch keine im Restaurant trinken. Und falls es jemandem in den Sinn käme, mir diesen Wein zelebrieren zu wollen, würde ich ganz diplomatisch auf meinen zufällig heute stattfindenden, alkoholfreien Tag hinweisen. *www.vins-giraud-belivier.com*

Château Cantelauze

Gabriel-Klassement: nicht klassiert. Preisniveau: preiswert. Aktuelle Qualität: Die Nachbarn wären mit Trotanoy und L'Eglise-Clinet recht illuster. Nur merkt man das leider nicht, wenn man einen Schluck Cantelauze trinkt. Selten erreicht dieses Weingut 16/20 Punkte, der Rest ist darunter. Da ein Pomerol generell nie billig ist, kann man ihn getrost auf der Einkaufsliste streichen.

Château Certan-Giraud

Gabriel-Klassement: nicht klassiert. Preisniveau: teuer. Aktuelle Qualität: Eine «aktuelle Qualität» gibt es nicht. Nicht mehr! Denn die Produktion oder zumindest die

Namensgebung wurde mit der Übernahme von Christian Moueix im Jahr 1999 eingestampft. Zurück bleiben ein Heer von trostlos schlechten Certan-Girauds, die noch irgendwo dahin gammeln mögen, weil niemand Lust hat, diese zu trinken.

Château Certan-Marzelle

Gabriel-Klassement: nicht klassiert. Preisniveau: eher teuer. Aktuelle Qualität: Ein neuer Wein, der aus dem Fundus vom ehemaligen Certan-Giraud entstanden ist. Eigentlich eine Absplittung dessen, was nicht für den Château Hosanna verwendet wird. Gleichzeitig aber auch kein Zweitwein desselben. Was auch immer – auf jeden Fall ist Certan-Marzelle immer ein 100%iger Merlot!

2005	18/20	wa	2003	17/20	wa	2001	16/20	be
2004	17/20	wa	2002	16/20	be	2000	17/20	tr

Château Certan de May

Gabriel-Klassement: Quatrième Cru classé. Preisniveau: Luxus-Klasse. Aktuelle Qualität: Der Wein von Certan de May ist ein Langstreckenläufer. Er braucht Geduld und gleicht in seiner Jugend eher einem Montrose aus Pomerol. Ein paar Jahrgänge wiesen auch eine defensive Unsauberkeit auf, deshalb Vorsicht und genau die Verkostungsnotizen (im grossen Bordeaux Total) lesen. Meist habe ich dort nur eine Potentialwertung angegeben, was immer einen Hinweis auf eine fragliche Zukunft darstellt. So richtig überzeugt, hat er mich noch nie. Und das müsste bei dem doch recht teuren Preis und der sensationellen Lage eigentlich fast jährlich der Fall sein.

2005	19/20	wa	1997	16/20	tr	1985	16/20	au
2004	18/20	wa	1996	16/20	wa	1983	17/20	tr
2003	17/20	wa	1995	18/20	be	1982	16/20	tr
2002	17/20	wa	1994	16/20	tr	1979	16/20	au
2001	17/20	wa	1990	13/20	tr	1976	16/20	au
2000	17/20	wa	1989	17/20	tr	1975	17/20	tr
1999	18/20	be	1988	17/20	tr	1971	16/20	au
1998	18/20	wa	1986	16/20	tr	1962	18/20	tr

Château Chantalouette

Gabriel-Klassement: nicht klassiert. Preisniveau: preiswert. Aktuelle Qualität: Die Qualität lässt sich eigentlich in einem Wort zusammenfassen: beschissen! Dieses Weinchen ist dünn, sauer, stielig und kurz. Wollen Sie noch mehr wissen? Ich nicht!

Château La Clémence

Gabriel-Klassement: nicht klassiert. Preisniveau: Luxus-Klasse. Aktuelle Qualität: Eigentlich ein Garagenwein, der mit sehr viel Aufmerksamkeit und Aufwand produziert wird. Die Vinifikation geschieht in einer sehr modernen Mini-Winery. Nur fehlt es, um bei den ganz Grossen mitzumischen, an sehr gutem Terroir. Der Wein ist jeweils eine kurze Zeit recht gross und reift darauf (zu) schnell. Der erste Jahrgang 1996 ist mit 15/20 Punkten bereits am Ende seines Genusslateins. *www.vignobles-dauriac.com; www.cerclerivedroite.com*

2005	17/20	wa	2002	16/20	be	1999	16/20	tr
2004	16/20	wa	2001	18/20	be	1998	16/20	au
2003	17/20	wa	2000	17/20	tr	1997	16/20	au

Château Clinet

Gabriel-Klassement: Deuxième Cru classé. Preisniveau: teuer. Aktuelle Qualität: Die Weine wirken in der Jugend meist sehr füllig und fast bullig mit viel Cassisnoten. Leider sind aber die hoch gelobten Clinets, welche vor etwas mehr als zehn Jahren entstanden sind heute schon gefährlich reif, wenn nicht sogar überreif. *www.chateauclinet.com; www.cerclerivedroite.com*

2005	18/20	wa	1997	17/20	au	1987	17/20	au
2004	19/20	wa	1996	18/20	tr	1986	16/20	vo
2003	18/20	wa	1995	19/20	tr	1985	16/20	vo
2002	17/20	wa	1994	17/20	au	1982	17/20	vo
2001	18/20	be	1993	17/20	au	1979	17/20	au
2000	17/20	tr	1990	18/20	tr	1975	16/20	au
1999	17/20	tr	1989	17/20	au	1970	15/20	vo
1998	18/20	tr	1988	18/20	vo	1964	18/20	au

Clos Beauregard

Gabriel-Klassement: nicht klassiert. Preisniveau: angemessen. Aktuelle Qualität: Total 10 Jahrgänge verkostet; alle lagen bei 14/20 bis 15/20 Punkten, was einen Pomerol grundsätzlich eh schon uninteressant macht. Wenn Sie aber Weine mögen, die mehr nach Blumen als nach Wein schmecken und dabei so dünn sind wie ein Nylonfaden, dann müssen sie Clos Beauregard sofort kaufen. Der Weingutsbesitzer wird wohl um jeden Kunden froh sein.

Château Clos du Clocher

Gabriel-Klassement: Cinquième Cru classé. Preisniveau: eher teuer. Aktuelle Qualität: Vor ein paar Jahren glaubte ich, dass die Beihilfe eines berühmten Önologen diesem kleinen Cru neue Flügel verleihen könnte. Heute ist alles wieder beim Alten – ausser seinem Preis und ein paar selten grossen Jahrgängen. *www.cerclerivedroite.com*

2005	18/20	wa	1999	17/20	tr	1993	16/20	au
2004	18/20	wa	1998	17/20	tr	1990	18/20	au
2003	16/20	wa	1997	15/20	au	1989	17/20	au
2002	16/20	wa	1996	16/20	au	1988	16/20	au
2001	16/20	be	1995	16/20	au	1986	16/20	vo
2000	17/20	be	1994	17/20	au	1985	16/20	au

Clos L'Eglise

Gabriel-Klassement: Quatrième Cru classé. Preisniveau: teuer. Aktuelle Qualität: Clos L'Eglise gehört heute zu den besten Pomerols; immer sehr geradlinig und perfekt vinifiziert. Die Preise hielten aber den Fanclub bisher davon ab, mehr Mitglieder anzuwerben. Das Terrain befindet sich direkt neben L'Eglise-Clinet. Weine mit dem Jahrgang 1993 und älter sind noch im alten Stil hergestellt und heute fruchtlos, ausgelaugt und schon längst vorbei. *www.vignoblesgarcin.com*

2005	19/20	wa	2001	18/20	be	1997	17/20	tr
2004	17/20	wa	2000	18/20	be	1996	16/20	tr
2003	17/20	wa	1999	18/20	tr	1995	16/20	tr
2002	17/20	wa	1998	18/20	be	1994	16/20	vo

Clos du Pèlerin

Gabriel-Klassement: nicht klassiert. Preisniveau: preiswert. Aktuelle Qualität: Ich habe 7 Jahrgänge verkostet. Der Wein ist mittelgewichtig, pfeffrig mit viel rotbeerigen Akzenten, manchmal mit floralem Schimmer. Nicht etwas zum Kaufen und Lagern, aber vielleicht in einem Restaurant zu bestellen. Die Wertungen liegen um 15/20 und in guten Jahren (1998 und 2000) bei 16/20 Punkten.

Clos Plince

Gabriel-Klassement: nicht klassiert. Preisniveau: eher teuer. Aktuelle Qualität: Dieser biologisch hergestellte Wein ist selten anzutreffen, denn zu klein ist diese Domaine. Macht aber Sinn, sich mit ihm anzufreunden.

2005	17/20	wa	2002	16/20	be	1999	16/20	tr
2004	17/20	wa	2001	17/20	tr	1998	15/20	tr
2003	17/20	wa	2000	17/20	be			

Clos René

Gabriel-Klassement: nicht klassiert. Preisniveau: angemessen. Aktuelle Qualität: Alleine schon der Umstand, dass dieses Château meinen Vornamen trägt, könnte mich in Versuchung bringen, einige Kisten in meinen Keller zu legen. Die Qualität hat mich aber stets davon abgehalten.

2005	17/20	wa	2001	16/20	be	1997	15/20	tr
2004	17/20	wa	2000	17/20	tr	1996	15/20	tr
2003	15/20	wa	1999	16/20	tr	1995	16/20	tr
2002	15/20	wa	1998	16/20	tr	1994	15/20	au

Clos de Salles

Gabriel-Klassement: nicht klassiert. Preisniveau: preiswert. Aktuelle Qualität: ein Pomerol mit Frucht und Power. Der Wein ist bedeutend mehr wert, als er kostet. Also auf – und in Preislisten danach suchen! *http://membres.lycos.fr/closdesalles*

2005	17/20	wa	2002	18/20	be	1999	17/20	tr
2004	18/20	wa	2001	17/20	tr	1998	16/20	tr
2003	17/20	be	2000	17/20	tr			

Clos de la Vieille Eglise

Gabriel-Klassement: nicht klassiert. Preisniveau: eher teuer. Aktuelle Qualität: Die Nachbarn sind illuster: L'Eglise-Clinet, Rouget, Domaine de L'Eglise, La Croix de Gay. Trotzdem ist der solide, gute, bis manchmal grossartige Clos de la Vieille Eglise (noch) fast unbekannt. *www.trocard.com*

2005	18/20	wa	2001	17/20	be	1997	15/20	au
2004	17/20	wa	2000	17/20	tr	1996	15/20	tr
2003	17/20	wa	1999	16/20	tr	1995	17/20	tr
2002	16/20	be	1998	17/20	tr	1990	18/20	tr

Clos du Vieux-Plateau-Certan

Gabriel-Klassement: nicht klassiert. Preisniveau: teuer. Aktuelle Qualität: Obwohl ich ständig in der Szene bin, begegnete ich diesem Wein bisher nur zweimal. Gibt es ihn überhaupt noch? Den bisher besten Jahrgängen 1982 und 1989 vergab ich 17/20 Punkte. Das ist aber mittlerweile schon zehn Jahre her.

Château La Commanderie de Mazeyres

Gabriel-Klassement: nicht klassiert. Preisniveau: angemessen. Aktuelle Qualität: immer recht gut, eher leicht vom Stil her und jung schon ein gastronomischer Genuss. Ergo – kein Wein, den man einkellert, sondern eher im Restaurant bestellt. Die Wertungen von 6 Jahrgängen lagen alle zwischen 15/20 und 16/20 Punkten mit einem Potential von etwa acht Jahren. *www.mazeyres.com; www.cerclerivedroite.com*

Château La Conseillante

Gabriel-Klassement: Deuxième Cru classé. Preisniveau: teuer. Aktuelle Qualität: in ganz grossen Jahren ein betörender, grosser Pomerol mit burgundischer Fülle. Manchmal habe ich aber das Gefühl, dass hier nicht immer das Maximum an Qualität herausgeholt wird und die Selektion rigoroser sein dürfte. Einen Zweitwein gibt es nicht – in seltenen Fällen wird ein kleiner Teil der Ernte deklassiert. So gerne würde ich wieder einmal den genialen 1961er trinken und dabei schauen, ob er immer noch 19/20 Punkte erreicht. *www.la-conseillante.fr*

2005	18/20	wa	1998	18/20	tr	1989	18/20	tr
2004	18/20	wa	1997	17/20	au	1988	15/20	vo
2003	17/20	wa	1996	17/20	tr	1987	16/20	vo
2002	17/20	wa	1995	18/20	tr	1986	15/20	vo
2001	18/20	be	1994	18/20	tr	1985	18/20	tr
2000	19/20	be	1993	17/20	au	1983	16/20	vo
1999	17/20	tr	1990	17/20	au	1982	16/20	vo

Château La Croix

Gabriel-Klassement: Quatrième Cru classé. Preisniveau: teuer. Aktuelle Qualität: In gelungenen Jahren ist das einer der allerbesten und gleichzeitig auch klassischsten

Pomerols. Man findet ihn leider nur zu selten. Ich bin auf alle Fälle von La Croix begeistert und lasse keine Gelegenheit aus, wenn ich die Chance habe, ihn (endlich) wieder einmal zu trinken. Jahrgänge vor 1989 haben mir ganz und gar nicht gefallen. Das war wohl noch aus der alten, muffigen Zeit. *www.j-janoueix-bordeaux.com*

2005	19/20	wa	2000	18/20	be	1995	17/20	tr
2004	18/20	wa	1999	18/20	tr	1994	16/20	au
2003	17/20	wa	1998	17/20	tr	1993	15/20	au
2002	17/20	be	1997	16/20	au	1990	19/20	tr
2001	18/20	be	1996	16/20	tr	1989	18/20	tr

Château La Croix du Casse

Gabriel-Klassement: Cru Bourgeois. Preisniveau: eher teuer. Aktuelle Qualität: immer sehr fruchtige, manchmal gar etwas einfache Weine. Dabei zeigt der Jahrgang 2000 doch deutlich auf, was hier mit etwas mehr Willen drin liegen könnte. *www.cerclerivedroite.com*

2005	17/20	wa	2000	17/20	be	1995	17/20	tr
2004	16/20	wa	1999	16/20	tr	1994	16/20	au
2003	16/20	wa	1998	16/20	tr	1990	17/20	tr
2002	15/20	be	1997	16/20	au	1989	16/20	au
2001	16/20	be	1996	17/20	au	1988	16/20	au

Château La Croix de Gay

Gabriel-Klassement: Cru Bourgeois. Preisniveau: teuer. Aktuelle Qualität: Zeigte in letzter Zeit immer recht zuverlässige Leistungen. Meist ein sehr rotbeerig wirkender Pomerol mit einer extensiven Frucht. *www.cerclerivedroite.com*

2005	17/20	wa	2000	17/20	be	1995	16/20	tr
2004	16/20	wa	1999	17/20	tr	1994	16/20	au
2003	16/20	be	1998	17/20	tr	1990	17/20	au
2002	16/20	be	1997	16/20	au	1989	15/20	au
2001	17/20	be	1996	14/20	tr	1982	16/20	vo

Château La Croix-St. Georges

Gabriel-Klassement: Cru Bourgeois. Preisniveau: eher teuer. Aktuelle Qualität: Erst seit ein paar Jahren ist dieses nur 4 ha kleine Weingut ein interessanter Wert. Gehört der Familie Janoueix, welche auch das gegenüberliegende Weingut La Croix besitzt. *www.j-janoueix-bordeaux.com*

POMEROL - BORDEAUX TOTAL

2005	17/20	wa	2002	17/20	wa	1999	17/20	tr
2004	16/20	wa	2001	17/20	tr	1997	16/20	au
2003	17/20	wa	2000	18/20	tr	1995	15/20	tr

Château Croix Taillefer

Gabriel-Klassement: nicht klassiert. Preisniveau: angemessen. Aktuelle Qualität: 3 Jahrgänge verkostet; alle sind leicht, nebst fruchtig auch etwas krautig. Die Wertungen sind bei 15/20 Punkten angesiedelt, was nicht gerade das Herz eines Pomerol-Freundes höher schlagen lässt.

Domaine de L'Eglise

Gabriel-Klassement: Quatrième Cru classé. Preisniveau: eher teuer. Aktuelle Qualität: Die letzten Jahrgänge sind auf sehr niedrigem Ertrag bei sehr guter, bis grossartiger Qualität entstanden. *www.cerclerivedroite.com*

2005	18/20	wa	2000	17/20	be	1995	17/20	tr
2004	18/20	wa	1999	18/20	tr	1994	16/20	tr
2003	17/20	wa	1998	17/20	tr	1990	16/20	au
2002	17/20	wa	1997	17/20	au	1989	16/20	au
2001	16/20	be	1996	17/20	tr	1988	15/20	au

Château L'Eglise-Clinet

Gabriel-Klassement: Premier Grand Cru classé. Preisniveau: Luxus-Klasse. Aktuelle Qualität: Denis Durantou ist heute einer der ganz grossen Stars in Pomerol. Seine letzten Weinjahrgänge sind Juwelen und gehören zur Top-Elite des rechten Ufers. Grosses Glück für jeden Weinfreund, dem es gelang, vom 1998er (20/20!) L'Eglise-Clinet ein paar Fläschchen zu ergattern. *www.eglise-clinet.com*

2005	19/20	wa	1996	18/20	tr	1983	17/20	tr
2004	18/20	wa	1995	18/20	be	1982	16/20	au
2003	19/20	wa	1994	18/20	tr	1981	15/20	au
2002	18/20	wa	1993	17/20	tr	1979	17/20	au
2001	19/20	wa	1990	18/20	tr	1978	17/20	au
2000	19/20	wa	1989	18/20	tr	1975	17/20	tr
1999	18/20	be	1988	18/20	tr	1966	17/20	au
1998	20/20	wa	1986	17/20	au	1964	15/20	vo
1997	19/20	tr	1985	18/20	tr	1961	19/20	tr

Château L'Enclos

Gabriel-Klassement: nicht klassiert. Preisniveau: angemessen. Aktuelle Qualität: Die Qualitäten dieses wenig bekannten Weingutes liegen bei gut: 15/20 bis sehr gut: 16/20 Punkten. Irgendwie habe ich das Gefühl, dass hier Besseres in Flaschen gefüllt werden könnte. Nach eigener Beschreibung des Weingutes ist L'Enclos eine Mischung zwischen Modernität und Tradition. Ich vermute, dass sich «Tradition» auf den Wein bezieht und «Modernität» auf die Webseite. *www.chateau-lenclos.com; www.cerclerive droite.com*

Château L'Evangile

Gabriel-Klassement: Deuxième Cru classé. Preisniveau: teuer. Aktuelle Qualität: In grossen Jahren gehört L'Evangile zu den ganz, ganz Grossen! Hier vereinen sich in solchen Momenten Druck, Finesse und eine ausufernde Aromatik von tiefem Cabernet Franc und fülligen Merlot. *www.lafite.com*

2005	19/20	wa	1998	19/20	be	1989	17/20	au
2004	19/20	wa	1997	17/20	tr	1988	16/20	au
2003	16/20	be	1996	18/20	tr	1985	18/20	au
2002	18/20	wa	1995	19/20	tr	1983	17/20	tr
2001	17/20	be	1994	17/20	tr	1982	18/20	tr
2000	17/20	be	1993	18/20	tr	1964	18/20	au
1999	17/20	tr	1990	18/20	tr	1962	18/20	au

Château Ferrand

Gabriel-Klassement: nicht klassiert. Preisniveau: angemessen. Aktuelle Qualität: Er gehört zu den braven bis ruppigen Pomerols. Ältere Jahrgänge zeigen manchmal einen artisanalen, altfassigen Ton, die Jüngeren sind etwas sauberer. Doch auch hier schlägt das Punktebarometer nicht über 15/20.

Château Feytit-Clinet

Gabriel-Klassement: Cru Bourgeois. Preisniveau: angemessen. Aktuelle Qualität: Seine oft etwas Pinot-ähnlich schmeckende Frucht gibt ihm eine Affinität zu einem rotbeerigen Côte-de-Beaune. Jahrgänge vor 1994 sind bereits ermattet. Der Name verrät auch schon wie sein prominenter Nachbar heisst; Château Clinet. *www.cerclerive droite.com*

▶

2005	17/20	wa	2001	17/20	be	1997	15/20	tr
2004	17/20	wa	2000	17/20	tr	1996	16/20	tr
2003	16/20	wa	1999	16/20	tr	1995	15/20	tr
2002	17/20	wa	1998	16/20	tr	1994	15/20	tr

Château La Fleur de Gay

Gabriel-Klassement: Troisième Cru classé. Preisniveau: teuer. Aktuelle Qualität: Diesen Wein gibt es erst seit dem Jahrgang 1982 (14/20, vo) – eine separierte Parzelle aus La Croix de Gay liefert diesen 100 %igen Merlot. Eine Zeitlang schlugen sich Fans für ein paar Flaschen fast die Köpfe ein. Heute ist es ruhiger geworden. Wenn zu viel Geld im Spiel ist, hört der Spass offensichtlich auf. Obwohl er recht hohe Punkte erreicht, ist er unter den möglich grossen Pomerols leider der Kurzlebigste. *www.chateau-lafleurdegay.com; www.cerclerivedroite.com*

2005	18/20	wa	1999	17/20	tr	1990	17/20	au
2004	18/20	wa	1998	18/20	tr	1989	16/20	vo
2003	18/20	wa	1997	16/20	au	1988	17/20	vo
2002	17/20	be	1996	18/20	tr	1986	16/20	au
2001	17/20	tr	1995	18/20	tr	1985	15/20	vo
2000	17/20	tr	1994	18/20	au	1983	14/20	au

Château La Fleur-Pétrus

Gabriel-Klassement: Deuxième Cru classé. Preisniveau: teuer. Aktuelle Qualität: Oft wird dummerweise angenommen, dass dies der Zweitwein von Château Pétrus sei. Dem ist aber ganz und gar nicht so, denn der La Fleur-Pétrus gehört in den besten Jahren zu den ganz grossen, fettesten Pomerols. Wer ein paar Flaschen vom Jahrgang 1998 im Keller liegen hat, gehört zu den ganz glücklichen Pomerol-Freaks.

2005	18/20	wa	1996	17/20	tr	1983	16/20	au
2004	18/20	wa	1995	18/20	tr	1982	18/20	au
2003	18/20	wa	1994	17/20	tr	1981	17/20	au
2002	18/20	wa	1993	16/20	tr	1979	17/20	au
2001	17/20	wa	1990	16/20	tr	1978	17/20	au
2000	18/20	be	1989	16/20	au	1975	16/20	au
1999	18/20	be	1988	16/20	au	1971	17/20	au
1998	19/20	be	1986	15/20	au	1966	18/20	tr
1997	17/20	tr	1985	18/20	tr	1964	16/20	au

Château Lafleur du Roy

Gabriel-Klassement: nicht klassiert. Preisniveau: angemessen. Aktuelle Qualität: eine fast unheimliche Konstanz auf hartnäckigen 15/20 Punkten zeigend; dünn, schlank und belanglos. Und das ist noch nicht alles, denn in kleineren Jahren ist er ausserdem metallisch und bitter.

Château Franc-Maillet

Gabriel-Klassement: nicht klassiert. Preisniveau: angemessen. Aktuelle Qualität: Die Domaine ist eh schon ziemlich klein. Gut die Hälfte der Produktion wird für das Cuvée Jean-Baptiste ausgesondert, was den Erfolg hervorruft, dass der normale Wein noch normaler wird und der besondere Wein irgendwie nur etwas besser als der Normale ist. Hier die Noten vom Cuvée Jean-Baptiste:

2005	17/20	wa	2003	16/20	be	2001	17/20	be
2004	17/20	wa	2002	16/20	be	2000	17/20	be

Château La Ganne

Gabriel-Klassement: nicht klassiert. Preisniveau: angemessen. Aktuelle Qualität: in seltenen Fällen 15/20 Punkte erreichend. Viele Jahrgänge sind dumpf und somit fruchtlos mit erdigem Geschmack. Der beste Jahrgang war bisher der 1998er. Den Rest kann man praktisch vergessen.

Château Le Gay

Gabriel-Klassement: Quatrième Cru classé. Preisniveau: teuer. Aktuelle Qualität: Seit dem Besitzerwechsel erlebt das Weingut Höhenflüge noch und noch. Heisst aber nicht, dass der Wein früher schlecht war. Kenner laufen für einen alten, grossen Le Gay ziemlich weit. Diese Weine glichen aber eher einem rustikalen Médoc als einem handelsüblichen Pomerol. Wer das Glück hat, einmal den 1982er (17/20) zu trinken, wird auch alte Le Gays verehren.

2005	19/20	wa	1999	17/20	be	1993	16/20	tr
2004	18/20	wa	1998	17/20	be	1990	18/20	tr
2003	18/20	wa	1997	17/20	tr	1989	19/20	tr
2002	17/20	wa	1996	16/20	tr	1988	17/20	tr
2001	18/20	wa	1995	16/20	tr	1986	16/20	au
2000	18/20	wa	1994	15/20	tr	1985	18/20	tr

Château Gazin

Gabriel-Klassement: Troisième Cru classé. Preisniveau: teuer. Aktuelle Qualität: Vor ein paar Jahren war ich der allergrösste Promoter von diesem Weingut. Die Qualität stieg im Jahr 1988 stark an und der Preis zog glücklicherweise nicht ganz im gleichen Tempo mit. Heute ist Gazin immer noch sehr gut, aber irgendwie zu teuer. Dieses Schicksal teilt er jedoch mit vielen anderen gleichwertigen Pomerols. Manchmal fehlt es ein bisschen an Logik: Damit meine ich, dass der Wein in mittelgrossen Jahren (2001) einer der Besten der Appellation sein kann und in grossen Jahren (2000) nur mit Mühe mitzuhalten vermag.
www.chateau-gazin.com

2005	19/20	wa	1997	16/20	au	1989	18/20	tr
2004	17/20	wa	1996	18/20	tr	1988	18/20	tr
2003	17/20	wa	1995	19/20	tr	1986	16/20	au
2002	16/20	wa	1994	18/20	tr	1985	15/20	au
2001	18/20	tr	1993	17/20	tr	1979	17/20	au
2000	17/20	tr	1992	17/20	au	1975	18/20	tr
1999	17/20	tr	1991	16/20	au	1971	15/20	au
1998	17/20	tr	1990	17/20	au	1961	16/20	vo

Château Gombaude-Guillot

Gabriel-Klassement: Cru Bourgeois. Preisniveau: eher teuer. Aktuelle Qualität: Seit dem Jahr 1998 stellt die Besitzerin Claire Laval ihren Wein nach biologischen Richtlinien her, was ihn weder besser noch schlechter gemacht hat. Er ist und bleibt ein guter, grundsolider, wenn auch nicht spektakulärer Pomerol. Ausser man hätte den 2000er im Glas. Die Lebensgarantie dieses Crus beträgt knapp zehn Jahre.

2005	18/20	wa	2001	16/20	be	1997	16/20	tr
2004	16/20	wa	2000	18/20	tr	1996	17/20	tr
2003	16/20	wa	1999	15/20	tr	1995	15/20	tr
2002	15/20	wa	1998	16/20	tr	1994	15/20	au

Château La Grave (Trigant-de-Boisset)

Gabriel-Klassement: Cinquième Cru classé. Preisniveau: angemessen. Aktuelle Qualität: Bis zum Jahrgang 1993 wurde dem Weinnamen noch der Rattenschwanz Trigant-de-Boisset angehängt. Ich muss ehrlich zugeben, dass ich den La Grave in seiner Jugend oft schon unterschätzt habe. Vom 90er besitze ich noch ein paar Magnumflaschen, doch mit dem Konsum derselben beeile ich mich ganz und gar nicht. Da die Vinifikation klassisch ist, lohnt es sich, den Wein immer zu dekantieren.

2005	17/20	wa	1999	16/20	tr	1993	16/20	au
2004	16/20	wa	1998	18/20	be	1990	18/20	tr
2003	16/20	wa	1997	16/20	tr	1989	17/20	tr
2002	15/20	be	1996	17/20	tr	1988	16/20	tr
2001	17/20	be	1995	18/20	tr	1985	16/20	au
2000	18/20	be	1994	16/20	tr	1982	16/20	au

Château Guillot

Gabriel-Klassement: nicht klassiert. Preisniveau: angemessen. Aktuelle Qualität: Die Qualitäten liegen im Mittelfeld bei relativ attraktiven Preisen. Dann und wann gelingt dem Team ein etwas besserer Wurf – wie beispielsweise bei den Jahrgängen 2000 und 2005!

2005	18/20	wa	2001	16/20	be	1996	17/20	tr
2004	16/20	wa	2000	17/20	tr	1995	16/20	tr
2003	16/20	be	1999	16/20	tr	1990	17/20	tr
2002	16/20	be	1998	16/20	tr	1989	17/20	au

Château Guillot Clauzel

Gabriel-Klassement: nicht klassiert. Preisniveau: preiswert. Aktuelle Qualität: Die Qualitäten liegen in einem Bereich, welche in der Regel eine nähere Betrachtung erübrigen. Die Punkte enden bei 16/20.

Château Haut-Ferrand

Gabriel-Klassement: nicht klassiert. Preisniveau: preiswert. Aktuelle Qualität: Das Weingut erzeugt artisanale, meist etwas (zu) trockene Weine. Dabei wäre recht viel Kraft und auch Fleisch vorhanden. Wertungen: 15/20 bis 16/20 Punkte.

Château Haut-Maillet

Gabriel-Klassement: nicht klassiert. Preisniveau: angemessen. Aktuelle Qualität: Es braucht schon einen warmen, grossen Jahrgang, damit das Weingut einigermassen brillieren kann. Die Struktur des Weines ist oft ruppig mit kernigem Extrakt; also eher im Food-Bereich einsetzbar. Die Wertungen sind meist in der Nähe von 15/20 Punk-

ten angesiedelt. Es ist aber zu bemerken, dass die neueren Jahrgänge etwas fruchtiger und feiner geworden sind.
www.estager.com

Château Haut-Tropchaud

Gabriel-Klassement: nicht klassiert. Preisniveau: eher teuer. Aktuelle Qualität: sehr selten anzutreffen und somit schwierig, ein bindendes Urteil abzugeben. Die Lage ist sensationell; direkt auf den besten Parzellen vom berühmten Plateau. Und auch meine Wertungen liegen immer zwischen 16/20 bis 17/20 Punkten. Es lohnt sich also, hier eventuell einmal ein Risiko einzugehen.

Château Hosanna

Gabriel-Klassement: nicht klassiert. Preisniveau: Luxus-Klasse. Aktuelle Qualität: Befindet sich seit seiner Lancierung mit dem Jahrgang 1999 auf einem noch nicht erkannten, sehr, sehr hohen Niveau. Kann sich zu einem Kultwein entwickeln, wenn es der Pomerol-Fanclub einmal realisiert hat. Für den 2002er gibt es keine Wertung; dieser wurde nämlich vollumfänglich deklassiert. Der Besitzer will nur das Beste vom Besten, sonst füllt er gar nicht erst ab. Wer ungeduldig ist und schon mal wissen will, wie ein reifer Hosanna schmecken könnte, der dekantiert den Wein 5 Stunden lang bei 16 Grad.

2005	19/20	wa	2003	18/20	wa	2000	18/20	be
2004	18/20	wa	2001	17/20	wa	1999	19/20	be

Château Lafleur

Gabriel-Klassement: Premier Grand Cru classé. Preisniveau: Luxus-Klasse. Aktuelle Qualität: Schreibt man auf Lafleur ein neues Testament? Zweifellos hat sich einiges auf dem kleinen Miniweingut in Pomerol geändert. Während die ganze Weinwelt seit Jahrzehnten Pétrus als den besten Wein aus Libournais abgöttisch verehrt, gab es schon immer eine kleine Fangemeinde, die den Lafleur umso mehr liebte. Alte Rebstöcke, karge Erträge und ein «musealer» Vinifikationsstil verhalfen diesem Cru zu einem charaktervollen, nicht kopierbaren Pomerol mit einem nahezu unzerstörbaren Alterungspotential. Heute hat sich der Stil des Weines in kleinen Schritten etwas verändert, aber das Terroir wird in seiner Reife eh wieder den unverkennbaren Geschmack liefern.

2005	19/20	wa	1994	18/20	tr	1979	18/20	tr
2004	19/20	wa	1993	18/20	tr	1978	18/20	tr
2003	19/20	wa	1992	17/20	au	1976	15/20	vo
2002	17/20	wa	1990	19/20	tr	1975	20/20	tr
2001	19/20	wa	1989	19/20	tr	1973	15/20	vo
2000	19/20	wa	1988	19/20	tr	1971	18/20	au
1999	18/20	be	1986	16/20	au	1970	20/20	tr
1998	19/20	wa	1985	19/20	tr	1967	16/20	au
1997	17/20	tr	1983	19/20	tr	1966	19/20	tr
1996	17/20	tr	1982	18/20	tr	1964	19/20	tr
1995	18/20	tr	1981	16/20	au	1961	20/20	tr

Château Lafleur-Gazin

Gabriel-Klassement: nicht klassiert. Preisniveau: angemessen. Aktuelle Qualität: Dieses Weingut trägt zwei berühmte Namen in sich, was ihm ein unnötiges Prestige verleiht, denn die Qualitäten liegen im zuverlässigen, aber wenig spektakulären Mittelfeld. Ich denke, dass nicht alles aus dem Terrain herausgeholt wird, was möglich wäre. Irgendwie liegt hier ein verborgener Schatz begraben. Wer wird ihn wohl eines Tages ausheben?

2005	17/20	wa	2000	15/20	tr	1995	16/20	tr
2004	17/20	wa	1999	16/20	tr	1994	15/20	au
2003	16/20	be	1998	16/20	tr	1990	16/20	tr
2002	16/20	be	1997	16/20	tr	1989	16/20	au
2001	17/20	be	1996	16/20	tr	1988	15/20	vo

Château Lagrange

Gabriel-Klassement: Cinquième Cru classé. Preisniveau: angemessen. Aktuelle Qualität: viel Pomerol für wenig Geld. Ein ganz besonders feiner Wein, der jedes Jahr besser wird, weil die einst etwas zu jungen Reben nun langsam altern.

2005	16/20	wa	1999	16/20	tr	1993	17/20	au
2004	16/20	wa	1998	17/20	tr	1990	17/20	tr
2003	17/20	wa	1997	16/20	au	1989	16/20	au
2002	16/20	be	1996	16/20	tr	1988	16/20	au
2001	17/20	tr	1995	16/20	tr	1986	15/20	vo
2000	16/20	be	1994	17/20	tr	1985	17/20	au

Château Latour à Pomerol

Gabriel-Klassement: Quatrième Cru classé. Preisniveau: eher teuer. Aktuelle Qualität: Andere, wirklich weniger interessante Pomerol-Weine sind dauernd im Gerede. Vom Latour à Pomerol wird wenig gesprochen. Vielleicht deshalb, weil er in seiner Jugend sehr unzugänglich ist und sehr oft völlig unterschätzt wird?! Ein wuchtiger, fast burgundischer Wein mit einem sehr grossen Alterungspotential. Grosse, gereifte Jahrgänge trinken sich am besten aus relativ grossen Gläsern, um das Bouquet voll entfalten zu lassen.

2005	18/20	wa	1996	19/20	tr	1982	17/20	au
2004	17/20	wa	1995	17/20	tr	1981	16/20	au
2003	17/20	wa	1994	17/20	tr	1980	15/20	vo
2002	16/20	be	1993	16/20	au	1979	17/20	tr
2001	17/20	be	1990	18/20	tr	1975	15/20	tr
2000	17/20	be	1989	16/20	au	1971	18/20	tr
1999	17/20	tr	1988	16/20	au	1970	15/20	vo
1998	18/20	tr	1985	17/20	tr	1964	18/20	au
1997	16/20	au	1983	17/20	au	1961	20/20	tr

Château Mayne-René

Gabriel-Klassement: nicht klassiert. Preisniveau: angemessen. Aktuelle Qualität: Ausser beim Jahrgang 1998 scheint das Niveau immer zwischen ordentlich und recht gut zu schwanken. Die Wertungen liegen im besten Fall bei 16/20 Punkten. Nähere Angaben über das Weingut habe ich nirgends gefunden. Momentan bin ich der Meinung, dass sich danach zu suchen auch nicht wirklich lohnt...

Château Mazeyres

Gabriel-Klassement: Cru Bourgeois. Preisniveau: preiswert. Aktuelle Qualität: Die Weine sind jung sehr fruchtig, werden dann aber schnell fragil und reifen dementsprechend innerhalb von zehn Jahren. *www.mazeyres.com; www.cercle rivedroite.com*

2005	17/20	wa	2001	15/20	tr	1997	16/20	au
2004	16/20	wa	2000	16/20	be	1996	16/20	tr
2003	17/20	be	1999	15/20	tr	1995	16/20	tr
2002	15/20	be	1998	17/20	tr	1994	16/20	au

Château Montviel

Gabriel-Klassement: nicht klassiert. Preisniveau: angemessen. Aktuelle Qualität: Leider verlieren die Weine von Montviel oft schnell die Frucht und trocknen aus. *www.cerclerivedroite.com*

2005	17/20	wa	2001	16/20	wa	1997	15/20	au
2004	16/20	wa	2000	16/20	be	1996	16/20	tr
2003	15/20	wa	1999	16/20	tr	1995	16/20	tr
2002	17/20	wa	1998	15/20	tr	1994	15/20	au

Château Le Moulin

Gabriel-Klassement: nicht klassiert. Preisniveau: eher teuer. Aktuelle Qualität: Es gibt bisher nur wenige Jahrgänge von diesem sehr raren, aber nicht besonders teuren Pomerol. Der Wein ist voller Charme, mit burgundischen Charakterzügen und tanzt auf seiner Punktehochzeit zwischen 16/20 bis sogar 17/20 übers Pomerol-Parkett. *www.cerclerivedroite.com*

Château Moulinet

Gabriel-Klassement: nicht klassiert. Preisniveau: angemessen. Aktuelle Qualität: Die Weine präsentieren sich oft etwas unfertig und mit kalter Fruchtausstrahlung. Vielleicht würde es der Qualität dienen, wenn man den zu grossen Anteil an Cabernet Sauvignon, der eh nie so richtig ausreift, mit anderen Rebsorten ersetzen würde.

2005	16/20	wa	2002	15/20	wa	1999	15/20	tr
2004	16/20	wa	2001	16/20	tr	1998	16/20	tr
2003	16/20	wa	2000	16/20	tr	1995	16/20	tr

Château Nenin

Gabriel-Klassement: nicht klassiert. Preisniveau: teuer. Aktuelle Qualität: Die alten Jahrgänge von Nenin seien es, welche ihn zum Kauf dieses lange vernachlässigten Pomerol-Weingutes bewogen hätten, sagt Jean-Hubert Délon, als er uns seine Produktion vorstellt. Es seien noch viel Arbeit und weitere Investitionen zu tätigen... Bis zum Jahrgang 2000 wurde noch mit den alten Installationen produziert. Heute gären die Weine in sauberen Inoxtanks. Es gibt zwar noch ein paar alte Rebbestände, aber der grosse Teil der Produktion wird mit noch (zu) jungen Rebstöcken bewerkstelligt. Man kann aber davon ausgehen, dass hier in zehn Jahren Top-Weine auf höchstem Niveau hergestellt werden. *www.leoville-las-cases.com*

2005	17/20	wa	2002	17/20	wa	1999	16/20	tr
2004	17/20	wa	2001	17/20	be	1998	17/20	tr
2003	17/20	wa	2000	18/20	wa	1997	15/20	au

Château La Patache

Gabriel-Klassement: nicht klassiert. Preisniveau: preiswert. Aktuelle Qualität: Das Weingut hat bei mir ein 15/20 Punkte-Abonnement gelöst. Immer wenn ich meine Verkostungsnotizen anschaue, dann erscheint das Wort «erdig» doppelt so viel wie der Begriff «etwas Frucht». Zweimal schrieb ich auch: «nicht kaufen!». Das könnte man aber fast bei jedem Jahrgang verwenden...

Pensées de Lafleur

Gabriel-Klassement: Cru Bourgeois. Preisniveau: eher teuer. Aktuelle Qualität: Dieser Zweitwein von Château Lafleur wurde im Jahr 1987 kreiert. Beim Erstlingsjahrgang ist übrigens gleich die ganze Ernte darin, weil der Lafleur vollständig deklassiert wurde. Die ersten zehn Jahre liegt er fast auf gleichem Niveau wie sein Grand Vin, der sich logischerweise oft verschlossen zeigt. Ein junger, grosser Pomerol-Genuss, welcher leider oft soviel kostet wie ein ebenso guter, aber doch wesentlich lagerfähiger Pomerol. Die Wertungen liegen konstant bei mindestens 16/20 und meist sogar bei 17/20 Punkten.

Château La Petite Eglise

Gabriel-Klassement: nicht klassiert. Preisniveau: angemessen. Aktuelle Qualität: Schnellreifende, leichte Weine, die in den ersten acht Jahren schon getrunken sein sollten. Ob das der Zweitwein von L'Eglise-Clinet ist? Der Besitzer sagt nein, denn es würde nur ein kleiner Teil von der L'Eglise-Clinet-Produktion in diesen süffigen Pomerol fliessen, der Rest sei aus gepachteten Parzellen, die nicht zum Terrain gehören. *www.eglise-clinet.com*

Château Petit-Village

Gabriel-Klassement: Quatrième Cru classé. Preisniveau: teuer. Aktuelle Qualität: Die ersten Jahrgänge seit der Übernahme durch die Versicherungsgruppe AXA waren gut, aber irgendwie langweilig. Seit dem Jahrgang 1995 ist aber das Potential wieder voll ausgenützt worden. Drei Jahrgänge: 2004, 2003 und 2002 bilden die Ausnahme. Es lohnt sich jedoch für jeden Pomerol-Freak, nach ein paar Flaschen 1998 Petit-Village zu suchen. *http://axamillesimes.axa.com*

2005	18/20	wa	1998	19/20	wa	1988	17/20	tr
2004	16/20	wa	1997	17/20	au	1986	18/20	au
2003	16/20	be	1996	17/20	tr	1985	18/20	au
2002	16/20	wa	1995	16/20	tr	1983	15/20	vo
2001	17/20	be	1994	16/20	au	1982	18/20	au
2000	17/20	be	1990	17/20	au	1971	17/20	au
1999	18/20	tr	1989	17/20	au	1961	19/20	au

Château Pétrus

Gabriel-Klassement: Premier Grand Cru classé. Preisniveau: Luxus-Klasse. Aktuelle Qualität: Er ist nicht immer der beste Pomerol – das kann er auch gar nicht sein. Um aber stets bei der Spitze mitzumischen, bringt Christian Moueix viele Opfer und deklassiert oft einen ansehnlichen Teil der Ernte; zuerst als grüne Ernte im Rebberg und dann noch einmal im Keller als lose Fassware. Einen Zweitwein gibt es nicht. Der Kult ist ungebrochen – jeder will Pétrus! Selbst wenn man ihn dann doch nicht so richtig versteht, wenn er sich im Glas befindet. Weil aber die Produktion nur etwa 25'000 Flaschen pro Jahr beträgt, ist und bleibt der Wein rar und kann auf jeder Weinauktion als Stargast bezeichnet werden.

2005	19/20	wa	1993	17/20	be	1979	17/20	au
2004	18/20	wa	1992	17/20	tr	1978	17/20	au
2003	19/20	wa	1990	20/20	tr	1975	19/20	tr
2002	18/20	wa	1989	20/20	be	1973	15/20	vo
2001	18/20	wa	1988	18/20	tr	1971	19/20	au
2000	19/20	wa	1987	17/20	tr	1970	20/20	tr
1999	18/20	wa	1986	16/20	tr	1969	15/20	au
1998	20/20	wa	1985	18/20	tr	1967	19/20	au
1997	18/20	be	1983	17/20	tr	1966	17/20	au
1996	19/20	be	1982	18/20	tr	1964	19/20	au
1995	19/20	wa	1981	17/20	au	1962	19/20	tr
1994	18/20	be	1980	17/20	au	1961	20/20	tr

Château Pierhem

Gabriel-Klassement: nicht klassiert. Preisniveau: angemessen. Aktuelle Qualität: Habe zugegebenermassen wenig Erfahrung mit ihm, denn nur viermal bin ich dem kompottartig, süsslich anmutenden und somit recht fülligen Wein begegnet. War immer sehr gut vinifiziert. Die Punkte lagen mit 16/20 stets auf dem genau gleichen Niveau.

Château Le Pin

Gabriel-Klassement: Premier Grand Cru classé. Preisniveau: Luxus-Klasse. Aktuelle Qualität: Es gibt keinen Deuxième Vin auf Le Pin und es gibt zu wenig «Grand Vin», um die enorme Nachfrage dieses Erotikers zu stillen. Von diesem sagenhaften Le Pin schwärmte ich schon in meinem allerersten Buch, als er noch völlig unbekannt war. Er ist sicherlich nicht einer der allergrössten Pomerols, aber es gibt auch heute noch keinen anderen Bordeaux, der so viel Sex-Appeal besitzt. Und wer ihn einmal trinkt, wird ihn so schnell nicht wieder vergessen. Der Jahrgang 2003 wurde vollständig deklassiert und deshalb nicht produziert.

2005	18/20	wa	1996	18/20	tr	1988	18/20	au
2004	18/20	wa	1995	18/20	tr	1987	17/20	au
2002	18/20	wa	1994	18/20	tr	1986	18/20	au
2001	19/20	be	1993	17/20	tr	1985	17/20	au
2000	19/20	be	1992	16/20	au	1984	16/20	vo
1999	18/20	tr	1991	17/20	au	1983	19/20	tr
1998	19/20	tr	1990	18/20	tr	1982	17/20	au
1997	18/20	tr	1989	17/20	au	1981	17/20	au

Château Plince

Gabriel-Klassement: Cru Bourgeois. Preisniveau: angemessen. Aktuelle Qualität: Zuverlässiger Pomerol, der immer mindestens «gut»; also 15/20 Punkte wert ist. Seit dem Jahrgang 1998 sind die Weine mit besserer Selektion bedacht und erhalten auch den passenden Neuholzanteil für deren Ausbau.

2005	18/20	wa	2001	16/20	be	1997	15/20	au
2004	16/20	wa	2000	17/20	be	1996	16/20	tr
2003	15/20	wa	1999	16/20	tr	1995	15/20	tr
2002	15/20	be	1998	17/20	tr	1994	15/20	vo

Château Plincette

Gabriel-Klassement: nicht klassiert. Preisniveau: angemessen. Aktuelle Qualität: Die Weine dieser kleinen Domaine sind so recht und gut und vom Geschmack her eher erdig denn fruchtig. Das Potential liegt bei knapp zehn Jahren. In seiner vollen Genussphase ist der Plincette nicht besser als zu Beginn, aber halt reif. *www.estager.com*

2005	16/20	wa	2002	15/20	wa	1998	15/20	tr
2004	15/20	wa	2001	16/20	tr	1996	15/20	tr
2003	15/20	tr	2000	16/20	tr	1995	15/20	tr

Château La Pointe

Gabriel-Klassement: Cinquième Cru classé. Preisniveau: eher teuer. Aktuelle Qualität: Die Qualitäten schwanken ein bisschen, sind dabei zwar nie schlecht, aber leider auch nicht wirklich gross. Die Weine sind meist wunderschön süss mit einem kompottartigen Beerencocktail versehen. *www.chateaulapointe.com*

2005	17/20	wa	2001	16/20	be	1997	16/20	au
2004	17/20	wa	2000	16/20	tr	1996	18/20	tr
2003	16/20	wa	1999	16/20	tr	1995	17/20	tr
2002	17/20	be	1998	18/20	tr	1994	15/20	au

Château Pomeaux

Gabriel-Klassement: nicht klassiert. Preisniveau: angemessen. Aktuelle Qualität: rotbeeriges Nasenbild, in kühleren Jahren nach Johannisbeeren duftend, in grösseren sanft konfitürig. Im Gaumen sind die Weine heute mit reiferen Tanninen ausgestattet als noch vor Jahren. Suchen Sie nicht nach alten Jahrgängen, denn diese waren damals miserabel und das Weingut hiess noch Vieux Château Taillefer. Die Wertungen liegen bei mehrheitlich 15/20 Punkten und knapp darüber. *www.chateau-pomeaux.com*

Château Prieurs de la Commanderie

Gabriel-Klassement: nicht klassiert. Preisniveau: eher teuer. Aktuelle Qualität: Ganz sicher ist das 4 ha grosse Weingut nicht auf dem Niveau, auf welchem es sein könnte. Die Weine zeigen sich oft laktisch und weisen, zumindest als Primeur-Muster, immer komische Lufttöne auf, die zuweilen an einen Malaga erinnern.

2005	17/20	wa	2002	15/20	be	1999	15/20	tr
2004	16/20	wa	2001	17/20	be	1998	16/20	tr
2003	15/20	wa	2000	16/20	be	1996	16/20	tr

Château La Providence

Gabriel-Klassement: nicht klassiert. Preisniveau: angemessen. Aktuelle Qualität: Schwierig zu erklären, denn die Weine werden zwar Jahr für Jahr hergestellt, aber nicht verkauft. Bald werden mehrere Jahrgänge auf einmal auf den Markt kommen. Neuer Besitzer: Christian Moueix. Ich bin sicher, dass in diesem Weingut ein ungeküsstes Potential schlummert. Also unbedingt einmal versuchen, wenn man Pomerols liebt, die nach Cassis und Brombeeren schmecken. P.S. Der 2005er liegt bei 18/20 Punkten!

2003	17/20	wa	2001	17/20	be	1999	17/20	tr
2002	16/20	wa	2000	16/20	tr	1998	18/20	tr

Château Ratouin

Gabriel-Klassement: nicht klassiert. Preisniveau: preiswert. Aktuelle Qualität: Die Qualitäten gleichen einer Achterbahn; einmal ganz unten und dann etwas weiter oben – d.h. die Wertungen schwanken zwischen 14/20 bis maximal 16/20 Punkten. Dabei ist der Wein fruchtig, säuerlich, simpel und süffig, was auf eine weite Bandbreite schliessen lässt.

Château La Renaissance

Gabriel-Klassement: nicht klassiert. Preisniveau: angemessen. Aktuelle Qualität: Spieglein, Spieglein an der Wand, welches ist der schlechteste Pomerol im ganzen Land? Gäbe es einen Wettkampf um diese Gretchenfrage, La Renaissance hätte eine Mega-Chance zu gewinnen. Kein Weingut hat eine derart fundierte Bandbreite von schlechten Noten: selten bei 15/20, öfters zwischen 12/20 bis 14/20 Punkten! Glücklicherweise liegt das Weingut nicht direkt an der Strasse. Somit muss man keinen grossen Bogen darum herum machen, wenn man vorbeifährt...

Château Rêve d'Or

Gabriel-Klassement: nicht klassiert. Preisniveau: eher teuer. Aktuelle Qualität: Habe wenig Erfahrung mit diesem Wein, dabei würde die Flasche mit dem extravaganten Gold-

Etikett schon von weitem auffallen. Doch der goldene Traum (übersetzt Rêve d'Or) wird schnell zur Realität, wenn man einen Schluck davon nimmt. Nicht, dass der Wein schlecht wäre – so 15/20 Punkte ist er allemal wert, aber das Outfit suggeriert etwas, was halt nicht stattfindet.

Château Rocher-Bonregard

Gabriel-Klassement: nicht klassiert. Preisniveau: angemessen. Aktuelle Qualität: seit dem Jahrgang 1998 immer sehr gut. Die Jahrgänge zuvor waren dünn, ausgelaugt und mit kapseligem Touch. Dem Wein begegnet man selten, konnte jedoch trotzdem 10 Verkostungsnotizen schreiben. Die neueren Wertungen sind immer auf 16/20 Punktniveau.

Romulus

Gabriel-Klassement: nicht klassiert. Preisniveau: teuer. Aktuelle Qualität: Seit dem Jahrgang 2000 führt der gelernte Önologe Romain das 4 ha grosse Weingut La Croix Taillefer der Eltern Marie-Claude und Claude Rivière in Pomerol. Er hat einen Teil der Domaine aussortiert und macht hier seit dem Jahrgang 2001 eine relativ ambitionierte Sonderproduktion namens Romulus. Nicht spektakulär – aber immerhin etwas besser als der La Croix Taillefer selbst. Ob dem Romulus der 20monatige Ausbau in neuen Barriquen gut bekommt, werden wir wohl erst in ein paar Jahren wissen!

| 2005 | 17/20 | wa | 2003 | 16/20 | wa | 2001 | 16/20 | be |
| 2004 | 16/20 | wa | 2002 | 17/20 | wa | | | |

Château La Rose Figeac

Gabriel-Klassement: nicht klassiert. Preisniveau: teuer. Aktuelle Qualität: Dabei muss man wissen, dass es sich hier tatsächlich um einen Pomerol handelt, denn der Zusatz «Figeac» erscheint sonst üblicherweise bei ca. 20 St. Emilion-Varianten. La Rose Figeac hatte von 1990 bis 1998 erhebliche Kellerprobleme, weshalb die Weine trotz grossem Potential immer sehr unsauber ausgefallen sind. Erst mit dem Jahrgang 1999 (16/20, tr) scheinen diese behoben worden zu sein.

| 2005 | 16/20 | wa | 2003 | 16/20 | wa | 2001 | 16/20 | be |
| 2004 | 15/20 | wa | 2002 | 16/20 | wa | 2000 | 17/20 | be |

Château Rouget

Gabriel-Klassement: Cinquième Cru classé. Preisniveau: eher teuer. Aktuelle Qualität: Früher präsentierten sich die Weine von Rouget hart und meist fruchtlos – heute scheinen sie das Gegenteil davon zu sein. Besonders in heissen Jahren gelingen hier Weine, die ein sehr gutes Preis-Leistungs-Verhältnis besitzen. *www.chateau-rouget.com; www.cerclerivedroite.com*

2005	17/20	wa	2001	17/20	be	1997	16/20	tr
2004	17/20	wa	2000	17/20	be	1996	16/20	tr
2003	17/20	wa	1999	18/20	tr	1995	15/20	tr
2002	17/20	wa	1998	19/20	tr	1990	16/20	tr

Château de Sales

Gabriel-Klassement: nicht klassiert. Preisniveau: angemessen. Aktuelle Qualität: mit 90 ha das grösste Weingut in Pomerol. Leider auf den schlechtesten, oder gelinde gesagt auf den leichtesten Sandböden gelegen. Die letzten Jahrgänge zeigten immer wieder eine unsaubere Note – und dies schon bei der Fassprobe. Einen wirklich guten Wein habe ich hier noch nie verkostet. Dieser fast immer enttäuschende Saft liefert den Beweis, dass die schlechtesten Pomerols zu teuer sind und die besten Weine aus Lalande de Pomerol, deren Qualität bei weitem übertreffen. Die Wertungen bewegen sich in einem Feld von 13/20 bis 15/20 Punkten. Die mögliche Kaufempfehlung kann in einem Wort zusammen gefasst werden: meiden! *www.chateau-de-sales.com*

Château Saint Pierre

Gabriel-Klassement: nicht klassiert. Preisniveau: angemessen. Aktuelle Qualität: Früher waren die Weine katastrophal und das ist leider auch heute noch so. Ein blechiger, belangloser, magerer Saft, der die Frucht schon zwischen Rebberg und Flaschenabfüllung verliert.

Château du Tailhas

Gabriel-Klassement: nicht klassiert. Preisniveau: angemessen. Aktuelle Qualität: gut und solide. Die früheren Jahrgänge wiesen durch «Barriquenmangel» etwas dumpfe, erdig schmeckende Noten auf. Seit dem Jahrgang 2000 scheint es hier besser geworden zu sein. Mögliches Niveau: 15/20 bis 16/20 Punkte.

Château Taillefer

Gabriel-Klassement: nicht klassiert. Preisniveau: angemessen. Aktuelle Qualität: Von der Aromatik her weiss dieser Wein recht gut zu gefallen. Leider stellt man im mittelgewichtigen Körper immer wieder metallische Noten fest und das Potential ist eher nur kurzfristig. Notendurchschnitt von 8 Verkostungen: 15/20 Punkte. *www.chateautaillefer.fr; www.cerclerivedroite.com*

Château Tour-Maillet

Gabriel-Klassement: nicht klassiert. Preisniveau: preiswert. Aktuelle Qualität: Die Qualitäten scheinen mir in letzter Zeit immer sehr gut und zuverlässig zu sein! Ein erstaunlich konzentrierter, manchmal auch etwas extrahiert wirkender Wein mit einem recht guten Potential. Die Wertungen liegen solide bei 16/20 und beim Jahrgang 2001 sogar auf 17/20 Punkten.

2005	16/20	wa	2003	16/20	wa	2001	17/20	be
2004	16/20	wa	2002	16/20	be	2000	16/20	tr

Château Trotanoy

Gabriel-Klassement: Deuxième Cru classé. Preisniveau: Luxus-Klasse. Aktuelle Qualität: Es gibt immer wieder Weinkenner, die behaupten, dass Pomerol-Weine zwar gross, aber manchmal etwas eintönig sind. Dieses Urteil wird spätestens dann revidiert, wenn man einen reifen Trotanoy im Glas hat. Wie Lafleur beweist Trotanoy, dass das Terroir resp. die Reflektion desselben geschmacklich eine ganz grosse Rolle in Pomerol spielen kann.

2005	19/20	wa	1995	18/20	be	1981	15/20	au
2004	18/20	wa	1994	17/20	tr	1979	16/20	vo
2003	19/20	wa	1993	18/20	tr	1978	17/20	au
2002	17/20	wa	1990	19/20	tr	1975	18/20	tr
2001	18/20	wa	1989	17/20	tr	1971	20/20	tr
2000	18/20	wa	1988	18/20	tr	1970	15/20	vo
1999	18/20	be	1986	15/20	au	1966	15/20	vo
1998	19/20	wa	1985	16/20	au	1964	17/20	au
1997	16/20	tr	1983	17/20	au	1962	17/20	au
1996	18/20	tr	1982	18/20	au	1961	20/20	vo

Château de Valois

Gabriel-Klassement: nicht klassiert. Preisniveau: angemessen. Aktuelle Qualität: Ältere Jahrgänge sind katastrophal – die Neuen dafür umso vielversprechender. Leider wurde die Kraft dieses grossartigen Terrains im Süden vom Pomerol-Plateau zu lange nicht ganz ausgeschöpft.

2005	17/20	wa	2002	17/20	wa	1999	15/20	tr
2004	16/20	wa	2001	17/20	be	1998	17/20	tr
2003	16/20	wa	2000	16/20	tr	1997	15/20	au

Vieux Château Certan

Gabriel-Klassement: Deuxième Cru classé. Preisniveau: Luxus-Klasse. Aktuelle Qualität: Die Weine sind genau gleich wie der Châteaubesitzer selbst; lang und schlank. Hier werden feine, elegante Weine, die meist unterschätzt werden, produziert. Viele meinen, ein grosser Pomerol müsse bullig und fett sein – Vieux Château Certan ist das beruhigende Gegenteil dieser Theorie. Doch man kann sich manchmal auch fragen, ob die Weine nicht etwas zu leicht geraten sind, und ob man für «Eleganz» alleine wirklich soviel bezahlen soll? Alte Vieux Château Certans wirken fragil und halten sich dann doch wieder überraschend gut. In letzter Zeit wurde der Anteil von den beiden Cabernets zu Gunsten des Merlots etwas reduziert.
www.vieux-chateau-certan.com

2005	18/20	wa	1997	17/20	tr	1985	16/20	au
2004	19/20	wa	1996	17/20	tr	1983	17/20	au
2003	16/20	wa	1995	17/20	tr	1982	16/20	au
2002	18/20	wa	1994	18/20	tr	1979	17/20	au
2001	18/20	be	1993	16/20	au	1978	16/20	vo
2000	18/20	be	1990	17/20	au	1966	17/20	au
1999	17/20	tr	1989	17/20	au	1964	17/20	au
1998	18/20	be	1986	16/20	au	1961	20/20	tr

Vieux Château Ferron

Gabriel-Klassement: nicht klassiert. Preisniveau: angemessen. Aktuelle Qualität: So wie die Weine halt früher schmeckten, so schmeckt der Vieux Château Ferron heute noch. Ist ja auch sein gutes Recht, denn «vieux» heisst ja schliesslich auch «alt». Wer artisanalen Geschmack liebt, kann hier auf einem mageren Niveau von 15/20 Punkten auf gute alte Zeiten anstossen.

Château Vieux Maillet

Gabriel-Klassement: nicht klassiert. Preisniveau: angemessen. Aktuelle Qualität: Die Produktion aus den lediglich 4,07 ha ist klein und somit findet man diesen recht guten Wein eher selten. *www.chateauvieuxmaillet.com; www.cercle rivedroite.com*

2005	17/20	wa	2001	16/20	wa	1997	16/20	tr
2004	16/20	wa	2000	17/20	be	1996	15/20	tr
2003	16/20	wa	1999	16/20	tr	1995	15/20	tr
2002	16/20	wa	1998	17/20	tr	1994	15/20	au

Château Vray Croix de Gay

Gabriel-Klassement: Cru Bourgeois. Preisniveau: eher teuer. Aktuelle Qualität: Früher zeigten sich die Vray Croix de Gay-Weine hart, manchmal unsauber oder zumindest altfassig und in der Regel immer knochentrocken. Die neueren Jahrgänge weisen auf eine sanfte Renaissance hin. Warten wir's ab...

2005	17/20	wa	2001	17/20	wa	1997	15/20	tr
2004	17/20	wa	2000	17/20	be	1996	16/20	tr
2003	17/20	wa	1999	14/20	be	1995	16/20	tr
2002	15/20	be	1998	17/20	tr	1994	16/20	au

Neue, spektakuläre Weine in Kleinstproduktionen verhelfen dieser zu lange vernachlässigten Region zu verdienter Aufmerksamkeit…

Geschichtlich gesehen, gibt es in dieser 1'100 ha mittelgrossen Appellation keine nennenswerte Vergangenheit. Erst 1925 wurde den Winzern dieser Region erlaubt, den Namen: Lalande de Pomerol zu verwenden. Dies weil sich die Pomerol-Châteaubesitzer lange erfolgreich dagegen wehrten und nicht zu Unrecht vermuteten, dass diese damals wesentlich schlechteren Weine dem Renommee von Pomerol schaden könnten. Im Jahr 1954 erlaubte man auch den Weinen aus der Ortschaft Néac das Wort: Lalande de Pomerol auf die Etikette schreiben zu dürfen. Doch bis hier wirklich erstmals sehr gute Qualitäten in Flaschen gefüllt wurden, dauerte es noch viele weitere Jahrzehnte, denn noch vor wenigen Jahren wurden mehr als die Hälfte dieser Weine lose im Fass verkauft. Der Preis rechnete sich nicht pro Flasche, sondern pro Tonneau (ein Tonneau = 4 Barriquen = 900 Liter). Faustregel; je mehr Wein ein Winzer produzierte, je mehr Geld floss in seine Kasse. Heute gilt Lalande de Pomerol als eine der vielversprechendsten «neuen» Appellationen vom ganzen Bordelais. Ich unterscheide drei grundsätzliche Kategorien: Die alte Garde, die dahindümpeln und die Weine noch genau gleich herstellen – nämlich; fruchtig, mit wenig Potential. Neue, stark aufstrebende Weingüter, deren Weine eindeutig Pomerol-Klasse besitzen und dabei (noch) etwas weniger kosten. Und – wie in St. Emilion – einige Supercuvées mit Kleinstproduktionen, z.B.: L'Ambroisie de La Croix des Moines – eine Selektion von 50jährigen Reben aus La Croix des Moines. Der Besitzer Jean-Louis Trocard stellt davon jährlich lediglich 2'000 Flaschen her. 2003 ist ein weiterer «Ambroisie» als dickes, fast marmeladiges Monster aufgetaucht. Der um die Gunst buhlende, neue Wein heisst mit vollem Namen Ambroisie de La Fleur-Chaigneau.

Korrekt und sehr modern vinifiziert, zeigt sich das, dem berühmten Önologen Michel Rolland gehörende Château Bertineau Saint-Vincent. Ebenfalls in diese Kategorie würde der Chambrun von Jean-Philippe Janoueix gehören, doch dessen Preise sind eindeutig höher angesiedelt als die Qualität. Sehr gute Werte stellen La Chenade, La Croix

Bellevue und Les Cruzelles dar. Der beste Preis-Leistungs-Wein ist seit vielen Jahren der Château Haut-Chaigneau. La Sergue gehört regelmässig zu den besten Weinen der Appellation. Ganz toll ist der seit 1998 aufsteigende La Fleur de Boüard. Noch spektakulärer ist die Mini-Selektion aus dem selben Weingut: Le Plus de la Fleur de Boüard – er gehört in den letzten Jahren zu den allergrössten Innovationen im ganzen Bordelais, denn dieser Wein hat Weltklasse!

L'Ambroisie de La Croix des Moines

Gabriel-Klassement: nicht klassiert. Preisniveau: angemessen. Aktuelle Qualität: Es handelt sich hier um ein reines Merlot-Cuvée aus dem La Croix des Moines. Eine kleine Produktion eines dicken, meist sanft kompottartigen Weines, der in grosse Gläser gehört. Die Wertungen liegen zwischen 16/20 bis 17/20 Punkten. Je nachdem, ob man der Wucht mehr Beachtung schenkt als der Klassik. *www.trocard.com*

Château Bel-Air

Gabriel-Klassement: nicht klassiert. Preisniveau: preiswert. Aktuelle Qualität: Hart und blechig zeigten sich die bisher verkosteten Weine. Zwar wissen die Muster in der Primeurverkostung immer recht gut zu gefallen, was dann aber aus dem Flaschenhals heraus rinnt, ist nahezu eine andere Geschichte. Die Wertungen bewegen sich hartnäckig um 14/20 Punkte.

Château Bertineau Saint-Vincent

Gabriel-Klassement: nicht klassiert. Preisniveau: angemessen. Aktuelle Qualität: immer zwischen 15/20 bis 16/20 Punkte wert. Trinkt sich in seinen ersten acht Jahren am schönsten. Das 4,2 ha kleine Weingut gehört der Familie Rolland (Önologe Michel Rolland) und ist dementsprechend eher modern vinifiziert.

Château Bonnes-Rives

Gabriel-Klassement: nicht klassiert. Preisniveau: preiswert. Aktuelle Qualität: ein unerhört fruchtiger und auch ziemlich konzentrierter Wein mit viel kompottartiger Fruchtnote. Nur 3 Jahrgänge verkostet. Niveau: 16/20 Punkte. Junger Genuss, etwa sechs bis acht Jahre Potential, je nachdem, ob es sich um einen grossen oder kleinen Jahrgang handelt.

Château Chambrun

Gabriel-Klassement: nicht klassiert. Preisniveau: angemessen. Aktuelle Qualität: Der Stil des Weines ist stark vom Winzer geprägt, d.h. er schmeckt zuweilen mehr nach Kaffee und anderen Röstaromen als nach «Fast-Pomerol». Weiche Textur, oft fast unlogisch blaubeerig, aber durchaus mit viel Charme und Fülle. Trotz der Kritik – wegen der Typizität – habe ich nicht wenige Jahrgänge von diesem Chambrun mit 16/20 Punkten bewertet. Aber nicht zu lange warten, denn nach gut fünf Jahren ist die Show fast schon zu Ende. www.j-janoueix-bordeaux.com

Château La Chenade

Gabriel-Klassement: nicht klassiert. Preisniveau: preiswert. Aktuelle Qualität: korrekter, burgundischer Wein mit frühem Genusspotential. Der La Chenade scheint ein Abonnement für 16/20 Punkte gelöst zu haben. Potential für ca. sieben Jahre. Wird von Denis Durantou (L'Eglise-Clinet) vinifiziert.

Château La Croix Bellevue

Gabriel-Klassement: nicht klassiert. Preisniveau: preiswert. Aktuelle Qualität: mit fast 50 % erstaunlich viel Cabernet-Anteil für diese Gegend! Die Frucht des Weines scheint nur in grossen Jahren so richtig auszureifen. Wenn dies gelingt, wird der Wein pflaumig und fast cremig. Sehr guter, gastronomischer Wert. www.trocard.com; www.cercle-rivedroite.com

Château La Croix des Moines

Gabriel-Klassement: nicht klassiert. Preisniveau: preiswert. Aktuelle Qualität: Der Wein ist höllisch gut und man fragt sich, ob es wirklich nötig ist, aus dieser Produktion die besten Merlots zu «entfernen», um ein Spezialcuvée herzustellen? Ich mag den La Croix des Moines, habe ihn schon oft getrunken und dabei einmal mehr bemerkt, dass die besseren Lalande de Pomerol zum halben Preis mehr bieten als ein rudimentärer, einfacher und dann halt doch nicht billiger Pomerol. www.trocard.com

Château Les Cruzelles

Gabriel-Klassement: nicht klassiert. Preisniveau: preiswert. Aktuelle Qualität: Seit dem Jahrgang 2000 ist das Weingut im Besitz von Denis Durantou (Eglise-Clinet). Es mussten ein paar Neu-Anpflanzungen vorgenommen werden und somit sind die ersten Jahrgänge jetzt eher leicht, aber mit einer fast parfümiert rotbeerigen Fruchtnote versehen. Man kann ihn jeweils sofort probieren und auch jung schon mit viel Spass geniessen. Die besten Weine erreichten 17/20 Punkte; dies aber leider nur für ein paar Jahre.

Château La Fleur de Boüard

Gabriel-Klassement: nicht klassiert. Preisniveau: angemessen. Aktuelle Qualität: Dieser Wein ist auf einem derartig hohen Niveau, dass er an einer Blinddegustation gegen ziemlich teure Pomerols locker mithalten kann: Power, Frucht und Konzentration. Bei jedem Schluck beweist sich der Besitzer als genialer Weinmacher.

Die neue Geschichte dieses heute bereits sehr angesehenen Weingutes begann mit dem Jahrgang 1998. Hubert de Boüard de Laforest erwarb sich dieses 20 ha grosse Weingut und produzierte gleich von Beginn weg zwei Weine: Den Fleur Saint Georges, den man heute als eigentlichen Zweitwein ansehen könnte und den Fleur de Boüard. Mit dem Jahrgang 2000 setzte er mit einem spektakulären Supercuvée mit der «Kurzbezeichnung» Le Plus de la Fleur de Boüard noch einen Deckel obendrauf. Der normale La Fleur Saint Georges ist eher traditionell ausgebaut und scheint relativ schnell die Frucht zu verlieren. Hingegen ist der La Fleur de Boüard schon auf einem Niveau, dass er an einer Blinddegustation gegen ganz teure Pomerols locker mithalten kann. www.lafleurdebouard.com; www.cerclerivedroite.com

2005	18/20	wa	2002	17/20	be	1999	17/20	tr
2004	17/20	wa	2001	17/20	be	1998	17/20	au
2003	17/20	wa	2000	18/20	tr			

Château Haut-Chaigneau

Gabriel-Klassement: nicht klassiert. Preisniveau: angemessen. Aktuelle Qualität: Dieser heute grossartige Lalande de Pomerol hatte früher schon Ambitionen sehr gut zu sein. Damals war aber noch nicht die ganze Ernte auf diesem Qualitätsstandard und man füllte den besten Teil als Haut-Chaigneau Cuvée Prestige ab. Pascal Chatonnet, u. a. auch Berater von Vega Sicilia verwendet einen gewissen Anteil an russischer Eiche, um seinen Lalande de Pomerol auszubauen. *www.cerclerivedroite.com*

2005	18/20	wa	2002	16/20	be	1999	17/20	tr
2004	17/20	wa	2001	16/20	tr	1998	17/20	tr
2003	17/20	wa	2000	17/20	tr	1997	15/20	au

Château Jean de Gué

Gabriel-Klassement: nicht klassiert. Preisniveau: angemessen. Aktuelle Qualität: Kein Reisser, aber ein sehr guter, zuverlässiger Wert, der vom Geschmack her Klassik und Tradition vermischt. Immer Wertungen um 16/20 Punkte. *www.cerclerivedroite.com*

| 2005 | 17/20 | wa | 2003 | 16/20 | wa | 2001 | 15/20 | tr |
| 2004 | 16/20 | wa | 2002 | 16/20 | be | 2000 | 16/20 | tr |

Château Moncets

Gabriel-Klassement: nicht klassiert. Preisniveau: preiswert. Aktuelle Qualität: so lala; nie wirklich sehr gut, meist ordentlich, immer irgendwie fruchtlos und von der Struktur her zwischen trocken und kapselig hin und her schwankend. Das einzig Moderne an diesem Wein ist seine Webseite. *www.moncets.com*

Château Moulin à Vent

Gabriel-Klassement: nicht klassiert. Preisniveau: preiswert. Aktuelle Qualität: Dem Besitzer gehört auch noch ein Weingut in Listrac (Fourcas-Loubaney). Der Moulin à Vent ist zwar etwas gewichtiger als der gleichnamige Beaujolais, zeigt aber ähnliche Fruchtspielkomponenten auf. Ein herrlicher, deutlich Merlot-lastiger Jungweinspass; immer etwa 16/20 Punkte wert.

Château La Pinière de La Sergue

Gabriel-Klassement: nicht klassiert. Preisniveau: teuer. Aktuelle Qualität: Das ist wieder ein so unheimlich «nützliches» Separatcuvée aus einem bereits bestehenden, und an sich schon sehr guten Wein. Dem Besitzer gelingt es hier die Frucht so süss erscheinen zu lassen, dass man beim Verkosten das Gefühl bekommt, dass in Lalande de Pomerol schon bald rote Dessertweine hergestellt werden könnten. Die Qualität darf ich nicht strafen, weil dieser Wein vom Technischen her ein Meisterwerk ist. Somit müsste ich bei fast jedem Jahrgang 17/20 Punkte verschenken. Mache ich auch gerne, solange ich davon nicht ein grosses Glas trinken muss. *www.cerclerivedroite.com*

Le Plus de la Fleur de Boüard

Gabriel-Klassement: nicht klassiert. Preisniveau: Luxus-Klasse. Aktuelle Qualität: Erst war ich diesem Wein gegenüber eher skeptisch, weil er genau in jener Zeit entstand, als auch andere Produzenten marktschreierische Supercuvées entwickelten. Doch nun bin ich vollkommen überzeugt davon, dass dieser Saft, welcher nach dem Motto «the best of the best» entstanden ist, zu den ganz, ganz grossen Weinen des rechten Dordogne-Ufers gehört. Für WeinWisser organisierte ich vor ein paar Jahren eine Welt-Merlot-Degustation: Dort gewann der 2000er Le Plus gegen alles, was bekannt ist und (schon) Rang und Namen hat. *www.lafleurdebouard.com*

2005	19/20	wa	2003	19/20	wa	2001	19/20	be
2004	18/20	wa	2002	18/20	be	2000	20/20	be

Château La Sergue

Gabriel-Klassement: nicht klassiert. Preisniveau: angemessen. Aktuelle Qualität: Seit dem Jahrgang 1996 (17/20, au) macht Pascal Chatonnet aus dem Château Haut-Chaigneau eine Selektion mit diesem Namen. Ein sehr erotisches, wenn auch in der ersten Jugend etwas hölzernes Weinerlebnis! *www.cerclerivedroite.com*

2005	16/20	wa	2002	16/20	wa	1999	16/20	tr
2004	16/20	wa	2001	17/20	tr	1998	17/20	tr
2003	18/20	wa	2000	17/20	tr	1997	17/20	au

Château Siaurac

Gabriel-Klassement: nicht klassiert. Preisniveau: preiswert. Aktuelle Qualität: Die allerjüngsten Jahrgänge lassen hoffen. Zu lange war dieser Wein zwar sehr günstig, aber leider nur immer knapp gut und auch eher etwas für Traditionelltrinker. Warten wir es also ab, wie sich die jüngsten Babys entwickeln. *www.cerclerivedroite.com*

2005	16/20	wa	2003	16/20	wa	2001	15/20	tr
2004	17/20	wa	2002	16/20	be	2000	16/20	tr

Hat diese Region ohne Spitzenwein-Vergangenheit eine versprechende Zukunft vor sich? Zwei Namen geben zu Hoffnung Anlass…

Während sich in Frankreich die Weine aus der Côtes de Blaye recht grosser Beliebtheit erfreuen und für ein bescheidenes Budget mehrheitlich ordinäre Rotweine für die Gastronomie und zum privaten Genuss liefern, ist der Export (noch) bescheiden. Auch in meinem Privatkeller gibt es bis jetzt keine einzige Flasche. Doch das wird sich nun ändern, denn zwei beeindruckende Erlebnisse bilden das Fundament für diesen Gesinnungswandel: Während der Primeurverkostung des Jahrganges 2003 besuchte ich Corinne und Xavier Loriaud. Diese «flüchteten» vom elterlichen Cognac-Weingut aus der Charente nach Bordeaux, weil die Reben in der Côtes de Blaye günstiger waren. Anfangs wurde die gesamte Ernte «en vrac» verkauft und mit jedem weiteren Jahr füllte man mehr Flaschen unter eigenem Etikett ab. Heute sind es drei verschiedene Weingüter resp. Selektionen: Clos Lagassa (3,5 ha), Château Les Ricards (5 ha) und Château Bel-Air la Royère mit 4,5 ha. Letzterer ist das Paradepferd und wird mit einem durchschnittlichen Ertrag von nur gerade 25 hl/ha produziert. Das Besondere an diesem Wein ist, dass er nebst einem recht grossen Anteil Merlot (80%) mit 20 % Malbec assembliert ist. Die neusten Jahrgänge von ihrem besten Wein (Bel-Air la Royère) liegen regelmässig zwischen 17/20 und sogar 18/20 Punkten.

Auf gleichem Sensationsniveau bewegt sich die absolute Neuentdeckung; Château Montfollet. Der junge Besitzer Dominique Raimond wollte seine Malbec-Reben fast schon ausreissen, hat aber dann mit Hilfe vom erfahrenen Önologen Christian Veyry mit anderer Laubbewirtschaftung und niedrigerem Ertrag plötzlich neue und sensationelle Qualitäten erzielt. Sein bester Wein ist der Château Montfollet mit der Herkunftsbezeichnung Blaye. Zweitbester, aber immer noch auf beeindruckendem Niveau, ist der gleichnamige Vieilles Vignes. Und ich bin mir sicher, dass es schon bald noch mehr andere Namen in der Szene geben wird, die beweisen, dass die Blaye-Region zu lange vernachlässigt wurde – dies in einer vielleicht etwas neupopulären, alternativen Geschmacksrichtung. Vielleicht muss man aber auch erst lernen, wie ein reifer, grosser Gironde-Wein mit einem recht grossen Anteil von Malbec schmecken muss.

Gilt als Médoc des Libournais. Immer mehr interessante Weingüter produzieren hier Weine, die viel mehr wert sind, als sie kosten…

Hier spalten sich die Geister noch zwischen knochig harten, artisanal vinifizierten und modernen, aber immer kräftigen, jedoch wesentlich fruchtigeren, in recht viel Neuholz ausgebauten Weinen. Wer einen sehr guten Fronsac oder Canon Fronsac kaufen will, muss zwar schon etwas Geld in die Hand nehmen, dafür bekommt man aber in der Regel mehr als nur sehr guten Wein. Und dieser ist im direkten Vergleich dann doch günstiger, als jene aus den prestigeträchtigeren Nachbarappellationen St. Emilion und Pomerol. Und eigentlich lassen sich die Weine des Fronsac gar nicht mit jenen vergleichen, denn die Typizität ist hier eher mit charaktervoll und in den meisten Fällen als erstaunlich lagerfähig zu bezeichnen. Durch die langjährige Zusammenarbeit mit dem Hause Moueix kam ich schon vor 15 Jahren in direkten Kontakt mit den Weingütern: de La Dauphine, Canon de Brem, Canon-Moueix und später auch La Croix-Canon. Christian Moueix hat diese Domainen aber im Jahr 2000 verkauft, weil er eigentlich nie richtig Geld damit verdienen konnte. Zu gross der Arbeitsaufwand, zu tief das zu erreichende Verkaufspreisniveau. Während der de La Dauphine, fast direkt am Ufer der Dordogne gelegen, immer ein leichter, früh gefälliger Wein war, kann man die anderen Genannten als Crus Bourgeois der Fronsac-Region bezeichnen. Ein Attribut, das auch für viele andere Weingüter gelten würde.

Nett und korrekt ist der Château de Carles. Von ihm gibt es aber noch ein bulliges Supercuvée mit dem Namen Haut-Carles; dieser ist meist mit einer Assemblage von 95 % Merlot sowie 5 % Cabernet Franc ausgestattet und liegt jeweils in neuen Eichenfässern. Er hat bei mir ein festes Abonnement in der 17/20 Punktregion und ist ein herrlicher Kandidat für Blindverkostungen.

Zu den neuen, personellen Superstars der Region gehört Arnaud Roux-Ouilé. Die Familie besitzt die Weingüter Montcanon (aufsteigend!) und Vrai Canon Bouché (sehr gut und zuverlässig). Ein nur 2,3 ha kleiner Rebberg wurde hier ausgegrenzt und mit dem Namen Carolus bedacht. Doch Konfusionen mit dem Karolus aus dem Médoc zwangen den Besitzer den Namen in Carlmagnus zu wechseln. Der Carlmagnus 2003 (viel Cassis, Edelhölzer) ist mit 18/20 Punkten einer meiner best bewerteten Fronsacs. Ein Terroir-Monument mit dem treffenden Namen ist der Cassagne-Haut-Canon La Truffière. Dies, weil auch manchmal schwarze Trüffel im Bouquet zu finden sind. Die Wertungen dieses sehr kräftigen und auch tiefgründigen Weines liegen meist bei 15/20 bis 16/20 Punkten.

Den Charlemagne gab es nur zweimal. Er entstand aus dem ehemaligen Château Bodet und musste aufgrund von Interventionen der Burgunder-Winzer in La Croix-Canon umgetauft werden.

Immer sehr modern und im mittleren Qualitätsbereich präsentiert sich Michel Rollands Weingut Fontenil. Für mich ist dieser aber oft etwas zu extensiv vinifiziert.

Den Haut-Mazeris gibt es unter gleichem Namen gleich in zwei Varianten: Einmal als Fronsac (rund einen Euro billiger) und dann als Canon-Fronsac. Die zierliche Capucine de Luynes hat mit ihrem 2003er gezeigt, dass sie bei der Elitetruppe mitmischen will und mit dem Haut-Mazeris (je nach Herkunft) bis zu 18/20 Punkte erreichen kann.

Mit dem Beizug vom Önologen Stephane Derenoncourt hat auch Vivianne Davau von La Rousselle in den letzten Jahren immer interessantere Weine auf den Markt gebracht.

Keinen Berater braucht das Weingut Les Trois-Croix, denn schliesslich ist dort der mittlerweile pensionierte Patrick Léon (ehemals Mouton und Opus One) Besitzer.

Ergänzt werden könnte diese Fronsac-Liste mit ein paar enttäuschenden, oder traditionell trockenen Weinen, die immer noch das darstellen, was diese zu lange vernachlässigte Region einmal war. Wer in seinem Bordeauxkeller auch ein paar Flaschen/Kisten Fronsac-Weine lagert, ist anderen Weinsnobs weit überlegen und profiliert sich als echter Weinkenner! Und wenn Sie einmal wirklich echte, ja fast romantische Weinberge sehen wollen, dann machen Sie doch einfach einen Abstecher in diese wunderschöne Appellation, welche nur ein paar Minuten von Libourne entfernt liegt.

Château Canon de Brem

(Canon Fronsac) Das Weingut war bis zum Jahr 2000 im Besitz von Christian Moueix, die Weine überzeugten oft durch Tiefe und Kraft. Der neue Besitzer verleiht dem Wein etwas mehr Charme und somit lassen sich die neueren Jahrgänge früher geniessen. Das Potential liegt immer bei 15/20 bis 16/20, Neuere sind nahe bei 17/20 Punkten!
www.chateau-dauphine.com

2005	17/20	wa	2001	16/20	be	1997	15/20	au
2004	17/20	wa	2000	16/20	be	1996	16/20	tr
2003	17/20	wa	1999	16/20	tr	1995	15/20	tr
2002	16/20	wa	1998	17/20	tr	1994	15/20	au

Château Canon-Moueix

(Canon Fronsac) War bis zum Jahrgang 2000 immer ein recht guter, mittelgewichtiger Rotweinwert. War? Ja – denn der Name ist durch die Übernahme von der Familie Halley verschwunden. Die Trauben aus diesem Rebberg werden neu für den Canon de Brem verwendet. Die Qualitäten älterer Jahrgänge, plus minus 16/20, wobei der «Abschiedsjahrgang» 2000 im Schlussbouquet 17/20 Punkte erreichte.

Château de Carles

(Fronsac) Die Geschichte um diesen Wein ist um vieles interessanter als der Wein selbst. Der Duc de Charlemagne hatte auf diesem Weingut erstmals in dieser Gegend Reben anpflanzen lassen. Deshalb waren die Fronsac-Weine auch oft und lange bekannter als die heutigen Spitzenreiter aus St. Emilion und Pomerol. In den letzten Jahren wurde einiges an Kapital in Keller und Technik investiert. In de Carles läge auch noch ein zusätzliches Potential drin, grenzt doch das Rebgut direkt an Pomerol und besitzt viele gute Steillagen. Die Qualität bleibt aber bei den Begriffen «ordentlich» und «recht gut»; also bei 15/20 Punkten stehen.

Château Carlmagnus

(Canon Fronsac) Kein neuer Wein, sondern ein neuer Name. Der Besitzer lancierte diesen Cru erstmals mit dem Jahrgang 2001 (17/20) unter dem Namen Carolus. Dann musste er ihn aber auch schon wieder ändern, weil der

Besitzer von Château Karolus (Médoc) klagte. Deshalb der neue Name: Carlmagnus. Energisch vinifiziert, kräftig bis rustikal und bei den Top-Favoriten der Gegend meist bei 17/20 Punkten mithaltend.

Château Cassagne-Haut-Canon La Truffière

(Canon Fronsac) Leider gefallen mir die letzten Jahrgänge ganz und gar nicht. Das Potential wäre zwar da, aber es fehlt dem Wein an Fruchtdruck. Nicht selten schwingen unsaubere, oder zumindest artisanale Töne mit. Nach ein paar Jahren Flaschenreife absorbiert er diesen Makel teilweise und wird mit längerem Dekantieren so richtig gut. Der Namenszug «Truffière» ist durchaus berechtigt. Nicht selten findet man im tiefgründigen Bouquet auch schwarze Sommertrüffelnoten. *www.expression-de-fronsac.com/gb/chateau-cassagne-haut-canon.html*

Château La Croix-Canon

(Canon Fronsac) Früher hiess das Weingut Château Bodet, dann einen Jahrgang lang (2005) Château Charlemagne, jetzt La Croix-Canon. Ein grossartiger Wein mit viel Klasse und einem interessanten Potential. Die Rebberge bilden praktisch das Herzstück der Appellation Canon Fronsac. Tolle Wertungen zwischen 16/20 bis 17/20 Punkten beweisen das grossartige Terroir. *www.chateau-dauphine.com*

2005	17/20	wa	2002	16/20	wa	1999	17/20	tr
2004	16/20	wa	2001	16/20	be	1998	16/20	tr
2003	16/20	wa	2000	17/20	be	1997	16/20	au

Château de La Dauphine

(Fronsac) Bis zum Jahr 2000 gehörten die Weingüter de La Dauphine (Fronsac), Canon de Brem (Canon Fronsac) und La Croix-Canon (Canon Fronsac) zum Ets. Moueix. Seit dem Jahrgang 2001 führt nun Guillaume Halley als Gérant die drei Domainen seines Vaters. In der Zwischenzeit wurde auch kräftig in die technischen Anlagen investiert. *www.chateau-dauphine.com*

2005	17/20	wa	2002	16/20	tr	1999	16/20	tr
2004	17/20	wa	2001	16/20	tr	1998	17/20	tr
2003	16/20	be	2000	16/20	tr	1997	15/20	au

Château Fontenil

(Fronsac) Das Weingut gehört zum Rolland-Clan (Le Bon Pasteur). War oft etwas vordergründig und manchmal recht hart vinifiziert. Die neuesten Jahrgänge sind weicher und überzeugen durch drei Eigenschaften: Frucht, Frucht und nochmals Frucht! www.expression-de-fronsac.com/fr/chateau-fontenil.html

2005	17/20	wa	2002	16/20	tr	1999	16/20	tr
2004	17/20	wa	2001	17/20	be	1998	17/20	tr
2003	16/20	wa	2000	17/20	tr	1997	16/20	au

Château Haut-Carles

(Fronsac) Gelungenes Cuvée. Der Haut-Carles ist eine Separation aus der Produktion von Château de Carles. Während der de Carles ein traditionell hergestellter Wein ist, gönnt man der Selektion Haut-Carles wohldosiert eingesetzte, neue Eichenfässer. Die Mischung (ca. 95 % Merlot, 5 % Cabernet Franc) stimmt (fast) immer. Meistens entsteht ein bulliger, beeindruckender, aber auch mit massiven Tanninen bestückter Wein. www.haut-carles.com

2005	17/20	wa	2002	16/20	be	1999	17/20	tr
2004	16/20	wa	2001	17/20	tr	1998	17/20	tr
2003	17/20	wa	2000	17/20	tr	1997	15/20	tr

Château Haut-Mazeris

(Fronsac und Canon Fronsac) Auch das gibt es. Ein Château, gleicher Besitz, gleicher Name auf zwei Appellationen verteilt. Die Qualitäten sind aber erst seit dem Jahrgang 2002 wirklich gut und können zu Spitzenwerten von 17/20 Punkten gelangen. Der Fronsac ist der kräftigere, der Canon Fronsac der feinere Wein. Beide sind aber sehr gute Werte.

Château Mazeris

(Canon Fronsac) Ein netter Wein, der genau so schmeckt, wie die althergebrachten Weine dieser Appellation auch schon vor zwanzig Jahren mundeten; leicht vom Körper, aber doch muskulös von den Gerbstoffen her. Etwas mehr Frucht wäre diesem sehr preiswerten Wein dann doch zu gönnen. www.chateau-mazeris.com

Château La Rousselle

(Fronsac) Früher war La Rousselle ein typischer Fronsac; viel Tannin, trockener Körper und wenig Frucht. Meist lagen die Bewertungen bei 15/20 Punkten. Als die Besitzer endlich merkten, dass die Konsumenten mehr auf Frucht stehen, engagierte man den Önologen Stephane Derenoncourt. Mit Erfolg – wie die allerletzten Noten zeigen!

2005	18/20	wa	2004	17/20	wa	2003	17/20	be

Château Les Trois-Croix

(Canon Fronsac) Im Auge behalten. Patrick Léon (ehemaliger und heute pensionierter technischer Direktor von Mouton und Opus One) hilft hier mit einer schützenden Hand bei der Produktion dieses Weines, der von seinem Sohn hergestellt wird. *www.expression-de-fronsac.com/fr/chateau-les-trois-croix.html*

2005	17/20	wa	2002	16/20	wa	1999	16/20	tr
2004	15/20	wa	2001	16/20	tr	1998	16/20	tr
2003	17/20	wa	2000	16/20	be	1997	17/20	tr

Château Vray Canon-Bouché

(Fronsac) Solider Wert mit einem recht guten Potential. Besonders in heissen Jahren wird der Wein recht füllig und zeigt relativ viel Kraft.

2005	17/20	wa	2003	17/20	wa	2001	15/20	be
2004	15/20	wa	2002	16/20	be	2000	16/20	tr

Ein Sammelsurium von günstigen Entre-deux-Mers, gelungenen Weissweinen berühmter Médoc-Châteaux und trockenen Sauternes…

Klar ist, dass es für diese Kategorie sehr viele preiswerte und fruchtige Weine gibt, die fast gar nichts kosten und jung enorm viel Spass machen. Ein Beispiel für unbelasteten Bordeaux-Weisswein-Spass ist seit sehr vielen Jahren der Dourthe No 1. Da ich die Entre-deux-Mers nirgendwo mehr speziell aufführen werde, lobe ich hiermit diese äusserst preiswerten Weine, welche in der Regel im Stahltank ausgebaut werden. An den zahlreichen Reisen der Académie du Vin steht immer ein Besuch im Restaurant Chez Yvette in Arcachon auf dem Programm. Wenn ich bedenke, wie viele Flaschen vom weissen Tour Mirambeau schon in die durstigen Kehlen der Gäste geflossen sind – eine unglaubliche Menge – und natürlich bei gleichzeitigem Genuss von Meerestieren aller Art. Somit stellt sich beim Weisswein-Genuss eigentlich nicht mehr die Frage, wo es anfängt, sondern eher wo es aufhört?

Bei den Weissweinen aus Bordeaux beginnt das Handicap in der Bezeichnung. Während diejenigen aus Graves, sich «Graves Blanc» oder die noch nobleren Weine aus Pessac-Léognan, sich «Pessac-Léognan Blanc» nennen dürfen, heisst der weisse Lynch-Bages nicht etwa: «Pauillac Blanc», der Talbot nicht: «St. Julien Blanc» und der Pavillon Blanc du Château Margaux erst recht nicht: «Margaux Blanc». Nein – all diese wohlklingenden Namen müssen sich mit dem, in gewisser Weise deklassierenden Begriff: «Bordeaux Blanc» zufrieden geben. Warum? Aus gesetzlich antiken Gründen! Doch wer spielt jetzt letztendlich die Musik in dieser Kategorie?

Schlecht begann das Debüt vom weissen Mouton; dem Aile d'Argent. Auch der erste weisse Lagrange war eher bescheiden und fast fruchtlos. Für den dicken, fast leimigen Chasse-Spleen Blanc konnte ich mich noch nie so richtig erwärmen. Immer gut, wenn auch nicht billig, ist der Blanc de Lynch-Bages. Der Preiswerteste und gleichzeitig einer der Besten in dieser Kategorie ist der Le Cygne de Fonréaud von Château Fonréaud aus Listrac. Ein paar Mal erfreute ich mich an einem nördlichen Weissen von Château Loudenne – eine Zeitlang war dieser sogar besser als der eigene Rotwein! Nicht zu vergessen, dass auch die trockenen Sauternes in dieses Sammelsurium gehören.

Der bekannteste «Bordeaux Blanc» und auch sicherlich jener mit der grössten Vergangenheit ist der weisse Margaux. Leider deklassiert er sich vom Namen her irgendwie selbst, da er praktisch gleich heisst wie der rote Zweitwein; nämlich Pavillon Blanc du Château Margaux. Was ganz wenige wissen; es existierte Anfang der 60er Jahre auch ein weisser Lafite. Ich habe ihn zweimal getrunken und war völlig hingerissen. Die Produktion war aber so klein, dass das Etikett eher für den Hausgebrauch bestimmt war und einem Aufkleber von Grossmutters Konfitüre glich. Dürfte ich aus dem ganzen Kapitel von Weissweinen eine Kiste als Geschenk auslesen, wäre die Antwort schnell gefunden: 2000 Y(grec)!

Aile d'Argent

Der Weisswein von Mouton-Rothschild. Das Debüt war so schlecht, dass sich fast kein Mouton-Sammler mit dem «weissen Mouton» eindeckte. Auch bei noblen Anlässen ist mir dieser doch recht teure Bordeaux Blanc fast nie begegnet. Aus Desinteresse habe ich auch bei persönlichen Weinbeschaffungsphasen passiv auf diesen Wein reagiert. Die neueren Jahrgänge sind aber doch recht gut und zeigen eine deutlich verbesserte, mehr fruchtbetonte Vinifikation. Seit dem Jahrgang 2002 liegen die Punkte immer bei 17/20. www.bpdr.com

2004	17/20	wa	2001	15/20	tr	1998	16/20	tr
2003	17/20	tr	2000	16/20	tr	1997	16/20	tr
2002	17/20	tr	1999	17/20	tr	1996	16/20	tr

Les Arums de Lagrange

Bereits in den 60er Jahren gab es einen weissen Lagrange. Die schlechte Marktlage und der zu grosse Aufwand, um einen Weisswein herzustellen, führten zur Elimination dieses Weines. Mit dem Erstlingsjahrgang 1997 wollte man somit wieder an eine alte Tradition anknüpfen. 4 ha sind im Moment für die Weisswein-Produktion angepflanzt worden. Der Wein besteht mehrheitlich aus Sauvignon Blanc. Der erste Jahrgang bot enorm viel Steigerungspotential für die folgenden Qualitäten. Von den neueren Jahrgängen habe ich ab und zu einen Schluck bekommen, scheint besser und vor allem frischer und fruchtiger geworden zu sein. *www.chateau-lagrange.com*

Blanc de Lynch-Bages

Auf Lynch-Bages wurde immer schon ein weisser Hauswein produziert – so ein bis zwei Barriquen. Mal war der Wein gut, meistens jedoch weniger gut. Heute zähle ich den weissen Lynch zu den besseren Weissweinen des Médoc. Muss er auch sein – bei diesem Preis! Oft ist das ein Wein, der um einen Hauch zu viele Röstnoten vom Holz her aufweist. Die Qualitäten liegen um 16/20 Punkte. Preiswert ist er nicht, hingegen allemal den Gag wert, zum Apéro einen weissen Lynch vor dem Roten zu trinken! *www.lynchbages.com*

Château Chasse-Spleen Blanc

Der weisse Chasse-Spleen ist sicherlich kein Wein, den man sich schnell als Aperitif reinzieht. Ich habe aber schon mehrmals festgestellt, dass er sich zum Essen – mit etwas Luftzutritt – sehr gut entwickelt. Wer jedoch bei einem Weisswein Frucht voraussetzt, wird hier auch bei längerem Suchen nicht fündig. *www.chasse-spleen.com*

Clos Nardian

Einen «weissen St. Emilion» darf es nicht geben, weil das Gesetz das nicht zulässt, also nennt sich der teure Clos Nardian, der aus der Ecke Saint Aubin de Branne stammt ganz einfach Bordeaux Blanc. Der 2003er bestand praktisch nur aus Fett, Alkohol und Eiche. Hingegen ist der Folgejahrgang 2004 ein wirklich grosser, reicher und mit einem beträchtlichen Potential versehener Weisswein mit burgundischem Akzent und 18/20 Punkte wert. *www.teyssier.com*

Le Cygne de Château Fonréaud

Normalerweise besteht dieser Wein mehrheitlich aus Sauvignon Blanc. Er stammt von einer nur 2 ha grossen Parzelle aus dem Listrac und wird nach Burgunder-Methode auf der Hefe im Fass ausgebaut. Seine Merkmale; preiswert, immer gut und frisch vinifiziert! Durch die kleine Produktion allerdings meist nur ein paar Monate im Ladenregal und dann muss man halt wieder auf den neuen Jahrgang warten. Wertungen zwischen 16/20 und 17/20 Punkte. *www.chateau-fonreaud.com*

Le Sec de Rayne-Vigneau

Der trockene Weisswein vom Sauternes-Weingut Rayne-Vigneau zeigte 1997 erstmals wieder seine Schokoladenseite. Frühere Jahrgänge waren pflanzlich, leimig und im wahrsten Sinne des Wortes; fruchtlos. Heute ist dies ein feiner, elegant fruchtiger Wein, den man in den ersten fünf Jahren seines Lebens entkorken sollte. *www.ac-bordeaux.fr/ Etablissement/TLautrec/sautern/CHATEAUX/Chatclas/Chatrayv. html*

Château Loudenne Blanc

Bei vielen anderen bekannten Médoc-Châteaux ist die Produktion eines Weissweines eher eine Modeerscheinung. Den Loudenne Blanc gibt es schon sehr lange. Ein toller, fruchtiger und relativ gehaltvoller Wein, der für seine Leistung eigentlich sehr wenig kostet. So ein richtiger Spassmacher mit einem 16/20 Punkte-Abonnement! *www. aquitaine.visite.org/FR/pro/195*

Château Monbousquet Blanc

Rar und teuer ist dieser «weisse St. Emilion». Jedes Jahr eine Granate mit Fett, Druck und enormer Konzentration und nicht zu wenig Holzeinsatz. Vom Geschmack her trotz Einsatz klassischer Rebsorten aus dem Bordelais nicht selten eine gewisse Viognier-Affinität aufweisend, weil er meist nach fast überreifen Aprikosen duftet und immer – Barrique sei Dank – auch viel Vanillearomen zeigt. Wer nicht weiss, was Weinkritiker mit Opulenz meinen, der trinke einen Schluck hiervon. *www.chateaupavie.com*

Pavillon Blanc du Château Margaux

Der Pavillon Blanc ist ein reiner Sauvignon Blanc und hat somit auch seine Tücken: Oft habe ich erlebt, dass sich ein und derselbe Jahrgang fast jedes halbe Jahr wieder komplett anders präsentierte. Tip: Wenn Sie eine Flasche öffnen und Ihnen der Wein nicht gefällt, dann stellen Sie ihn doch einfach für ein paar Tage in den Kühlschrank. Manchmal dauert es drei, vier Tage und er wird dramatisch besser!

2005	18/20	wa	2002	16/20	be	1999	17/20	be
2004	17/20	wa	2001	17/20	tr	1998	17/20	tr
2003	16/20	wa	2000	17/20	tr	1997	17/20	tr

1996	16/20	tr		1990	17/20	tr		1984	15/20	vo
1995	17/20	tr		1989	18/20	tr		1983	16/20	au
1994	15/20	au		1988	16/20	au		1982	16/20	vo
1993	16/20	au		1987	16/20	tr		1981	16/20	tr
1992	16/20	au		1986	17/20	au		1980	17/20	au
1991	15/20	au		1985	17/20	tr		1978	16/20	au

Château Reynon Blanc

Das ist der Hauswein vom berühmten Professoren Denis Dubourdieu. Warum? Ganz einfach, weil er mit seiner Familie auf diesem Schloss wohnt. Bis vor kurzem war der weisse Reynon noch ein Blend, heute ist er ein reiner und somit auch entsprechend knackig frischer Sauvignon Blanc, der sofort getrunken werden kann. So macht ein Apéro besonders Spass! *www.denisdubourdieu.com*

«R» de Rieussec

Früher rochen gewisse Jahrgänge wie Schweissfüsse. Meist trank ich ihn bei Einladungen auf Lafite-Rothschild, wo er als Apéro hinhalten musste: Kandierter Honig in der Nase und dann das trockene Gaumenerlebnis – was ihm oft eine Aromenbalance, die der Beschreibung «weder Fisch noch Vogel» nahe kommt, eingebracht hat. Die letzten Jahrgänge sind jedoch auch Dank reduktiverer Vinifikation und früherer Lese wesentlich fruchtiger geworden. Der 1989er glich mehr einem griechischen Retsina als einem weissen Bordeaux. Die Szene braucht manchmal aber auch Kuriositäten, um das Normale, wieder wirklich normal erscheinen zu lassen. *www.lafite.com*

Château Talbot Blanc

Der weisse Talbot hiess früher «Caillou Blanc du Château Talbot». Mein erster Kontakt passierte mit dem 1986er. Es war das erste Mal, dass ich einen in Barrique ausgebauten Sauvignon Blanc so richtig für mich entdeckte. Ein sehr zuverlässiger Wein, der praktisch immer das 16/20 Punktniveau erreicht. Momentan bin ich in den 2000er (17/20) verliebt, welcher konzentriert und frisch ist, sowie nebst Agrumentönen auch Stachelbeeren zeigt. In der Regel ist der Talbot Blanc immer ein sehr guter Kauf mit einem Genusspotential von rund fünf Jahren. *www.chateau-talbot.com*

«Y» du Château d'Yquem

Ein ganz spezieller Weisswein. Mercedes schafft es mittlerweile auch günstige Mittelklassewagen zu produzieren. Ein «Y» du Château d'Yquem ist immer (zu) teuer – dafür aber leider nicht immer gut. Da das Erlebnis einen «trockenen Yquem» zu trinken mit anderen, gleich hoch bewerteten Weisswein-Erlebnissen geschmacklich nicht zu vergleichen ist, müsste man vielleicht doch einmal im Leben bei einem 2000er dabei gewesen sein. Den Jahrgang 1985 würde ich aus 200 verschiedenen Weinen jederzeit blind erkennen. Der «Y» wird nicht alle Jahre gefüllt. Seit dem ersten Jahrgang 1959 lancierte man lediglich 23 Jahrgänge. *www.yquem.fr*

| 2000 | 18/20 | tr | 1988 | 12/20 | vo | 1979 | 11/20 | vo |
| 1994 | 11/20 | au | 1985 | 18/20 | tr | 1978 | 18/20 | tr |

Sensationelle, lagerfähige Weltklasse-Weissweine mit ungenügender Beachtung…

Trotzdem die Qualitäten in den letzten Jahren nochmals deutlich zugelegt haben, konnten sich die weissen, trockenen Weine aus Bordeaux immer noch nicht bei den «richtigen Bordeauxfreaks» etablieren, weshalb jedes Mal ein Raunen durch den Saal geht, wenn ich an einem Weinseminar der Académie du Vin einen weissen Château de Fieuzal einschenken lasse. Und so viele Teilnehmer meiner Bordeaux-Reisen haben mir schon geschworen, dass sie dem Fanclub vom weissen Smith-Haut-Lafitte beitreten würden! Zugegeben; günstig sind ja all diese Weissweine nicht gerade. Man darf aber nie vergessen, dass die Kosten und die Risiken für die Herstellung bedeutend grösser sind als bei einem Rotwein. Es ist immer das gleiche Leidlied: Weinkenner geben viel leichter den gleichen Betrag für einen Roten als für einen Weissen aus. Dabei sind sehr viele der nachfolgenden Flaschen gar nicht mal zu teuer und böten eine hervorragende Abwechslung zu Allerwelts-Chardonnays und faden Chasselas. Aber man kann ja schliesslich die Geniesser dieser Welt nicht zu deren Glück zwingen. Ich aber werde immer wieder solche Weine zelebrieren. Wer einmal einen reifen Domaine de Chevalier im Glas hat, wird spätestens dann begreifen, warum ich hier unermüdlicher Ambassador bin.

Château Baret Blanc

Guter Wert aus dem Haus Borie-Manoux; immer schön fruchtig. Seit dem Jahrgang 1999 fungiert der berühmte Önologe Denis Dubourdieu als Berater. Zwei Drittel des Blends bestehen aus Sauvignon Blanc. Die Bewertungen liegen zwischen 15/20 und 16/20 Punkten.

Château Bouscaut Blanc

Von diesem meist sehr gut gelungenen Weisswein gibt es ca. 24'000 Flaschen pro Jahr. Die Bepflanzung weist erstaunlich ungewöhnlich viel Sémillon auf; 70 % und 30 % Sauvignon Blanc. Das macht diesen kräftigen Weisswein theoretisch recht lagerfähig. Leider waren aber ältere Jahrgänge bereits jung wenig vielversprechend, sodass das Lagern auch nichts mehr brachte! *www.lucienlurton.com*

2005	17/20	wa	2002	17/20	tr	1999	16/20	tr
2004	17/20	tr	2001	16/20	tr	1998	16/20	tr
2003	17/20	tr	2000	16/20	tr	1997	15/20	au

Château Brown Blanc

Der weisse Brown zeigt meist fast exotische Fruchtkonturen und duftet in der Nase nach reifer Ananas. Ein relativ dicker, sehr aromatischer Wein mit einem ausgezeichneten Preis-Leistungs-Verhältnis. In seinen besten Qualitäten kann er auch manchmal 17/20 Punkte erreichen (z.B. 2004 und 1999). www.chateau-brown.com

Château Carbonnieux Blanc

Unter den grossen Graves-Namen ist er immer einer der günstigsten Weine. Die früheren Jahrgänge waren in den ersten Jahren meist sehr bekömmlich, doch mit der Frucht verabschiedeten sich leider gleichzeitig auch alle anderen Aromen. Die neuen Jahrgänge zeigen eine Trendwendung nach vorne. Auf Carbonnieux wird fast gleich viel Weisswein wie Rotwein hergestellt. www.carbonnieux.com

2005	17/20	wa	2001	15/20	tr	1997	16/20	au
2004	16/20	tr	2000	16/20	tr	1996	16/20	au
2003	17/20	tr	1999	16/20	tr	1995	16/20	au
2002	16/20	tr	1998	17/20	tr	1994	16/20	vo

Château Chantegrive Blanc

Das relativ grosse Weingut liegt in Podensac und produziert leichte, unerhört süffige Weissweine mit einem dezenten, aber sehr gut passenden Eichentouch. Immer mindestens 15/20 Punkte wert und dies bei sehr günstigem Preis. Vom gleichen Wein gibt es noch ein Cuvée Caroline, welches zwar eichiger, aber nicht zwingend besser ist. www.chantegrive.com

Clos Floridène Blanc

Für mich der beste Preis-Leistungs-Weisswein aus dem Graves-Gebiet. Denis Dubourdieu bringt hier Jahr für Jahr einen sensationell fruchtigen, powervollen Wein in die Flasche. Wer nicht weiss, wie die Aromatik «weisser Grapefruits» in einem Wein zu erklären ist, nimmt am besten einen kräftigen Schluck Clos Floridène. www.denisdubourdieu.com

Château Couhins-Lurton Blanc

Das 6 ha grosse Weingut gehört, wie der Name es schon sagt, zur Dynastie Lurton. Als Kuriosität wird hier kein Rotwein hergestellt. Der Weisse ist immer ein 100%iger Sauvignon Blanc. *www.andrelurton.com*

2005	17/20	wa	2001	17/20	tr	1997	16/20	tr
2004	17/20	wa	2000	17/20	tr	1996	16/20	au
2003	17/20	be	1999	16/20	tr	1995	17/20	au
2002	16/20	tr	1998	16/20	au	1994	15/20	vo

Domaine de Chevalier Blanc

Wer weisse Domaine de Chevaliers im Keller hat, muss Geduld üben. Wer nicht eben jene Ausdauer aufbringt, mindestens zehn Jahre auf ihn zu warten, soll sich mit modernen, billigeren Graves-Weinen trösten. Für mich der grösste, wertvollste und langlebigste trockene Weisswein des Bordelais. Nach zwanzig Jahren ist dieser Wein jeweils sogar dem weissen Haut-Brion und dem Laville überlegen. Die 5 ha Weisswein-Rebfläche sind mit 70 % Sauvignon Blanc und 30 % Sémillon bepflanzt. *www.domainedechevalier.com*

2005	18/20	wa	1995	19/20	be	1985	17/20	tr
2004	19/20	wa	1994	19/20	tr	1984	17/20	tr
2003	18/20	wa	1993	15/20	au	1983	17/20	tr
2002	18/20	wa	1992	17/20	tr	1982	16/20	tr
2001	18/20	be	1991	17/20	au	1981	17/20	au
2000	17/20	wa	1990	18/20	tr	1979	17/20	tr
1999	18/20	be	1989	17/20	tr	1975	16/20	au
1998	18/20	tr	1988	19/20	tr	1969	15/20	au
1997	18/20	be	1987	19/20	tr	1964	18/20	tr
1996	18/20	be	1986	17/20	tr	1962	18/20	tr

Domaine de la Solitude Blanc

Ein neues Weingut im Graves-Gebiet. Im Besitz von Olivier Bernard von Domaine de Chevalier. Produziert Rotweine und Weissweine; beide von meist gefälliger Art zum frühen Konsum verleitend. Die Wertungen dieses Weissen, welcher je hälftig aus Sauvignon Blanc und Sémillon hergestellt wird, liegen um 16/20 Punkte. *www.domainedechevalier.com*

Château de Fieuzal Blanc

Einen weissen Fieuzal aus dem Fass zu verkosten, gehört zu den besten – nicht gespuckten – Erlebnissen während einer Probe des jeweils neuen Jahrganges aus Bordeaux. Den 92er hätte man fast literweise, unter Beihilfe gesanglicher Lobeshymnen, aus der Barrique trinken können. Ein echter Fieuzal Blanc-Kenner trinkt ihn sehr jung, oder dann wieder nach etwa vier, fünf Jahren. *www.aquitainetour.com/fieuzal; www.vins-graves.com*

2005	18/20	wa	1998	17/20	tr	1991	16/20	au
2004	18/20	be	1997	18/20	tr	1990	15/20	au
2003	18/20	wa	1996	14/20	vo	1989	15/20	au
2002	17/20	be	1995	15/20	au	1988	18/20	au
2001	18/20	be	1994	18/20	tr	1987	18/20	au
2000	17/20	tr	1993	14/20	vo	1986	18/20	tr
1999	18/20	tr	1992	19/20	tr	1985	19/20	tr

Château de France Blanc

Nur gerade 10'000 Flaschen produziert man hier von diesem sehr frischen, fast tänzerischen Weisswein. Immer preiswert und ein sicherer 15/20 Punktewert. *www.chateaude-france.com*

Château La Garde Blanc

Während die ganze Domaine stolze 56 ha umfasst, entfallen lediglich 2 ha auf den meist faszinierenden Weisswein. Der La Garde Blanc ist ein reinrassiger Sauvignon Blanc. Das Weingut gehört zum Handelshaus Dourthe. *www.dourthe.com*

2005	17/20	wa	2002	16/20	tr	1999	16/20	au
2004	16/20	wa	2001	16/20	tr	1998	15/20	au
2003	16/20	be	2000	16/20	tr	1997	15/20	au

Château Haut-Bergey Blanc

Nach dem spektakulären Qualitätsanstieg vom Rotwein aus dem gleichen Hause verbesserte sich auch die Güte der Weissweine schlagartig. Bepflanzung: 70 % Sauvignon Blanc, 30 % Sémillon. Die Weine vor 1997 sind zum «spülen» schlecht. *www.vins-graves.com*

2005	18/20	wa	2002	16/20	tr	1999	17/20	tr
2004	18/20	be	2001	16/20	tr	1998	16/20	tr
2003	17/20	be	2000	16/20	tr	1997	16/20	tr

Château Haut-Brion Blanc

Ein rarer Weisswein! Die Produktion liegt lediglich bei etwa 8'000 Flaschen pro Jahr. Während andere Graves-Winzer immer mehr dem burgundischen Ausbau (permanentes Aufschlagen der Hefe/batonnage sur lie) frönen, ist der weisse Haut-Brion nach wie vor traditionell hergestellt. Der Wein ist immer teuer, aber leider nicht immer gut. Die Assemblage besteht in der Regel aus mehr Sémillon als Sauvignon Blanc. *www.haut-brion.com*

2005	19/20	wa	1996	19/20	tr	1985	14/20	au
2004	20/20	wa	1995	19/20	tr	1984	17/20	au
2003	18/20	wa	1994	18/20	tr	1983	16/20	au
2002	18/20	be	1993	17/20	au	1982	18/20	au
2001	18/20	tr	1992	14/20	au	1981	16/20	au
2000	18/20	tr	1990	15/20	au	1979	16/20	au
1999	19/20	tr	1989	18/20	tr	1975	16/20	au
1998	19/20	tr	1988	16/20	tr	1966	18/20	au
1997	19/20	tr	1987	14/20	vo	1964	17/20	au

Château Larrivet-Haut-Brion Blanc

Ganz genial war eigentlich nur der 1989er, welcher bis zum Jahr 2000 auf 17/20 Punktniveau lag. Aber ein Larrivet-Haut-Brion ist meist nur in den ersten zehn Jahren fruchtig, schön und auch enorm süffig. Die Konstellation des Weines selbst liegt im leichten Bereich. Neuere Jahrgänge sind aber wieder ganz toll. *www.larrivet-haut-brion. com; www.vins-graves.com*

2005	17/20	wa	2001	16/20	tr	1997	17/20	tr
2004	17/20	wa	2000	16/20	tr	1996	17/20	au
2003	16/20	be	1999	16/20	tr	1995	16/20	tr
2002	16/20	tr	1998	16/20	tr	1994	14/20	vo

Château Latour-Martillac Blanc

Latour-Martillac verfügt über sehr alte Weissweinreben, die teilweise über 40 Jahre alt sind. Mehr als die Hälfte der Rebberge besteht aus Sémillon. Dieser Weisswein hält sich erstaunlich gut mit der Flaschenalterung und bereitet ganz sicher zehn Jahre lang grosse Freude. www.latour-martillac.com

2005	17/20	wa
2004	17/20	wa
2003	17/20	be
2002	17/20	tr

2001	17/20	tr
2000	17/20	tr
1999	17/20	tr
1998	17/20	tr

1997	17/20	tr
1996	17/20	tr
1995	16/20	au
1994	18/20	tr

Château Laville-Haut-Brion Blanc

Der weisse Mission! Die Rebfläche ist leicht grösser als 3 ha. Meist ist der Laville etwas schlanker, jedoch frischer und nerviger als der weisse Haut-Brion. Leider gab es immer wieder ein paar enttäuschende Jahrgänge innerhalb der letzten zwanzig Jahre. Von gewissen, speziell grossen Jahren wurde ein Crème de Tête abgefüllt. Manchmal zeigt sich dieser Wein leicht besser, oft aber genau gleich gut wie der normale Laville. www.haut-brion.com

2005	18/20	wa
2004	20/20	wa
2003	18/20	tr
2002	17/20	tr
2001	18/20	tr
2000	18/20	tr
1999	17/20	tr
1998	18/20	tr
1997	17/20	tr
1996	19/20	tr

1995	17/20	tr
1994	19/20	tr
1993	15/20	tr
1992	17/20	tr
1991	13/20	au
1990	17/20	tr
1989	18/20	tr
1988	13/20	au
1987	13/20	vo
1985	18/20	tr

1984	16/20	au
1983	18/20	tr
1982	16/20	au
1981	16/20	tr
1979	16/20	au
1975	18/20	au
1967	17/20	au
1966	16/20	au
1964	18/20	au
1961	17/20	au

Château La Louvière Blanc

Immer irgendwie gut, aber nie wirklich gross. Ein Wein also, den man nicht in den Keller legt, sondern eher, falls man ihn auf einer Weinkarte im Restaurant entdeckt, geniesst. Er macht in fast jeder Phase Freude; besonders die ersten acht Jahre seines Lebens. Der Blend besteht aus 85 % Sauvignon Blanc. www.andrelurton.com

2005	16/20	wa
2004	17/20	be
2002	16/20	tr

2001	16/20	tr
2000	16/20	tr
1999	16/20	au

1998	17/20	au
1997	15/20	au
1996	16/20	au

Château Malartic-Lagravière Blanc

Die neuen Besitzverhältnisse (seit 1996) und die Beratung vom Önologen Denis Dubourdieu machen aus den jüngsten Jahrgängen wieder eine interessante Kaufempfehlung. In diesem Weisswein liegt nämlich ein Potential, welches vom Vorgänger kaum je in Angriff genommen worden ist. Der Blend besteht zu 80 % aus Sauvignon Blanc. www.malartic-lagraviere.com

2005	17/20	wa	2001	17/20	tr	1997	16/20	tr
2004	17/20	be	2000	16/20	tr	1996	15/20	au
2003	16/20	be	1999	17/20	tr	1995	16/20	au
2002	17/20	tr	1998	16/20	tr	1994	15/20	vo

Château Olivier Blanc

Sehr wahrscheinlich liegt es am Terroir, denn immerhin kümmert sich Denis Dubourdieu, einer der allerbesten Weisswein-Önologen der Welt, um den Olivier Blanc. Die neue Generation ist zwar fruchtiger, aber leider nicht viel besser als die früheren, meist erbärmlichen Jahrgänge. Wäre Olivier ein Fahrrad, so könnte man als Trost höchstens noch attestieren, dass das Schlusslicht ein wichtiger Bestandteil ist. Der grösste Anteil beim Blend ist Sémillon. www.chateau-olivier.com

2005	17/20	wa	2001	16/20	tr	1997	15/20	tr
2004	16/20	be	2000	15/20	tr	1996	16/20	au
2003	16/20	be	1999	15/20	tr	1995	15/20	au
2002	15/20	tr	1998	16/20	tr	1994	16/20	au

Château Pape-Clément Blanc

Weissweinreben gab es immer schon auf Pape-Clément. Die Parzelle war klein und der Wein wurde früher lediglich für den Hausgebrauch verwendet. Mit zunehmendem Interesse an weissen Graves-Weinen und mit der neuen Equipe wurde erstmals mit dem Jahrgang 1990 ein offizieller weisser Pape-Clément lanciert – mit Erfolg. Meist ein pfeffrig fruchtiger, aber auch feingliedriger Wein, der nicht nur rar, sondern meist auch sehr, sehr gut ist. www.pape-clement.com

2005	17/20	wa	2000	17/20	tr	1995	17/20	tr
2004	19/20	wa	1999	17/20	tr	1994	18/20	tr
2003	18/20	be	1998	17/20	tr	1993	16/20	au
2002	17/20	tr	1997	17/20	tr	1992	17/20	au
2001	18/20	tr	1996	19/20	tr	1990	17/20	au

Château Picque-Caillou Blanc

Der Weisse wie der Rote – uninteressant. Die Rebfläche beträgt lediglich 0,8 ha und produziert werden pro Jahr um 6'000 Flaschen. Bepflanzung: je hälftig Sauvignon Blanc und Sémillon. Die Verkostungsnotizen erreichten mit dem Jahrgang 1999 ihren Höhepunkt (16/20). Das war dann auch bereits der einzige Lichtblick, sonst liegen meine Eindrücke leider meist näher bei 14/20 Punkten. *www.vins-graves.com*

Château Rahoul Blanc

Immer ein sehr bekömmlicher, enorm fruchtiger Wein, den man jung geniessen kann und auf jeder Weinkarte ein zuverlässiger Wert darstellt. Die 5 ha Rebfläche sind mit 80 % Sémillon und 20 % Sauvignon Blanc bepflanzt. *www.vins-graves.com*

Château Smith-Haut-Lafitte Blanc

Offiziell galt der Smith-Haut-Lafitte immer als 100 %iger Sauvignon Blanc. Heimlich wurde aber seit vielen Jahren etwas Sauvignon Gris beigemischt. In den letzten Jahren ist jetzt auch ein Quentchen Sémillon dazu gekommen. Offensichtlich hat die Familie Cathiard erkannt, dass die Weine oft zu schnell reiften. Mit dem Bau eines separaten Weissweinkellers im Jahr 2001 ist hier auch zusätzlich eine Garantie gegeben, dass dies nicht wieder vorkommt. Für mich der erotischste und fruchtigste weisse Bordeaux unter den ganz Grossen! Die Jahrgänge vor 1994 sind nur noch gut, wenn es sich um wirklich kühl und dunkel gelagerte Flaschen handelt. *www.smith-haut-lafitte.com*

2005	18/20	wa	2001	18/20	tr	1997	17/20	tr
2004	19/20	wa	2000	18/20	tr	1996	15/20	vo
2003	19/20	be	1999	18/20	tr	1995	18/20	au
2002	18/20	tr	1998	18/20	tr	1994	16/20	au

Villa Bel-Air Blanc

Dieses Weingut gehört zum Privatbesitz der Cazes-Familie (Lynch-Bages). Sehr gutes Preis-Leistungs-Verhältnis für einen enorm fruchtigen und nicht überladenen Wein, weil das Holz sehr vernünftig eingesetzt wird. Egal, welcher Jahrgang – meist liegt die Qualität bei sehr gut – also bei 16/20 Punkten. *www.villabelair.com*

Flüssiges Weingold, das nur darauf wartet, ausgegraben zu werden – nicht nur zu verführerischen Dessertvariationen...

Wie bei den roten Bordeaux, wo «rive gauche» und «rive droite» unterschieden werden, müsste man eigentlich das gesamte Sauternais bei dessen Analyse immer zweiteilen: Als geografische Grenze könnte man das kleine Flüsschen Ciron nehmen, welches eine wichtige Rolle für die gewünschte Botrytis (Edelfäulnis) spielt. Hier wäre das «linke Ufer» das Barsac mit seinen frischen, rassigen Weinen. Unter dem «rechten Ufer» könnte man das Sauternes nehmen und die Weiler Preignac, Bommes und Fargues – nebst Sauternes selbst, darin verpacken, denn dort sind die etwas schwereren, teilweise wirklich Likör-ähnlichen Süssweine zu Hause. Bitte sprechen Sie nie von Dessertweinen – das wäre mir zu eng. Sauternes (damit meine ich alle dieser Region) können sehr vielseitig eingesetzt werden: Als Apéro zu Würzbissen, zu Leberterrinen, zu gebratenem Poulet mit Ananas, Ente à l'Orange, zu verschiedenen Käsen und dann halt doch noch zu Desserts. Meine Faustregel für die wirklich grossen Weine ist: je älter, desto besser. Die Natur hat in den letzten Jahren, diesen oft von Pech verfolgten Weinbauern, so viele grossartige Jahrgänge wie noch nie fast hintereinander geschenkt: Zuerst das Trio 1988, 1989 und 1990. Dann folgte eine zermürbende schlechte Periode und schliesslich in neun Jahren 8 ganz grosse «millésimes» mit 1997, 1998, 1999, 2001, 2002, 2003, 2004 und 2005. Die Produktion ist wesentlich aufwendiger als bei Rotweinen, die Ernte oft karg, der finanzielle Ertrag meist knapp am Existenzminimum. Die Nachfrage ist immer noch geringer als das Angebot und somit sind die Sauternes die billigsten Weltklasseweine dieser Erde.

Château d'Arche

Kürzlich hat der Besitzer gewechselt und ein Crème de Tête wird auch nicht mehr produziert. Die neue Top-Selektion heisst jetzt Château d'Arche-Lafaurie (seit 1999 immer 18/20 bis 19/20 Punkte!). Auf dem Weingut gibt es ein paar besonders hübsche Hotelzimmer. www.chateaudarche.fr

2005	18/20	wa	2002	17/20	tr	1999	17/20	tr
2004	17/20	wa	2001	17/20	tr	1998	16/20	tr
2003	18/20	be	2000	16/20	tr	1997	16/20	tr

Château Bastor-Lamontagne

Leider verspricht die Webseite dieses Weingutes fast mehr, als nachher im Glas stattfindet. Dieser Cru befindet sich meist im Mittelfeld und hat viel Mühe, an die bekannteren Namen anzuknüpfen. Von mehr als 10 Eindrücken erreichte keiner mehr als 16/20 Punkte. www.bastor-lamontagne.com

Château Broustet

Unter dem ersten Drittel der Besten ist dieser zuverlässige Cru immer einer der Preiswertesten. Weist mit 12 % einen ungewöhnlich hohen Anteil Muscadelle im Blend auf. www.ac-bordeaux.fr/Etablissement/TLautrec/sautern/CHATEAUX/Chatclas/Chatbrou.html

2005	17/20	wa	2000	15/20	tr	1995	16/20	tr
2004	17/20	wa	1999	16/20	tr	1990	15/20	tr
2003	18/20	be	1998	17/20	tr	1988	15/20	tr
2002	17/20	tr	1997	17/20	tr	1986	19/20	tr
2001	17/20	tr	1996	17/20	tr	1983	17/20	tr

Château Caillou

Seit dem jüngsten Besitzerwechsel sind die Qualitäten wieder viel besser geworden, was ich in Anlehnung an viele alte, tolle Jahrgänge, die es von Château Caillou gibt, natürlich sehr begrüsse. Früher wurden besondere Qualitäten als Crème de Tête gefüllt. Es schien auf dem Weingut eine hübsche Reserve von solch alten Flaschen gegeben zu haben, denn in den letzten zwei Jahren gelangten immer wieder ansehnliche Lots von den Jahrgängen: 1921, 1937, 1945, 1947 und noch jüngeren Geburtsjahren auf den Markt. www.chateaucaillou.com

2005	18/20	wa	2001	17/20	tr	1996	17/20	tr
2004	16/20	wa	1999	16/20	tr	1995	16/20	tr
2003	16/20	tr	1998	16/20	tr	1990	15/20	tr
2002	17/20	tr	1997	16/20	tr	1989	15/20	tr

Château Cantegril

Die Reben liegen auf einem einzigen Terrain von Haut-Barsac. Der Vertrieb erfolgt hauptsächlich via Supermarkt in Frankreich. Eigentlich schade, denn der Besitzer, der berühmte Önologieprofessor Denis Dubourdieu, macht hier einen unerhört süffigen, nicht allzu schweren, dafür aber umso fruchtigeren Sauternes, der sich immer zwischen 16/20 und 17/20 Punkten bewegt. Bei sehr attraktivem Preis – versteht sich. *www.denisdubourdieu.com*

Château de Carles

Noch ist das Weingut ein fast unbeschriebenes Blatt. Seit dem Jahrgang 2004 hat aber Denis Dubourdieu (Cantegril & Doisy-Daëne) das neben Château Climens liegende Weingut aus dem Dornröschenschlaf geweckt. Also aufgepasst! *www.denisdubourdieu.com*

Château Climens

Leider werden hier weder Primeur-Muster noch mögliche Assemblagen gezeigt. Somit fehlen oft die neuesten Noten. Doch eigentlich kann man Climens blind vertrauen, denn dieser Wein zählt immer zu den allerbesten Sauternes – in seiner eigenen Appellation, dem Barsac, ist er regelmässig Leader. Einzigartig ist ausserdem, dass dieser Wein aus 100 % Sémillon vinifiziert wird. *www.lucienlurton.com*

2005	19/20	wa	1997	19/20	tr	1978	16/20	au
2004	18/20	wa	1996	17/20	tr	1976	17/20	tr
2003	20/20	wa	1995	15/20	tr	1971	19/20	tr
2002	18/20	wa	1990	19/20	tr	1967	18/20	tr
2001	19/20	wa	1989	18/20	tr	1966	17/20	tr
2000	15/20	tr	1988	17/20	tr	1964	17/20	tr
1999	18/20	be	1986	18/20	tr	1962	17/20	au
1998	18/20	be	1983	19/20	tr	1961	18/20	au

Château Clos Haut-Peyraguey

Die zierliche Martine Langlais-Pauli hat kürzlich das Weingut von Jacques Pauli übernommen. Mit 25'000 Flaschen eine sehr kleine Produktion. Der Wein ist meist üppig mit einer fast melassenartigen Süsse in grossen Jahren. In kleineren Jahren fehlt ihm dann genau diese Süsse, weshalb er zu eincr gewissen Trockenheit neigt und oft einen medizinalen Schimmer zeigt. www.closhautpeyraguey.com

2005	18/20	wa	2000	17/20	tr	1995	16/20	tr
2004	17/20	wa	1999	17/20	tr	1994	16/20	tr
2003	18/20	wa	1998	16/20	tr	1990	17/20	tr
2002	17/20	be	1997	17/20	tr	1986	16/20	tr
2001	17/20	tr	1996	16/20	tr	1967	17/20	tr

Château Coutet

Philippe Baly führt das Weingut, welches mit der Baronnie (Mouton-Rothschild) liiert ist. In grossen Jahren wird hier ein Cuvée de la Madame abgefüllt – so beispielsweise in den Jahren: 1981, 1986, 1988, 1989, 1990, 1995 und 1996. Jüngere Jahrgänge werden noch lanciert. Die Qualität des «normalen» Coutet ist immer sehr hoch, weshalb er regelmässig zu den besten Barsacs gehört. Leider zeigten sich aber ein paar ältere, an sich grosse Jahrgänge nicht immer von der bestmöglichen Seite. www.chateaucoutet.com

2005	19/20	wa	1998	17/20	tr	1988	16/20	tr
2004	18/20	wa	1997	17/20	tr	1983	15/20	tr
2003	17/20	wa	1996	17/20	tr	1976	18/20	tr
2002	17/20	wa	1995	17/20	tr	1975	17/20	tr
2001	18/20	be	1994	17/20	tr	1967	15/20	au
2000	16/20	tr	1990	18/20	tr	1962	16/20	tr
1999	17/20	tr	1989	17/20	tr

Château Doisy-Daëne

Im tiefen Keller sollen noch Tausende von sehr alten Flaschen schlummern. Nur zückt der alte Besitzer den Schlüssel nur sehr spärlich. Vinifiziert werden die Weine von seinem berühmten Sohn; Denis Dubourdieu. Der Wein ist extrem fruchtig, zart und fein und zeigt in der Jugend (wegen der Batonnage und viel neuen Barriquen...) meist deutliche Vanille- sowie auch Hefenoten. Die 15 ha sind mit 75 % Sémillon und 25 % Sauvignon Blanc bepflanzt. www.denisdubourdieu.com

2005	19/20	wa	1999	18/20	tr	1990	18/20	tr
2004	18/20	wa	1998	17/20	tr	1989	18/20	tr
2003	18/20	be	1997	18/20	tr	1988	16/20	tr
2002	18/20	be	1996	18/20	tr	1986	19/20	tr
2001	18/20	be	1995	18/20	tr	1975	17/20	tr
2000	16/20	tr	1994	17/20	tr	1961	16/20	tr

L'Extravagance de Doisy-Daëne

Hier handelt es sich um eine Extremselektion aus der Produktion von Château Doisy-Daëne. Für Sauternesfreaks haben diese kleinen, dicken Flaschen (der Extravagance wird nur in 37 cl Flaschen gefüllt) Kultstatus. Vielleicht der Sauternes, der einem schwermütigen Tokajer am Nächsten liegt. Wird nur in grossen Jahren produziert, braucht Zeit und ist extrem langlebig. *www.denisdubourdieu.com*

2005	20/20	wa	2003	19/20	wa	1997	19/20	be
2004	19/20	wa	2001	19/20	wa	1996	20/20	tr

Château Doisy-Dubroca

Die Fläche ist mit 3,28 ha klein und die Produktion gibt in der Regel 3'000 Flaschen her. Der Besitzer gilt als introvertiert und seine Weine sind selten an öffentlichen Verkostungen anzutreffen. Somit bin ich in den letzten 15 Jahren nur über gerade 4 Jahrgänge «gestolpert» und alle lagen auf 17/20 bis 18/20 Punktniveau. Ergo; ein sehr zuverlässiger Wert, was man vom Besitzer selbst nicht behaupten kann. *www.louis-lurton.fr*

Château Doisy-Védrines

Viele schöne Erinnerungen bleiben mir an vergangene Zeiten, denn wir haben früher oft den Schluss der Primeurverkostungen mit der Besitzer-Familie Castéja gefeiert. Immer ein toller Wein, der sich durch seine Frische auch jung schon gerne geniessen lässt. Klassischer Blend mit Sémillon, Sauvignon Blanc und wenig Muscadelle. Die Jahrgänge vor 1989 lagen nicht ganz auf dem heutigen Qualitätsniveau. *www.ac-bordeaux.fr/Etablissement/TLautrec/sautern/CHATEAUX/Chatclas/Chatdoiv.html*

2005	19/20	wa	2001	18/20	be	1997	18/20	tr
2004	17/20	wa	2000	17/20	tr	1996	18/20	tr
2003	19/20	wa	1999	18/20	tr	1995	16/20	tr
2002	17/20	be	1998	17/20	tr	1994	16/20	tr

1992	16/20	tr	1986	15/20	au	1975	15/20	tr
1990	18/20	tr	1983	17/20	tr	1970	15/20	au
1989	19/20	tr	1982	15/20	tr	1962	17/20	tr
1988	17/20	tr	1976	15/20	tr	1961	16/20	tr

Château de Fargues

Es scheint, dass der ehemalige «CEO» von Château d'Yquem, Comte Alexandre Lur Saluces nun doch etwas mehr Lust verspürt, ab und zu neuere Jahrgänge im Markt zu präsentieren. Bis vor ein paar Jahren traf man selten auf eine Kostprobe während der Primeurverkostungen. Die rund 14 ha grosse Rebfläche gibt pro Jahr lediglich etwa 15'000 Flaschen her. Das Preisniveau ist ziemlich hoch. www.chateau-de-fargues.com

2005	18/20	wa	2000	17/20	tr	1983	18/20	tr
2004	18/20	wa	1999	18/20	wa	1979	15/20	au
2003	18/20	wa	1998	17/20	be	1976	16/20	tr
2002	17/20	tr	1997	19/20	wa	1971	19/20	tr
2001	19/20	wa	1986	18/20	tr	1970	19/20	tr

Château Filhot

Der Comte Henri de Vaucelles ist ein wandelndes Lexikon und kann die Geschichte der Region Sauternes über 100 Jahre hinweg aufrollen. Er spricht sogar ein sehr gutes Deutsch. Leider schafft es Filhot nur selten bei den besseren Sauternes mitzuhalten, denn oft schimmert eine gewisse Unsauberkeit durch. Liegt es am Keller? Vom Jahrgang 1990 gab es einen «Crème de Tête» (18/20, tr), Produktion: 100'000 Flaschen. www.filhot.com

2005	18/20	wa	1999	16/20	tr	1989	15/20	tr
2004	17/20	wa	1998	14/20	tr	1986	14/20	tr
2003	17/20	wa	1997	17/20	tr	1985	15/20	tr
2002	16/20	be	1996	16/20	tr	1983	16/20	tr
2001	15/20	be	1995	15/20	tr	1971	16/20	au
2000	15/20	tr	1990	15/20	tr	1967	15/20	au

Château Gilette

Ein Kuriosum unter allen Sauternes-Gütern, denn der Wein wird erst bei der ersten Reife für den Verkauf freigegeben. Vorher lagert er manchmal Jahrzehnte lang in Betontanks – in der Meinung, dass er sich auf diese Weise perfekter entwickeln wird. Das System ist nicht schlecht, weil viele Sauternes zu jung getrunken werden. Die Weine sollten jedoch nicht in Tanks, sondern direkt in der Flasche altern, denn Sauternes brauchen (wie übrigens andere Weine auch) eine gewisse Evolution. Das Punktniveau liegt zwischen 16/20 (in kleineren Jahren) bis 19/20! Produktion: max. 7'000 Flaschen. *http://infosvin.free.fr/VIN/chateaugilette.html*

Château Guiraud

Meist ein schwerer, dicker Sauternes. Das 100 ha grosse Weingut grenzt direkt an Château d'Yquem. Der Regisseur Xavier Planty führt Guiraud sehr erfolgreich. Die allerletzten Jahrgänge sind sensationell. Bepflanzung: 65 % Sémillon, 35 % Sauvignon Blanc. *www.chateau-guiraud.fr*

2005	19/20	wa	1998	18/20	tr	1986	16/20	tr
2004	18/20	wa	1997	18/20	tr	1983	18/20	tr
2003	19/20	wa	1996	17/20	tr	1980	16/20	au
2002	19/20	be	1995	17/20	tr	1976	15/20	au
2001	18/20	be	1992	16/20	be	1970	15/20	au
2000	17/20	tr	1990	18/20	tr	1962	16/20	au
1999	18/20	be	1989	17/20	tr	1961	17/20	tr

Château Haut-Bergeron

«Contigu au Château d'Yquem» war lange Zeit ein wichtiges Verkaufsargument auf der Etikette für kleine, belanglose Sauternes-Weingüter, deren Weingärten zufällig an Yquem grenzten. Dies trifft auch für das 23 ha grosse Château Haut-Bergeron zu. Die Familie Lamothe liefert immer einen sehr guten Wein um 16/20 Punkte ab. Die Preise haben in den letzten Jahren leicht angezogen.

Château Les Justices

Gehört dem gleichen Besitzer wie Gilette. Frische, eher leichte, bekömmliche Weine zu einem sehr vernünftigen, wenn nicht sogar preiswerten Preis. Wertungen um 15/20 bis 16/20 Punkte. *http://infosvin.free.fr/VIN/chateaugilette.html*

Château Lafaurie-Peyraguey

Mit der letzten Renovation wurden auf dem Weingut ein paar wunderschöne Hotelzimmer erstellt. Die 38,5 ha sind mit 90 % Sémillon und je 5 % Sauvignon Blanc und Muscadelle bepflanzt. Der Wein gehört regelmässig zu den allerbesten Sauternes und hat ein dramatisches Reifepotential. Der verantwortliche Önologe ist seit vielen Jahren Georges Pauli (u.a. Ch. Gruaud-Larose.). Nach den Cordier-Turbulenzen ist die Zukunft des Besitzes nicht ganz so klar. *www.ac-bordeaux.fr/Etablissement/TLautrec/sautern/ CHATEAUX/Chatclas/Chatlafp.html*

2005	19/20	wa	1998	19/20	tr	1988	18/20	tr
2004	19/20	wa	1997	18/20	tr	1987	17/20	tr
2003	19/20	wa	1996	19/20	tr	1986	19/20	tr
2002	18/20	be	1995	17/20	tr	1983	19/20	tr
2001	19/20	be	1992	17/20	tr	1967	19/20	tr
2000	16/20	tr	1990	19/20	tr	1966	17/20	au
1999	18/20	tr	1989	18/20	tr	1961	19/20	tr

Château Lamothe

Früher gehörte das Weingut zum gleichen Besitz wie Château d'Arche. Die neuen Jahrgänge sind besser als die früheren, doch so richtig mag er (noch) nicht mit dem eigentlich zugehörigen Feld mithalten. Produktion: ca. 15'000 Flaschen. *http://guy.despujols.free.fr*

2005	17/20	wa	2001	16/20	tr	1997	16/20	tr
2004	15/20	wa	2000	15/20	tr	1996	15/20	tr
2003	16/20	be	1999	15/20	tr	1990	16/20	tr
2002	16/20	be	1998	15/20	tr	1986	18/20	tr

Château Lamothe-Guignard

Wie «Lamothe» gehörte auch dieses Château früher zum Besitz von Château d'Arche. Philippe Guignard leitet das 17 ha grosse Weingut. Bepflanzung: 90 % Sémillon und je 5 % Sauvignon Blanc und Muscadelle. Die Qualitäten sind nicht gerade atemberaubend. *www.ac-bordeaux.fr/Etablissement/ TLautrec/sautern/CHATEAUX/Chatclas/Chatlamg.html*

2005	17/20	wa	2002	16/20	tr	1998	15/20	tr
2004	15/20	wa	2001	16/20	tr	1997	15/20	tr
2003	17/20	tr	1999	16/20	tr	1996	15/20	tr

Château de Malle

Wer durch das Portal der grossen Mauer schreitet und erstmals einen Blick auf das Schloss wirft, ist überwältigt. De Malle ist für mich eines der schönsten Château des Bordelais überhaupt. Auch wenn die Proportionen der fetten Türme nicht so richtig mit dem in der Mitte liegenden Haus harmonieren wollen – ein Besuch lohnt sich hier in jedem Fall. Produktion: 50'000 Flaschen. *www.chateau-de-malle.fr*

2005	19/20	wa	1999	17/20	tr	1990	16/20	tr
2004	17/20	wa	1998	17/20	tr	1989	17/20	tr
2003	18/20	be	1997	17/20	tr	1988	15/20	tr
2002	17/20	be	1996	18/20	tr	1983	16/20	tr
2001	18/20	tr	1995	18/20	tr	1973	16/20	au
2000	16/20	tr	1994	15/20	au	1967	16/20	tr

Château de Myrat

Die Reben wurden 1975 gerodet, weil sich der Anbau von Wein nicht mehr lohnte. Jahre später initiierte der Besitzer Xavier de Pontac die Renaissance und bepflanzte die 22 ha mit 88 % Sémillon, 8 % Sauvignon Blanc und 4 % Muscadelle. Mit jedem Jahr (je älter die Reben...) scheint de Myrat etwas besser zu werden.

2005	17/20	wa	2002	17/20	tr	1999	17/20	tr
2004	16/20	wa	2001	18/20	tr	1998	15/20	tr
2003	17/20	be	2000	15/20	tr	1997	15/20	tr

Château Nairac

Nicolas Heeter-Tari hebt seinen Nairac mit jedem neuen Jahrgang näher zum Barsac-Olymp und produzierte in den letzten Jahren Süssweine, die qualitativ zu den Allerbesten gehören (auch in schwierigen Jahren). Die letzten Qualitäten sind so gut, dass er zu Climens aufschliessen kann! Ein mittelgrosses Weingut mit extrem niedrigen Erträgen: Die 17 ha ergeben in der Regel nur gerade 15'000 Flaschen. *www.chateau-nairac.com*

2005	20/20	wa	1998	18/20	tr	1988	16/20	tr
2004	18/20	wa	1997	19/20	tr	1987	15/20	au
2003	20/20	wa	1996	18/20	tr	1980	16/20	au
2002	19/20	be	1995	17/20	tr	1976	18/20	tr
2001	18/20	wa	1994	16/20	tr	1973	17/20	au
1999	18/20	tr	1990	17/20	tr	1971	17/20	tr

Château Rabaud-Promis

Dieses Weingut entstand um die Jahrhundertwende aus Erbteilungen. Philippe Dejean leitet die 33 ha grosse Domaine. Produktion: 60'000 Flaschen. Der Wein ist immer sehr kräftig, ausdrucksstark oder schon fast rustikal, sofern man dies von einem grossen Sauternes überhaupt behaupten darf. *www.ac-bordeaux.fr/Etablissement/TLautrec/sautern/CHATEAUX/Chatclas/Chatrabp.html*

2005	19/20	wa	1999	17/20	tr	1989	16/20	tr
2004	17/20	wa	1998	16/20	tr	1988	15/20	tr
2003	17/20	wa	1996	15/20	tr	1986	16/20	tr
2002	17/20	be	1995	17/20	tr	1981	16/20	tr
2001	17/20	be	1994	15/20	au	1967	16/20	tr
2000	16/20	tr	1990	17/20	tr	1961	16/20	au

Château Raymond-Lafon

Dieses Weingut nimmt erst seit ein paar Jahren wieder an den Primeurpräsentationen teil und somit fehlen viele Bewertungen der Zwischenjahre. Wirklich grosse Altweine von Raymond-Lafon sind mir noch nie begegnet, dabei wäre das Terroir ja eine Enklave von Yquem. Produktion: 20'000 Flaschen. *www.chateau-raymond-lafon.fr*

2005	18/20	wa	1990	17/20	tr	1988	16/20	tr
2004	17/20	wa	1989	18/20	tr	1986	17/20	tr

Château de Rayne-Vigneau

Die neuesten Jahrgänge sind auf sehr hohem Niveau. Die Weine von Rayne-Vigneau gelten als sehr fein und finessenreich. Kurioserweise gehört das Château nicht zum Weingut selbst. Mit fast 80 ha ist das in Bommes liegende Rayne-Vigneau ein sehr grosses Sauternes-Weingut. Alte Jahrgänge, selbst aus grossen Jahren, zeigten einen Süssmangel, entwickelten sich fast nicht, blieben hell und schmeckten sehr mineralisch. *www.ac-bordeaux.fr/Etablissement/TLautrec/sautern/CHATEAUX/Chatclas/Chatrayv.html*

2005	19/20	wa	1999	18/20	tr	1990	18/20	tr
2004	17/20	wa	1998	17/20	be	1989	16/20	tr
2003	18/20	wa	1997	19/20	tr	1988	16/20	tr
2002	18/20	wa	1996	18/20	tr	1986	15/20	au
2001	19/20	be	1995	17/20	tr	1983	16/20	tr
2000	15/20	tr	1994	17/20	tr	1967	15/20	au

Château Rieussec

Eine Top-Lage gibt das sensationelle Qualitätsfundament für einen Wein, der in den letzten Jahren immer mehr Furore machte – nicht zuletzt dank dem Regisseur Charles Chevalier. Die 75 ha sind vorwiegend mit Sémillon bepflanzt. *www.lafite.com*

2005	19/20	wa
2004	18/20	wa
2003	18/20	wa
2002	18/20	be
2001	19/20	be
2000	18/20	tr
1999	19/20	tr
1998	19/20	tr

1997	19/20	tr
1996	17/20	tr
1995	15/20	tr
1994	16/20	tr
1990	19/20	tr
1989	18/20	tr
1988	18/20	tr
1986	19/20	tr

1985	17/20	tr
1983	19/20	tr
1982	17/20	tr
1981	15/20	au
1980	17/20	tr
1975	17/20	au
1970	15/20	au
1961	16/20	au

Château Romer

Momentan sind nur gerade 2 ha in Produktion und ergeben knapp 5'000 Flaschen. Das Weingut resp. der Name ist mit dem Jahrgang 2003 wieder neu erstanden, weil ein Pachtvertrag mit Romer du Hayot nicht erneuert wurde. Demzufolge gibt es ganz alte und ganz neue Romer-Weine. Was ich hier bisher verkostet habe, liegt auf 16/20 Punktniveau. *www.chateau-romer.com*

Château Romer du Hayot

Die Produktion ist in den letzten Jahren etwas kleiner geworden, weil sie gesplittet wurde und Château Romer jetzt wieder selbst produziert. Romer du Hayot ist ein herrlicher Wein; einerseits meist mit einem ausgeprägten Rosinenton, andererseits überzeugt er immer wieder durch seine peppig fruchtige Frische. Die Wertungen liegen solide bei 15/20 bis 16/20 und können in grossen Jahren (z.B. beim 2003er) auch mal auf 17/20 Punkte hochsteigen. *www.ac-bordeaux.fr/Etablissement/TLautrec/sautern/CHATEAUX/Chatclas/Chatrodh.html*

Château Sigalas-Rabaud

Wird jetzt neu von der Cordier-Gruppe behütet. Mehrere Besuche auf dem Château resp. Bauernhof habe ich unternommen. Kann sich neuerdings bei den besten Sauternes etablieren, denn der ehemalige Besitzer war nicht gerade von qualitativem Ehrgeiz besessen. Die Jahrgänge zwischen 1990 bis 1967 gingen fast gänzlich in die Hosen. Dies trotz grossem Terroirpotential...

2005	18/20	wa
2004	17/20	wa
2003	19/20	wa
2002	17/20	wa
2001	19/20	wa

2000	15/20	tr
1999	18/20	tr
1998	18/20	tr
1997	17/20	tr
1996	18/20	tr

1995	16/20	tr
1994	16/20	tr
1992	16/20	tr
1966	15/20	au
1961	17/20	tr

Château Suau

Die letzten Jahrgänge lagen immer auf 16/20 Punktniveau – somit ein recht guter Wert mit jungem Genusspotential. Leider wird der Wein nur spärlich angeboten. Wen wundert's, denn die 8 ha geben lediglich etwa 24'000 Flaschen her. *www.ac-bordeaux.fr/Etablissement/TLautrec/sautern/CHATEAUX/Chatclas/Chatsuau.html*

Château Suduiraut

Das Weingut gehört zum AXA-Imperium. Ein besonders nobler, langlebiger Wein mit Ausstrahlung und Grösse. So muss grosser Sauternes schmecken! Dass Süssweine im Bordelais herzustellen, teuer sein kann, wissen die Verantwortlichen leider nur allzu genau. Die Jahrgänge: 1991, 1992 und 1993 wurden hier nämlich gänzlich deklassiert. Vom Jahrgang 1982 gibt es eine traumhafte Cuvée de la Madame (18/20, tr). *www.suduiraut.com*

2005	19/20	wa
2004	17/20	wa
2003	19/20	wa
2002	18/20	wa
2001	19/20	tr
2000	17/20	tr
1999	17/20	tr
1998	18/20	tr

1997	18/20	tr
1996	17/20	tr
1995	17/20	tr
1994	15/20	au
1990	18/20	tr
1989	17/20	tr
1988	17/20	tr
1986	15/20	tr

1985	15/20	au
1983	13/20	au
1982	16/20	tr
1976	17/20	au
1971	15/20	au
1967	19/20	tr
1966	17/20	au
1961	18/20	tr

Château La Tour Blanche

Wer La Tour Blanche besucht, wird unweigerlich an seine Schulzeit erinnert, denn das 30 ha grosse Weingut ist gleichzeitig eine Landwirtschaftsschule. Vor zehn Jahren waren die Qualitäten etwas unregelmässig, heute gehört der «weisse Turm» zu den allerbesten Süssweinen aus Bommes. Um dieses Qualitätsniveau zu halten, hat man auch Jahrgänge gänzlich deklassiert; so z.B. den 2000er. *www.tour-blanche.com* ▶

2005	19/20	wa	1998	18/20	tr	1990	17/20	tr
2004	18/20	wa	1997	19/20	tr	1989	15/20	tr
2003	19/20	wa	1996	17/20	tr	1988	15/20	tr
2002	18/20	be	1995	16/20	tr	1967	17/20	tr
2001	19/20	be	1994	17/20	tr	1962	19/20	tr
1999	17/20	tr	1991	16/20	tr			

Château d'Yquem

Man sollte Yquem primär als Edelmarke betrachten – so halt wie Gucci oder Yves Saint Laurent. Irgendwie scheint mir das Tamtam unter echten Weinfreaks rund um diesen Kult-Sauternes etwas ruhiger geworden zu sein. Sicherlich hat auch sein immer höheres Preisniveau etwas dazu beigetragen, denn es kommt mir so vor, als wäre Yquem mehr und mehr etwas für zu reiche Leute geworden. Noblesse oblige! Oder liegt es daran, dass echte Weinfreunde gemerkt haben, dass viele andere Süssweine aus Sauternes und Barsac fast ebenso gut, manchmal sogar gleich gut oder besser sein können? Und trotzdem ist Château d'Yquem nie einer ebenbürtigen Konkurrenz ausgesetzt. Zu gross ist die historische Geschichte, die bis weit ins 18. Jahrhundert zurückreicht. Zu viele tiefgoldene Flaschen von unerreichbarer Altersqualität zelebrierte man schon an ehrwürdigen Raritätenproben. Zu viele Sammler geben ihre Yquem-Kostbarkeiten für kein Geld der Welt her. Und wer einmal von einem richtig grossen, reifen Yquem einen Schluck trinken durfte, bleibt ein Leben lang Mitglied des Fanclubs. Der Jahrgang 2003 lag zum Zeitpunkt der Drucklegung des Buches noch auf dem Weingut und konnte nicht verkostet werden. Die Jahrgänge 2004 und 2005 wurden erstmals bei Primeurproben gezeigt. *www.chateau-yquem.fr*

2005	20/20	wa	1990	19/20	tr	1976	18/20	tr
2004	19/20	wa	1989	19/20	tr	1975	20/20	tr
2002	19/20	tr	1988	19/20	tr	1973	15/20	au
2001	20/20	wa	1987	15/20	tr	1971	19/20	au
2000	17/20	tr	1986	19/20	tr	1970	18/20	au
1999	19/20	wa	1985	15/20	tr	1969	15/20	au
1998	18/20	tr	1984	18/20	tr	1968	14/20	au
1997	20/20	be	1983	20/20	tr	1967	20/20	tr
1996	13/20	tr	1982	19/20	tr	1966	18/20	tr
1995	17/20	tr	1981	15/20	au	1965	16/20	au
1994	14/20	tr	1980	16/20	au	1963	18/20	au
1993	16/20	tr	1979	15/20	au	1962	18/20	tr
1991	17/20	tr	1978	17/20	tr	1961	16/20	tr

Erklärungen zu Gabriel'schen Begriffen

Gliederung der Weine
Gabriel-Klassement
Preisniveau
Aktuelle Qualität

Gabriel-Klassement:
Premier Grand Cru classé
Deuxième Cru classé
Troisième Cru classé
Quatrième Cru classé
Cinquième Cru classé
Cru Bourgeois

Preisniveau:
Luxus-Klasse
teuer
eher teuer
angemessen
preiswert
günstig
sehr günstig

Gabriel-Punkte:
20/20: Jahrhundertwein
19/20: Spitzenwein
18/20: ausserordentlich
17/20: gross
16/20: sehr gut
15/20: gut
14/20: befriedigend
13/20: unterdurchschnittlich
12/20: ungenügend
11/20: unannehmbar
10/20: deklassiert

Genussreife:
wa = warten
be = beginnen
tr = trinken
au = austrinken
vo = vorbei

Warten (wa): Der Wein ist noch im Fass, oder verhält sich reduktiv, sodass die Gerbstoffe komprimiert sind und dem Wein Härte verleihen. Die Aromen verharren im Untergrund und die Säure ist unentwickelt.

Beginnen (be): An sich ist die richtige Genussreife noch nicht erreicht, aber die Aromatik steht über der noch nicht ganz ausgereiften Gerbstoffentwicklung. Vielleicht ist der Wein aber auch momentan in einer berauschenden Fruchtphase und verschliesst sich demnächst wieder.

Trinken (tr): Eigentlich müsste es richtig «geniessen» heissen, denn der Wein bietet jetzt den grösstmöglichen Genuss. In seiner aktuellen Entwicklung in der Flasche wird er zuerst mehrheitlich fruchtig sein und gegen Ende der Genussphase mehr Terroiraromen als Frucht aufweisen. Dabei schleifen sich die Tannine mehr und mehr und der Wein wird zunehmend milder.

Austrinken (au): Der Wein zeigt jetzt fast keine Frucht mehr, lebt vom Terroir und von seiner vorherrschenden Rebsorten-Typizität. Wer ihn jetzt in dieser Phase nicht trinkt, riskiert, dass er oxydiert. Solche Weine dekantiert man nicht oder nur kurz vor deren Genuss, um das Depot von der Flüssigkeit zu trennen.

Vorbei (vo): Nicht, dass man den möglicherweise edlen Tropfen jetzt ausleeren müsste. Auch Weine, die leichte Oxydations- resp. Ermüdungserscheinungen aufweisen, können durchaus noch eine gewisse Faszination in sich tragen. Um das Risiko möglichst klein zu halten, dekantiert man diese Weine nicht und trinkt sie eher kühl. Wenn der betreffende Wein wirklich kaputt ist, kann er immer noch als Kochwein oder im Essigfass Verwendung finden.

Zweitweine:

Die Zweitweine von den grösseren Châteaux sind in diesem kleinen Bordeaux Total aufgeführt. Warum sind Zweitweine in kleinen Jahren oft besser als in grossen Jahren? Beim Jahrgang 2000 schien alles, was irgendwie brauchbar war, in den Grand Vin geflossen zu sein, da blieb für den «Deuxième Vin» selbst nicht mehr viel übrig. Ich kaufe konsequenterweise nie Zweitweine. Höchstens dann und wann ein paar Einzelflaschen, wenn ich aufgrund einer Degustation weiss, dass dieser für so und soviel Geld, so und soviel Genuss bietet. Oder in einem Restaurant, wenn wirklich keine anderen trinkreifen Alternativen vorhanden sind.

Alles über René Gabriel…

Unter den gefragtesten und renommiertesten Weinkritikern Europas hat sich René Gabriel etabliert. Darüber hinaus zählt er weltweit zu den erfahrensten Bordeaux-Kennern. Als ehemaliger Chef-Weineinkäufer von Mövenpick (und heutiger Mövenpick-Berater) ist er mehrmals jährlich in den Chais der berühmtesten aller Weinbaugebiete zum Probieren unterwegs; und das seit zwanzig Jahren. Gabriel legte sich in dieser Zeit 30'000 Degustationsnotizen und Weinbewertungen an. Er setzte sich dabei nicht nur mit dem jeweils gegenwärtigen Jahrgang auseinander, sondern auch mit der Stil- und Qualitätsentwicklung der einzelnen Châteaux im Laufe der letzten Jahrzehnte, mit dem Reifepotential ihrer Weine und dem Ausdruck ihres Terroirs über die Jahrhunderte!

Das Gabriel-Klassement…
In seinen Büchern «Bordeaux Total» bricht Gabriel ein Tabu: Er erklärt die Klassifizierung von 1855 für obsolet! «Die berühmte Klassifizierung von 1855 basiert auf den Preisen, die seinerzeit für die einzelnen Weine erzielt wurden. Man ging davon aus, dass für den besten Wein der höchste Preis bezahlt wird. Doch in den letzten 150 Jahren hat sich Bordeaux stark verändert, denn es gibt viel mehr grossartige Bordeaux-Weine als noch vor zehn oder zwanzig Jahren. Es war also höchste Zeit für eine Revision!»; so René Gabriel.

30'000 Degustationsnotizen analysiert…
Während 1855 ausschliesslich die Weine des Médoc klassifiziert wurden und nur vier ehrwürdige Châteaux (Mouton-Rothschild wurde erst fast 100 Jahre später in die Spitze aufgenommen) den Titel «Premier Grand Cru» erhielten, berücksichtigt Gabriel in seinem persönlichen Klassement auch die Weine der «rive droite»; also aus Pomerol (wo beispielsweise das renommierte Gut Château Pétrus liegt) oder St. Emilion (etwa der Aufsteigerwein Château Valandraud oder der Klassiker Château Ausone). Vor eineinhalb Jahrhunderten wurden 61 Châteaux in die Klassifizierung aufgenommen. René Gabriel analysierte 500 Châteaux und nahm seine eigenen Wertungen für das revolutionäre Klassement. Nur Güter, die in den letzten zehn Jahren zuverlässig und konstant Top-Qualitäten produzierten, wurden in Gabriels neues Klassement aufgenommen. In summa su marum sind es 138 Domainen; davon 17 Premiers, 18 Deuxièmes, 21 Troisièmes, 35 Quatrièmes und 47 Cinquièmes Crus. Damit stellt Gabriels neue Buch nicht nur ein Must für jeden Weinliebhaber dar, sondern wird zweifellos auch hitzige Debatten in der Union der Grands Crus in Bordeaux zur Folge haben.

Vom Küchenlehrling zum Weinpapst...

René Gabriel wurde 1957 im Schweizer Kanton Nidwalden geboren. Schon im Alter von 16 Jahren entschied er sich für die Kulinarik: Er absolvierte nach seiner Schulausbildung eine Lehre als Koch im Hotel Gütsch in Luzern. Nach dem Lehrabschluss war sich Gabriel nicht mehr so sicher, welche Richtung er seinem Leben geben sollte – er pendelte einige Jahre lang zwischen Kochstationen, Sprachaufenthalten und Auftritten mit seiner Band (mit der er sogar Platten und Kassetten produzierte!) hin und her.

Viele Visitenkarten...

Doch 1986 kam die Entscheidung: Er übernahm das Hotel Kreuz in Sempach (Kanton Luzern), erkochte sich in diesem traditionellen Gasthaus 13 GaultMillau-Punkte und präsentierte dort die damals berühmteste Weinkarte der Schweiz mit mehr als 1'000 Positionen. Da wurde Ueli Prager, der Gründer von Mövenpick auf ihn aufmerksam – und engagierte ihn im Jahr 1990 als Einkaufschef und Head of Product Management. Gleichzeitig aktivierte er die damals (noch) verschlafene ADV Académie du Vin (www.academie.org) mit Fachkursen für private Weinliebhaber und Reisen in die wichtigsten Weingegenden. 1992 lancierte er mit ein paar Freunden den noch heute erfolgreichen Newsletter WeinWisser (www.weinwisser.com). Im Jahr 2006 gab René Gabriel nach 15 erfolgreichen Jahren das Zepter als Einkaufschef bei Mövenpick ab und verwandelte seinen Job in eine Beratertätigkeit. Gleichen Jahres gründete er die Event- und Reisefirma Weingabriel GmbH (www.weingabriel.ch) und ist – seit 2006 – Partner des Auktionshauses Weinbörse (www.weinauktion.ch).

Aus Liebe zum Wein...

Kritisch, vielseitig, jedoch sehr humorvoll ist sein heutiger Zugang zum Wein. Gabriel selbst wird häufig als Moderator von Weinevents engagiert, ist durch seine Radiointerviews und seine zahlreichen Fernsehauftritte im gesamten deutschen Sprachraum bekannt und wird von Wein-Kennern wie von -Einsteigern hoch geschätzt, weil er sein ungeheures Fachwissen informativ und unterhaltsam zu erläutern versteht, sodass eine Weinprobe mit dem «Bordeaux-Papst» nicht weinakademische Belehrung bleibt, sondern ein umfassendes Erlebnis darstellt und Wein in seiner schönsten Form inszeniert; als vielschichtiges Genussmittel, das alle Sinne involviert, fordert und beflügelt. Und bei all seinem Wissen vermittelt René Gabriel auch eines immer ganz klar: Das Wesentliche ist die Liebe zum Wein!

Buchservice

Es gibt verschiedene Wege, die für Ihren persönlichen Umgang mit Wein von Vorteil sein können. Verstehen Sie bitte die nachfolgenden Empfehlungen nicht als Gabriel-Eigenwerbung, sondern vielmehr als echte, ergänzende Dienstleistungen zu diesem Buch.

Bordeaux Total: Buch-Bestellungen für Sie selbst oder Geschenklieferungen
Das grosse «Bordeaux Total», 717 Seiten: CHF 118 / € 79
Der neue «POCKET GUIDE», 288 Seiten: CHF 38 / € 23
plus Versandkosten
Bestellungen: *weingabriel@bluewin.ch*

WeinWisser: WeinWisser ist ein unabhängiger Newsletter und für alle, die über Wein mehr wissen wollen. WeinWisser degustiert, beschreibt und bewertet jährlich über 4'000 Weine, analysiert den Weinmarkt und bringt News von Weingütern und ihren Besitzern. WeinWisser-Abonnenten erhalten elfmal im Jahr eine Print-Ausgabe und haben unbeschränkten Zugang zur Webseite mit WeinWisser-Archiv und WeinWisser-Weinkeller. Für eine Probenummer oder ein Abonnement melden Sie sich hier: *www.weinwisser.com*

ADV Académie du Vin: Weinwissen kann man lernen! Joachim Günther übernahm vor ein paar Jahren die heute attraktive Organisation rund um das Weinwissen. Dort lernen Weineinsteiger erste Schritte auf den önologischen Parkett, aber auch avancierte Freaks finden in den Kursen immer wieder neue Aspekte, weil durchwegs die allerbesten Repräsentanten Lektionen erteilen. Die Kurse finden in Halbjahreszyklen in allen wichtigen Städten der Schweiz statt. Auch Weinreisen werden von der ADV organisiert. Vielleicht haben Sie Glück und ergattern sich einen der sehr begehrten Plätze für eine Bordeauxreise mit René Gabriel! *www.academie.org*

Gabriel-Privat-Post: Nebst gigantischen Semester-Raritäten-Proben (von Standardbesuchern meist im Vorfeld ausgebucht), organisiere ich Edel-Weinanlässe in schönen Hotels und individuelle Weinproben. Zudem auch Weinreisen nach Bordeaux, Österreich und Südafrika. Meist nicht billig, aber von hohem Gegenwert mit tollen Weinen – oft auch aus Grossflaschen zelebriert. Abende, um neue Freunde zu finden oder ganz einfach innerhalb weniger Stunden das Gefühl zu erhalten, eine Woche lang in den Ferien gewesen zu sein. Daneben lasse ich mich schriftlich und ventilartig über Dinge aus, die nicht für öffentliche Zeitschriften bestimmt sind. Zugang zur Webseite: www.weingabriel.ch. Wenn Sie mir Ihre Adresse hinterlassen, erhalten Sie regelmässig nützliche Wein-Infos: *weingabriel@bluewin.ch*

Weinbörse: Weine kaufen oder versteigern? Kein Problem. Wie das geht, wird auf der Webseite *www.weinauktion.ch* gezeigt. Damit Ihre Weine für die nächste Auktion in den Katalog aufgenommen werden können, braucht *peter.bertschinger@weinauktion.ch* eine Weinliste. Er schätzt Ihre Weine ein und Sie können dann entscheiden, ob Sie aus diesem Wein zu attraktiven Marktpreisen Geld machen wollen.

Weissweine

Aile d'Argent (Bordeaux Blanc)	235
Baret (Graves/Pessac-Léognan)	240
Blanc de Lynch-Bages (Bordeaux Blanc)	236
Bouscaut (Graves/Pessac-Léognan)	240
Brown (Graves/Pessac-Léognan)	241
Carbonnieux (Graves/Pessac-Léognan)	241
Chantegrive (Graves/Pessac-Léognan)	241
Chasse-Spleen (Bordeaux Blanc)	236
Clos Floridène (Graves/Pessac-Léognan)	241
Clos Nardian (Bordeaux Blanc)	236
Couhins-Lurton (Graves/Pessac-Léognan)	242
de Fieuzal (Graves/Pessac-Léognan)	243
de France (Graves/Pessac-Léognan)	243
Domaine de Chevalier (Graves/Pessac-Léognan)	242
Domaine de la Solitude (Graves/Pessac-Léognan)	242
Haut-Bergey (Graves/Pessac-Léognan)	243
Haut-Brion (Graves/Pessac-Léognan)	244
La Garde (Graves/Pessac-Léognan)	243
La Louvière (Graves/Pessac-Léognan)	245
Le Cygne de Château Fonréaud (Bordeaux Blanc)	236
Le Sec de Rayne-Vigneau (Bordeaux Blanc)	237
Les Arums de Lagrange (Bordeaux Blanc)	235
Larrivet-Haut-Brion (Graves/Pessac-Léognan)	244
Latour-Martillac (Graves/Pessac-Léognan)	244
Laville-Haut-Brion (Graves/Pessac-Léognan)	245
Loudenne (Bordeaux Blanc)	237
Malartic-Lagravière (Graves/Pessac-Léognan)	246
Monbousquet (Bordeaux Blanc)	237
Olivier (Graves/Pessac-Léognan)	246
Pape-Clément (Graves/Pessac-Léognan)	246
Pavillon Blanc du Château Margaux (Bordeaux Blanc)	237
Picque-Caillou (Graves/Pessac-Léognan)	247
Rahoul (Graves/Pessac-Léognan)	247
Reynon (Bordeaux Blanc)	238
«R» de Rieussec (Bordeaux Blanc)	238
Smith-Haut-Lafitte (Graves/Pessac-Léognan)	247
Talbot (Bordeaux Blanc)	238
Villa Bel-Air (Graves/Pessac-Léognan)	247
«Y» du Château d'Yquem (Bordeaux Blanc)	239

Rotweine

Alter Ego de Palmer (Margaux)	96
Amelisse (St. Emilion)	130
Andron-Blanquet (St. Estèphe)	14
Aney (Haut-Médoc)	74
Angélus (St. Emilion)	130

Anthonic (Moulis)	50
Armens (St. Emilion)	131
Arnaud de Jacquemeau (St. Emilion)	132
Arnauld (Haut-Médoc)	74
Aurelius (St. Emilion)	132
Ausone ((St. Emilion)	133
Bahans-Haut-Brion (Graves/Pessac-Léognan)	113
Balac (Haut-Médoc)	75
Balestard-La-Tonnelle (St. Emilion)	134
Barateau (Haut-Médoc)	75
Barde-Haut (St. Emilion)	134
Baret (Graves/Pessac-Léognan)	113
Barreyres (Haut-Médoc)	75
Batailley (Pauillac)	28
Béard (St. Emilion)	134
Beauchêne (Pomerol)	190
Beaumont (Haut-Médoc)	75
Beauregard (Pomerol)	190
Beau-Séjour Bécot (St. Emilion)	135
Beauséjour (Duffau-Lagarrosse) (St. Emilion)	135
Beau-Site (St. Estèphe)	15
Beau-Soleil (Pomerol)	191
Belair (St. Emilion)	135
Bel-Air (Haut-Médoc)	76
Bel-Air (Pomerol)	191
Bel-Air (Lalande de Pomerol)	221
Belgrave (Haut-Médoc)	76
Belle-Brise (Pomerol)	191
Bellefont-Belcier (St. Emilion)	136
Bellegrave (Pauillac)	29
Bellegrave (Pomerol)	191
Bellevue (St. Emilion)	136
Belle-Vue (Haut-Médoc)	76
Bellevue-Mondotte (St. Emilion)	137
Bellisle-Mondotte (St. Emilion)	137
Bel-Orme-Tronquoy-de-Lalande (Haut-Médoc)	77
Bergat (St. Emilion)	137
Berliquet (St. Emilion)	137
Bernadotte (Haut-Médoc)	77
Bertineau Saint-Vincent (Lalande de Pomerol)	221
Beychevelle (St. Julien)	42
Bibian (Listrac)	55
Biston-Brillette (Moulis)	50
Blaignan (Médoc)	61
Bonalgue (Pomerol)	192
Bonnes-Rives (Lalande de Pomerol)	221
Bourdieu (Médoc)	61
Bourgneuf/Bourgneuf-Vayron (Pomerol)	192
Bournac (Médoc)	62
Bouscaut (Graves/Pessac-Léognan)	113

Boutisse (St. Emilion)	138
Boyd-Cantenac (Margaux)	97
Branaire/Branaire-Ducru (St. Julien)	42
Branda (St. Emilion)	138
Brane-Cantenac (Margaux)	97
Branon (Graves/Pessac-Léognan)	114
Brillette (Moulis)	51
Brown (Graves/Pessac-Léognan)	114
Cadet-Bon (St. Emilion)	138
Cadet-Piola (St. Emilion)	139
Calon-Ségur (St. Estèphe)	15
Cambon-la-Pelouse (Haut-Médoc)	77
Canon (St. Emilion)	139
Canon de Brem (Canon Fronsac)	230
Canon-La-Gaffelière (St. Emilion)	139
Canon-Moueix (Canon Fronsac)	230
Cantegril (Graves/Pessac-Léognan)	115
Canteloup (St. Estèphe)	16
Cantelys (Graves/Pessac-Léognan)	115
Cantemerle (Haut-Médoc)	78
Cantenac (St. Emilion)	140
Cantenac-Brown (Margaux)	98
Capbern-Gasqueton (St. Estèphe)	16
Cap-de-Mourlin (St. Emilion)	140
Cap Léon Veyrin (Listrac)	55
Carbonnieux (Graves/Pessac-Léognan)	115
Cardinal-Villemaurine (St. Emilion)	140
Carlmagnus (Canon Fronsac)	230
Caroline (Moulis)	51
Caronne-Ste-Gemme (Haut-Médoc)	79
Carruades de Lafite (Pauillac)	29
Cassagne-Haut-Canon La Truffière (Canon Fronsac)	231
Castéra (Médoc)	62
Chambert-Marbuzet (St. Estèphe)	16
Chambrun (Lalande de Pomerol)	222
Chantegrive (Graves/Pessac-Léognan)	116
Cantelauze (Pomerol)	193
Certan de May (Pomerol)	194
Certan-Giraud (Pomerol)	193
Certan-Marzelle (Pomerol)	194
Chantalouette (Pomerol)	194
Chantelys (Médoc)	63
Charmail (Haut-Médoc)	79
Chapelle d'Ausone (St. Emilion)	141
Charles de Sarpe (St. Emilion)	141
Chasse-Spleen (Moulis)	51
Chauvin (St. Emilion)	141
Chemin Royal (Moulis)	52
Chênes Besson (Listrac)	56
Cheval Blanc (St. Emilion)	142

Cissac (Haut-Médoc)	79
Citran (Haut-Médoc)	80
Clarke (Listrac)	56
Clauzet (St. Estèphe)	17
Clerc-Milon (Pauillac)	29
Clément-Pichon (Haut-Médoc)	80
Clinet (Pomerol)	195
Clos Badon Thunevin (St. Emilion)	143
Clos Beauregard (Pomerol)	195
Clos de la Grâce Dieu (St. Emilion)	144
Clos de la Cure (St. Emilion)	143
Clos de la Madeleine (St. Emilion)	144
Clos de la Vieille Eglise (Pomerol)	197
Clos de L'Oratoire (St. Emilion)	145
Clos de Salles (Pomerol)	197
Clos de Sarpe (St. Emilion)	145
Clos des Jacobins (St. Emilion)	144
Clos des Menuts (St. Emilion)	145
Clos du Clocher (Pomerol)	196
Clos du Jaugueyron (Haut-Médoc)	80
Clos du Jaugueyron (Margaux)	98
Clos du Marquis (St. Julien)	43
Clos du Pèlerin (Pomerol)	196
Clos du Vieux-Plateau-Certan (Pomerol)	197
Clos Dubreuil (St. Emilion)	143
Clos Floridène (Graves/Pessac-Léognan)	116
Clos Fourtet (St. Emilion)	144
Clos L'AbbA (St. Emilion)	143
Clos L'Eglise (Pomerol)	196
Clos Margalaine (Margaux)	98
Clos Marsalette (Graves/Pessac-Léognan)	117
Clos Plince (Pomerol)	197
Clos René (Pomerol)	197
Clos St. Julien (St. Emilion)	146
Clos St. Martin (St. Emilion)	146
Clos Villemaurine (St. Emilion)	146
Colombier-Monpelou (Pauillac)	30
Corbin (St. Emilion)	148
Corbin-Michotte (St. Emilion)	148
Cordeillan-Bages (Pauillac)	30
Cos d'Estournel (St. Estèphe)	17
Cos Labory (St. Estèphe)	18
Côte de Baleau (St. Emilion)	148
Coufran (Haut-Médoc)	81
Coutelin-Merville (St. Estèphe)	18
Couvent des Jacobins (St. Emilion)	149
Croix de Labrie (St. Emilion)	149
Croix Taillefer (Pomerol)	200
Croizet-Bages (Pauillac)	30
Cros Figeac (St. Emilion)	150

Croque-Michotte (St. Emilion)	150
Cuvée Pomone (St. Emilion)	150
d'Agassac (Haut-Médoc)	73
d'Angludet (Margaux)	96
D'Arche (Haut-Médoc)	74
d'Armailhac (Pauillac)	28
D'Arsac (Haut-Médoc)	74
D'Arsac (Margaux)	97
Dassault (St. Emilion)	151
Dasvin Bel-Air (Haut-Médoc)	81
D'Aurilhac (Haut-Médoc)	74
Dauzac (Margaux)	99
David (Médoc)	63
de Camensac (Haut-Médoc)	78
de Carles (Fronsac)	230
de Cruzeau (Graves/Pessac-Léognan)	117
de Ferrande (Graves/Pessac-Léognan)	118
de Fieuzal (Graves/Pessac-Léognan)	118
de Fonbel (St. Emilion)	155
de France (Graves/Pessac-Léognan)	119
de La Dauphine (Fronsac)	231
de Lamarque (Haut-Médoc)	84
de Malleret (Haut-Médoc)	88
de Marbuzet (St. Estèphe)	21
de Pez (St. Estèphe)	23
de Pressac (St. Emilion)	175
de Sales (Pomerol)	216
de Valois (Pomerol)	218
d'Escurac (Médoc)	63
des Eyrins (Margaux)	100
des Laudes (St. Emilion)	167
Desmirail (Margaux)	99
Destieux (St. Emilion)	151
Deyrem Valentin (Margaux)	99
Dillon (Haut-Médoc)	81
d'Issan (Margaux)	102
Domaine de Chevalier (Graves/Pessac-Léognan)	117
Domaine de la Solitude (Graves/Pessac-Léognan)	118
Domaine de L'Eglise (Pomerol)	200
Domeyne (St. Estèphe)	19
du Barry (St. Emilion)	134
du Breuil (Haut-Médoc)	77
du Cartillon (Haut-Médoc)	79
du Cauze (St. Emilion)	141
du Glana (St. Julien)	44
du Parc (St. Emilion)	171
du Perrier (Médoc)	67
du Raux (Haut-Médoc)	90
Du Retout (Haut-Médoc)	91
du Taillan (Haut-Médoc)	93

du Tailhas (Pomerol)	216
du Tertre (Margaux)	110
Ducru-Beaucaillou (St. Julien)	43
Duhart-Milon-Rothschild (Pauillac)	31
Duplessis (Moulis)	52
Durfort-Vivens (Margaux)	100
Duthil (Haut-Médoc)	81
Dutruch Grand-Poujeaux (Moulis)	52
Faugères (St. Emilion)	152
Faurie de Souchard (St. Emilion)	152
Ferrand (Pomerol)	201
Ferrand-Lartigue (St. Emilion)	153
Ferrière (Margaux)	101
Feytit-Clinet (Pomerol)	201
Figeac (St. Emilion)	153
Fleur-Cardinale (St. Emilion)	154
Fombrauge (St. Emilion)	154
Fonbadet (Pauillac)	31
Fonplégade (St. Emilion)	155
Fonréaud (Listrac)	56
Fonroque (St. Emilion)	155
Fontenil (Fronsac)	232
Fontesteau (Haut-Médoc)	82
Fontis (Médoc)	64
Fourcas-Dumont (Listrac)	57
Fourcas-Dupré (Listrac)	57
Fourcas-Hosten (Listrac)	57
Fourcas-Loubaney (Listrac)	58
Fourney (St. Emilion)	156
Franc Grâce Dieu (St. Emilion)	156
Franc la Rose (St. Emilion)	157
Franc-Maillet (Pomerol)	203
Franc-Mayne (St. Emilion)	156
Franc-Pipeau (St. Emilion)	156
Gaillard (St. Emilion)	157
Galius (St. Emilion)	157
Gazin (Pomerol)	204
Gazin-Rocquencourt (Graves/Pessac-Léognan)	119
Giscours (Margaux)	101
Gloria (St. Julien)	44
Godeau (St. Emilion)	158
Gombaude-Guillot (Pomerol)	204
Goulée (Médoc)	64
Grâce Dieu (St. Emilion)	158
Gracia (St. Emilion)	158
Grand-Barrail-Larmacelle-Figeac (St. Emilion)	159
Grand Corbin (St. Emilion)	159
Grand Corbin-Despagne (St. Emilion)	159
Grandes Murailles (St. Emilion)	159
Grandis (Haut-Médoc)	82

Grand-Mayne (St. Emilion)	159
Grand-Pontet (St. Emilion)	160
Grand-Puy-Ducasse (Pauillac)	32
Grand-Puy-Lacoste (Pauillac)	33
Greysac (Médoc)	65
Grivière (Médoc)	65
Gruaud-Larose (St. Julien)	45
Guadet-St-Julien (St. Emilion)	161
Guillot (Pomerol)	205
Guillot Clauzel (Pomerol)	205
Hanteillan (Haut-Médoc)	82
Haut-Bages-Averous (Pauillac)	33
Haut-Bages-Libéral (Pauillac)	33
Haut-Bages-Monpelou (Pauillac)	34
Haut-Bailly (Graves/Pessac-Léognan)	120
Haut-Batailley (Pauillac)	34
Haut-Beauséjour (St. Estèphe)	19
Haut-Bergey (Graves/Pessac-Léognan)	120
Haut-Breton-Larigaudière (Margaux)	102
Haut-Brion (Graves/Pessac-Léognan)	120
Haut-Carles (Fronsac)	232
Haut-Chaigneau (Lalande de Pomerol)	224
Haut-Condissas (Médoc)	65
Haut-Corbin (St. Emilion)	162
Haut-Ferrand (Pomerol)	205
Haut-Gardère (Graves/Pessac-Léognan)	121
Haut-Gravet (St. Emilion)	162
Haut la Grâce Dieu (St. Emilion)	162
Haut-Madrac (Haut-Médoc)	83
Haut-Maillet (Pomerol)	205
Haut-Marbuzet (St. Estèphe)	19
Haut-Maurac (Médoc)	66
Haut-Mazeris (Fronsac & Canon Fronsac)	232
Haut-Sarpe (St. Emilion)	162
Haut-Tropchaud (Pomerol)	206
Haut-Villet (St. Emilion)	163
Hosanna (Pomerol)	206
Hourtin-Ducasse (Haut-Médoc)	83
Jean de Gué (Lalande de Pomerol)	224
Jean Faure (St. Emilion)	163
Jean Voisin (St. Emilion)	163
Karolus (Haut-Médoc)	83
Kirwan (Margaux)	102
Julien (Haut-Médoc)	84
L'Ambroisie de La Croix des Moines (Lalande de Pomerol)	221
L'Apolline (St. Emilion)	131
L'Archange (St. Emilion)	131
L'Arrosée (St. Emilion)	132
La Bessane (Margaux)	96

La Bridane (St. Julien)	43
La Cabanne (Pomerol)	193
La Cardonne (Médoc)	62
La Chapelle de La Mission Haut-Brion (Graves/Pessac-Léognan)	116
La Chenade (Lalande de Pomerol)	222
La Clare (Médoc)	63
La Clémence (Pomerol)	195
La Clotte (St. Emilion)	146
La Clusière (St. Emilion)	147
La Commanderie (St. Estèphe)	17
La Commanderie (St. Emilion)	147
La Commanderie du Mazeyres (Pomerol)	198
La Confession (St. Emilion)	147
La Conseillante (Pomerol)	198
La Couronne (St. Emilion)	148
La Couspaude (St. Emilion)	149
La Croix (Pomerol)	198
La Croix Bellevue (Lalande de Pomerol)	222
La Croix-Canon (Canon Fronsac)	231
La Croix des Moines (Lalande de Pomerol)	222
La Croix du Casse (Pomerol)	199
La Croix de Gay (Pomerol)	199
La Croix-St. Georges (Pomerol)	199
La Croizille (St. Emilion)	150
La Dame de Montrose (St. Estèphe)	19
La Dominique (St. Emilion)	151
La Fagotte (Haut-Médoc)	82
La Fleur (St. Emilion)	154
La Fleur de Boüard (Lalande de Pomerol)	223
La Fleur de Gay (Pomerol)	202
La Fleur-Milon (Pauillac)	31
La Fleur-Pétrus (Pomerol)	202
La Gaffelière (St. Emilion)	157
La Ganne (Pomerol)	203
La Garde (Graves/Pessac-Léognan)	119
La Garricq (Moulis)	53
La Gomerie (St. Emilion)	158
La Gorce (Médoc)	64
La Gorre (Médoc)	64
La Granère (St. Emilion)	160
La Grangère (St. Emilion)	161
La Grave (Trigant de Boisset) (Pomerol)	204
La Gurgue (Margaux)	101
La Houringue (Haut-Médoc)	83
La Lagune (Haut-Médoc)	84
La Louvière (Graves/Pessac-Léognan)	122
La Marzelle (St. Emilion)	169
La Mauriane (St. Emilion)	169
La Mission Haut-Brion (Graves/Pessac-Léognan)	123

La Mondotte (St. Emilion)	170
La Patache (Pomerol)	210
La Petite Eglise (Pomerol)	210
La Pinière de La Sergue (Lalande de Pomerol)	225
La Plagnotte (St. Emilion)	175
La Pointe (Pomerol)	213
La Providence (Pomerol)	214
La Renaissance (Pomerol)	214
La Rousselle (Fronsac)	233
La Rose Figeac (Pomerol)	215
La Sergue (Lalande de Pomerol)	225
La Sérénité de Poumey (Graves/Pessac-Léognan)	126
La Serre (St. Emilion)	180
La Tonelle (Haut-Médoc)	93
La Tour Blanche (Médoc)	70
La Tour-Carnet (Haut-Médoc)	93
La Tour de Bessan (Margaux)	111
La Tour de By (Médoc)	71
La Tour de Mons (Margaux)	111
La Tour du Pin Figeac (St. Emilion)	183
La Tour du Pin Figeac Moueix (St. Emilion)	183
La Tour-Figeac (St. Emilion)	182
La Tour Haut-Brion (Graves/Pessac-Léognan)	127
La Tourette (Pauillac)	40
Labégorce (Margaux)	103
Labégorce-Zédé (Margaux)	103
Lachesnaye (Haut-Médoc)	84
Lafite-Rothschild (Pauillac)	34
Lafleur (Pomerol)	206
Lafleur du Roy (Pomerol)	203
Lafleur-Gazin (Pomerol)	207
Lafon La Tuilière (St. Emilion)	164
Lafon/L'Inclassable (Médoc)	66
Lafon-Rochet (St. Estèphe)	20
Laforge (St. Emilion)	164
Lagrange (St. Julien)	45
Lagrange (Pomerol)	207
Lamothe-Bergeron (Haut-Médoc)	85
Lamothe-Cissac (Haut-Médoc)	85
Landat (Haut-Médoc)	85
Lanessan (Haut-Médoc)	85
Langoa-Barton (St. Julien)	46
Laniothe (St. Emilion)	165
Laplagnotte-Bellevue (St. Emilion)	165
Larcis-Ducasse (St. Emilion)	165
Larmande (St. Emilion)	165
Laroque (St. Emilion)	166
Larose-Perganson (Haut-Médoc)	86
Larose-Trintaudon (Haut-Médoc)	86
Laroze (St. Emilion)	166

Larrivet-Haut-Brion (Graves/Pessac-Léognan)	121
Lascombes (Margaux)	103
Lassegue (St. Emilion)	166
Latour (Pauillac)	35
Latour à Pomerol (Pomerol)	208
Latour-Martillac (Graves/Pessac-Léognan)	122
Lavallade (St. Emilion)	167
Lavillotte (St. Estèphe)	21
Le Bon Pasteur (Pomerol)	192
Le Boscq (St. Estèphe)	15
Le Caillou (Pomerol)	193
Le Castelot (St. Emilion)	140
Le Crock (St. Estèphe)	18
Le Dôme (St. Emilion)	151
Le Fer de Cheval Noir (St. Emilion)	152
Le Gay (Pomerol)	203
Le Haye (St. Estèphe)	20
Le Jurat (St. Emilion)	164
Le Meynieu (Haut-Médoc)	88
Le Monteil d'Arsac (Haut-Médoc)	89
Le Moulin (Pomerol)	209
Le Petit Cheval (St. Emilion)	174
Le Pin (Pomerol)	212
Le Plus de la Fleur de Boüard (Lalande de Pomerol)	225
Le Prieuré (St. Emilion)	176
Le Sartre (Graves/Pessac-Léognan)	125
Le Temple (Médoc)	68
L'Eglise-Clinet (Pomerol)	200
L'Enclos (Pomerol)	201
L'Enclos Gallen (Margaux)	100
L'Enclos Maucaillou (Margaux)	100
Léoville-Barton (St. Julien)	46
Léoville-Las-Cases (St. Julien)	46
Léoville-Poyferré (St. Julien)	47
Les Angélots de Gracia (St. Emilion)	130
Les Astéries (St. Emilion)	133
Les Carmes-Haut-Brion (Graves/Pessac-Léognan)	115
Les Cruzelles (Lalande de Pomerol)	223
Les Fiefs de Lagrange (St. Julien)	44
Les Forts de Latour (Pauillac)	32
Les Grands Chênes (Médoc)	65
Les Gravières (St. Emilion)	161
Les Ormes-de-Pez (St. Estèphe)	22
Les Ormes-Sorbet (Médoc)	68
Les Pagodes de Cos (St. Estèphe)	23
Les Roches Blanches (St. Emilion)	178
Les Tourelles-de-Longueville (Pauillac)	40
Les Trois-Croix (Canon Fronsac)	233
Lestage (Listrac)	58
Lestage-Simon (Haut-Médoc)	86

L'Hermitage (St. Emilion)	163
L'Evangile (Pomerol)	201
Lieujean (Haut-Médoc)	87
Lilian Ladouys (St. Estèphe)	21
L'Inclassable, ehemals Lafon (Médoc)	66
Liouner (Listrac)	58
Liversan (Haut-Médoc)	87
Loudenne (Médoc)	66
Lousteauneuf (Médoc)	67
Lucia, ehemals Lucie (St. Emilion)	167
Lusseau (St. Emilion)	167
Lynch-Bages (Pauillac)	36
Lynch-Moussas (Pauillac)	36
Lynsolence (St. Emilion)	167
Magdelaine (St. Emilion)	168
Magrez-Fombrauge (St. Emilion)	168
Magrez-Tivoli (Médoc)	67
Malartic-Lagravière (Graves/Pessac-Léognan)	122
Malescasse (Haut-Médoc)	87
Malescot-St-Exupéry (Margaux)	104
Malmaison (Moulis)	53
Mangot (St. Emilion)	168
Margaux (Margaux)	104
Marojallia (Margaux)	105
Marquis d'Alesme-Becker (Margaux)	105
Marquis de Terme (Margaux)	105
Marsac Séguineau (Margaux)	106
Martinens (Margaux)	106
Matras (St. Emilion)	169
Maucaillou (Moulis)	53
Maucamps (Haut-Médoc)	88
Maurac (Haut-Médoc)	88
Mayne-Lalande (Listrac)	58
Mayne-René (Pomerol)	208
Mazeris (Canon Fronsac)	232
Mazeyres (Pomerol)	208
Merville (St. Estèphe)	21
Meyney (St. Estèphe)	22
Meyre (Haut-Médoc)	88
Mille Roses (Haut-Médoc)	89
Milon (St. Emilion)	170
Milens (St. Emilion)	170
Monbousquet (St. Emilion)	170
Monbrison (Margaux)	106
Moncets (Lalande de Pomerol)	224
Mongravey (Margaux)	107
Montrose (St. Estèphe)	22
Montviel (Pomerol)	209
Moulin-à-Vent (Moulis)	54
Moulin à Vent (Lalande de Pomerol)	224

Moulin de la Rose (St. Julien)	47
Moulin des Carruades (Pauillac)	36
Moulin du Cadet (St. Emilion)	171
Moulin Galhaud (St. Emilion)	171
Moulin-Riche (St. Julien)	48
Moulin-St.-Georges (St. Emilion)	171
Moulinet (Pomerol)	209
Mouton-Baronne-Philippe (Pauillac)	36
Mouton-Rothschild (Pauillac)	37
Nenin (Pomerol)	209
Noaillac (Médoc)	67
Olivier (Graves/Pessac-Léognan)	124
Palmer (Margaux)	107
Paloumey (Haut-Médoc)	89
Pape-Clément (Graves/Pessac-Léognan)	124
Pas de L'Ane (St. Emilion)	172
Patache d'Aux (Médoc)	68
Patris (St. Emilion)	172
Paveil-de-Luze (Margaux)	107
Pavie (St. Emilion)	172
Pavie-Decesse (St. Emilion)	173
Pavie-Macquin (St. Emilion)	173
Pavillon Rouge du Château Margaux (Margaux)	108
Péby-Faugères (St. Emilion)	173
Pédesclaux (Pauillac)	37
Pensées de Lafleur (Pomerol)	210
Petit Bocq (St. Estèphe)	23
Petit-Faurie de Soutard (St. Emilion)	174
Petit-Gravet-Ainé (St. Emilion)	174
Petit-Village (Pomerol)	211
Pétrus (Pomerol)	211
Peyrabon (Haut-Médoc)	90
Peyredon-Lagravette (Listrac)	59
Phélan-Ségur (St. Estèphe)	24
Pibran (Pauillac)	38
Picard (St. Estèphe)	24
Pichon-Longueville-Baron (Pauillac)	38
Pichon-Longueville-Comtesse-de-Lalande (Pauillac)	39
Picque-Caillou (Graves/Pessac-Léognan)	124
Pierhem (Pomerol)	212
Pipeau (St. Emilion)	175
Plagnac (Médoc)	68
Plaisance (St. Emilion)	175
Plantey (Pauillac)	39
Plince (Pomerol)	212
Plincette (Pomerol)	213
Pomeaux (Pomerol)	213
Pomys (St. Estèphe)	24
Pontac-Lynch (Margaux)	108
Pontet-Canet (Pauillac)	39

Pontoise-Cabarrus (Haut-Médoc)	90
Potensac (Médoc)	69
Pouget (Margaux)	108
Poujeaux (Moulis)	54
Poumey (Graves/Pessac-Léognan)	125
Preuillac (Médoc)	69
Prieuré Lescours (St. Emilion)	176
Prieuré-Lichine (Margaux)	108
Prieurs de la Commanderie (Pomerol)	213
Puy-Castéra (Haut-Médoc)	90
Puymouton (St. Emilion)	176
Quercy (St. Emilion)	176
Quinault L'Enclos (St. Emilion)	176
Raby-Jean-Voisin (St. Emilion)	177
Rahoul (Graves/Pessac-Léognan)	125
Ramafort (Médoc)	69
Ramage-La-Bâtisse (Haut-Médoc)	90
Ratouin (Pomerol)	214
Rauzan-Gassies (Margaux)	109
Rauzan-Ségla (Margaux)	109
Rêve d'Or (Pomerol)	214
Reverdi (Listrac)	59
Reysson (Haut-Médoc)	91
Riou de Thaillas (St. Emilion)	177
Ripeau (St. Emilion)	177
Rochebelle (St. Emilion)	178
Rocher Bellevue-Figeac (St. Emilion)	178
Rocher-Bonregard (Pomerol)	215
Rollan de By (Médoc)	69
Rol-Valentin (St. Emilion)	178
Romulus (Pomerol)	215
Rouget (Pomerol)	216
Roylland (St. Emilion)	179
Rozier (St. Emilion)	179
Saint-Aubin (Médoc)	70
Saint Estèphe (St. Estèphe)	25
Saint Domingue (St. Emilion)	179
Saint-Paul (Haut-Médoc)	91
Saint-Pierre (St. Julien)	48
Saint Pierre (Pomerol)	216
Sanctus (St. Emilion)	180
Sansonnet (St. Emilion)	180
Saransot-Dupré (Listrac)	59
Sarget du Gruaud-Larose (St. Julien)	48
Second Vin de Mouton-Rothschild (Pauillac)	37
Segue Longue (Médoc)	70
Ségur de Cabanac (St. Estèphe)	25
Sémeillan-Mazeau (Listrac)	60
Sénéjac (Haut-Médoc)	92
Senilhac (Haut-Médoc)	92

Siaurac (Lalande de Pomerol)	226
Sigognac (Médoc)	70
Siran (Margaux)	110
Smith-Haut-Lafitte (Graves/Pessac-Léognan)	126
Sociando-Mallet (Haut-Médoc)	92
Soudars (Haut-Médoc)	93
Soutard (St. Emilion)	181
St. André-Corbin (St. Emilion)	179
Taillefer (Pomerol)	217
Talbot (St. Julien)	49
Tayac (Margaux)	110
Terrey Gros Caillou (St. Julien)	49
Tertre-Daugay (St. Emilion)	181
Tertre-Rôteboeuf (St. Emilion)	181
Teyssier (St. Emilion)	182
Tour Baladoz (St. Emilion)	182
Tour de Pez (St. Estèphe)	25
Tour des Termes (St. Estèphe)	26
Tour du Haut-Moulin (Haut-Médoc)	94
Tour Haut-Caussan (Médoc)	71
Tour-Maillet (Pomerol)	217
Tour Prignac (Médoc)	71
Tour Seran (Médoc)	72
Trianon (St. Emilion)	183
Tronquoy-Lalande (St. Estèphe)	26
Troplong-Mondot (St. Emilion)	183
Trotanoy (Pomerol)	217
Trottevieille (St. Emilion)	184
Valandraud (St. Emilion)	184
Verdignan (Haut-Médoc)	94
Vernous (Médoc)	72
Villa Bel-Air (Graves/Pessac-Léognan)	127
Villegeorge (Haut-Médoc)	94
Vieux Château Certan (Pomerol)	218
Vieux Château Ferron (Pomerol)	218
Vieux Lartigue (St. Emilion)	185
Vieux Maillet (Pomerol)	219
Vieux-Robin (Médoc)	72
Villhardy (St. Emilion)	185
Virginie de Valandraud (St. Emilion)	185
Vray Canon-Bouché (Fronsac)	233
Vray Croix de Gay (Pomerol)	219
Yon-Figeac (St. Emilion)	185

Süssweine

Bastor-Lamontagne (Sauternes)	249
Brouset (Sauternes)	249
Caillou (Barsac/Sauternes)	249

Cantegril (Sauternes) 250
Climens (Barsac/Sauternes) 250
Clos Haut-Peyraguey (Sauternes) 251
Coutet (Barsac/Sauternes) 251
d'Arche (Sauternes) 249
de Carles (Barsac/Sauternes) 250
de Fargues (Sauternes) 253
de Malle (Sauternes) 255
de Myrat (Barsac/Sauternes) 256
de Rayne-Vigneau (Sauternes) 257
Doisy-Daëne (Barsac/Sauternes) 251
Doisy-Dubroca (Barsac/Sauternes) 252
Doisy-Védrines (Barsac/Sauternes) 252
d'Yquem (Sauternes) 260
Filhot (Sauternes) 253
Gilette (Sauternes) 253
Guiraud (Sauternes) 254
Haut-Bergeron (Sauternes) 254
La Tour Blanche (Sauternes) 259
Lafaurie-Peyraguey (Sauternes) 254
Lamothe (Sauternes) 255
Lamothe-Guignard (Sauternes) 255
L'Extravagance de Doisy-Daëne (Barsac/Sauternes) ... 252
Les Justices (Sauternes) 254
Nairac (Barsac/Sauternes) 256
Rabaud-Promis (Sauternes) 257
Raymond-Lafon (Sauternes) 257
Rieussec (Sauternes) 258
Romer (Sauternes) 258
Romer du Hayot (Sauternes) 258
Sigalas-Rabaud (Sauternes) 258
Suau (Sauternes) 259
Suduiraut (Sauternes) 259

Diverses

Was ist wo? Schnellübersicht 2
Impressum 2
Vorwort 3
Gabriel-Bordeaux-Klassement 4
17 Premiers Grands Crus classés 7
Côtes de Castillon 187
Côtes de Blaye 227
Erklärungen zu Gabriel'schen Begriffen 262
Gliederung der Weine 262
Gabriel-Klassement 262
Preisniveau, Gabriel-Punkte, Genussreife 262
Alles über René Gabriel 264
Buchservice 266
Ihre persönlichen Notizen 283

Ihre persönlichen Notizen